首脑外交视阈下的
中非关系

张 颖 ◎ 著

CHINA-AFRICA RELATIONS FROM THE PERSPECTIVE OF SUMMIT DIPLOMACY

时事出版社
北京

图书在版编目（CIP）数据

首脑外交视阈下的中非关系/张颖著.—北京：时事出版社，2017.12
ISBN 978-7-5195-0150-1

Ⅰ.①首⋯　Ⅱ.①张⋯　Ⅲ.①中外关系—研究—非洲　Ⅳ.①D822.34

中国版本图书馆CIP数据核字（2017）第239728号

出版发行：时事出版社
地　　址：北京市海淀区万寿寺甲2号
邮　　编：100081
发行热线：(010) 88547590　88547591
读者服务部：(010) 88547595
传　　真：(010) 88547592
电子邮箱：shishichubanshe@sina.com
网　　址：www.shishishe.com
印　　刷：北京朝阳印刷厂有限责任公司

开本：787×1092　1/16　印张：17.5　字数：310千字
2017年12月第1版　2017年12月第1次印刷
定价：96.00元

（如有印装质量问题，请与本社发行部联系调换）

本书得到北京外国语大学中央高校基本科研业务费专项资金青年学术创新团队支持计划资助，项目名称："中国首脑外交与国际秩序重构研究"（项目批准号：2015JT004）；也得到中非联合研究交流计划课题研究项目"首脑外交与中非新型战略伙伴关系研究"、北京外国语大学中央高校基本科研业务费专项资金资助项目"中青年卓越人才支持计划"（项目批准号：2017QZ005）资助。

目　录
Contents

绪　论 / 1

第一章　首脑外交的内涵及特点 / 9
第一节　首脑外交的内涵 / 9
第二节　首脑外交的特点 / 12

第二章　中非关系的新定位 / 16
第一节　非洲的新特点 / 16
第二节　中非关系的新定位 / 20

第三章　首脑外交与中非关系的演进 / 27
第一节　中国对非首脑外交的开创期 / 28
第二节　中国对非首脑外交的调整期 / 36
第三节　中国对非首脑外交的爆发期 / 50

第四章　首脑外交视阈下的中非国别关系 / 58
第一节　首脑外交视阈下的中国与南部非洲 / 58
第二节　首脑外交视阈下的中国与西部非洲 / 71
第三节　首脑外交视阈下的中国与东部非洲 / 77
第四节　首脑外交视阈下的中国与北部非洲 / 99

第五章　中西对非首脑外交比较 / 107
第一节　美国的"援助—干预"型首脑外交 / 108

第二节　法国的"援助—领地"型首脑外交　/ 120
　　第三节　英国的"领地"型首脑外交　/ 132
　　第四节　中外对非首脑外交比较　/ 139

第六章　中国对非首脑外交的新理念　/ 145
　　第一节　"命运共同体"　/ 145
　　第二节　"正确义利观"　/ 146
　　第三节　"真、实、亲、诚"　/ 147

第七章　中国对非首脑外交的新特点　/ 150
　　第一节　相互平等和互利合作　/ 150
　　第二节　大出访及其新的时代特征　/ 155
　　第三节　中非首脑外交的机制化　/ 159
　　第四节　不以国家大小、贫富论亲疏　/ 173
　　第五节　"十大合作计划""五大支柱"　/ 176
　　第六节　中非首脑外交的新议题　/ 179

第八章　中非首脑外交面临的问题与挑战　/ 185
　　第一节　中国对非首脑外交的作用　/ 185
　　第二节　中非首脑外交面临的问题　/ 188
　　第三节　中非首脑外交的若干启示　/ 202
　　第四节　对中非首脑外交的政策建议　/ 204

附件一　中国对非洲政策文件　/ 223

附件二　中非合作论坛北京峰会宣言　/ 232

附件三　中非合作论坛北京行动计划（2007—2009年）　/ 235

附件四　中国对非洲政策文件　/ 245

参考文献　/ 261

绪　论

　　首脑外交是由国家元首或政府首脑以多种方式直接或间接出面参与和处理对外事务的外交方式。随着国际格局多极化与世界经济全球化的发展，首脑外交因其政治级别高、效果显著、影响重大等特点，作用日益凸显，并且受到国际社会的普遍重视。近年来，习近平主席积极倡导和推动首脑外交，在四年多的时间里，他出访非洲、亚洲、欧洲、北美洲、南美洲、大洋洲的几十个国家以及联合国、欧盟总部等，首脑外交成为中国外交最活跃的外交形式之一。其中，中国对非首脑外交尤其值得关注。习近平主席强调，加强同非洲国家的团结合作，是中国外交政策的重要基石。他担任国家主席后的第一次出访就选择了非洲。放眼中非关系发展的历史，中非之间频繁的首脑外交不仅在其他国家与非洲国家关系中绝无仅有，在中国与其他大洲的关系中也十分罕见。如今，首脑外交已经成为推动中非关系深入发展的重要动力。建立中非全面战略合作伙伴关系是中非根本和长远利益所在，符合双方的根本和长远利益。在这一过程中，中非首脑外交推动了中非关系的务实发展，对中非关系具有至关重要的作用。中国在多年的对非首脑外交中积累了极为丰富和宝贵的经验，对今天的中国对非外交具有重要的借鉴意义。

　　随着国际格局多极化与世界经济全球化的发展，首脑外交以其独特作用成为当今世界上最活跃的外交形式之一，受到国际关系学术界的高度重视。关于首脑外交学术界展开了诸多研究，有如下进展和问题：

一、学术界关于首脑外交研究比较丰富，为进一步深化相关研究奠定了比较重要的学术基础

　　作为外交史上的新生事物，理论界对"首脑外交"尚缺乏深入研究。

从目前学术界的研究来看，对首脑外交的研究更多停留在案例考察和现象描述上，关于首脑外交的理论研究屈指可数，迄今为止，学术界关于首脑外交的概念、产生与发展的逻辑、首脑在全球化时代的挑战及其未来走势还众说纷纭，尚无定论。虽然美国学者戴维·邓恩（David H. Dunn）在其主编的《最高层外交》（Diplomacy at the highest level）中，系统地提出了首脑外交的分析框架，明确了首脑外交的内涵，考察了其历史发展过程，解释了形式各异的首脑外交的不同作用，并分析了首脑外交的利弊。[1] 但正如国际问题研究学者贝里奇曾指出的，学界对首脑外交的研究在深度的个案分析方面仍有待加强。[2] 因此，我们要从多个途径和角度入手，加强对多边首脑外交的研究力度，尤其注重理论性和前瞻性的研究，来更好地适应国际形势的变化，服务于外交实践。

中国国内学者们较多地从大国之间的首脑外交展开，目前国内外学术界的研究集中在对中美、中日、中俄等部分大国之间的首脑外交的研究上，专门探讨中非首脑外交的论著较少。较早的有宋连生、巩小华主编的《中美首脑外交实录》[3]，该书回顾了中美两国首脑之间的交往与互动。此外，林振江著的《首脑外交：以中日关系为研究视角》[4] 以中日关系正常化和签订《中日和平友好条约》等重大历史事件为主要内容，论述了首脑外交在中日关系中所起的作用和影响。《首脑外交：中美领导人谈判的话语分析 1969—1972》[5]探讨了中美高层领导人是如何运用有效的话语手段，构建并巩固自身的强势谈判地位，主导谈判议程的。

国外学者也多重视大国之间的首脑外交，大卫·樱田在其文章《日本及其国际政治经济管理：日本在七国集团下的首脑外交》（Japan and the Management of the International Political Economy：Japan's Seven Power Summit Diplomacy）中以七国集团的首脑外交为切入点，结合领导人外交实例分析，深入探讨了从 1975 至 1987 年历届日本首相在七国集团外交活动中所

---

[1] David H. Dunn ed., *Diplomacy at the Highest Level*, London：Macmillan Press Ltd，1996.
[2] 详见 G. R. Berridge 的个人网站：http：//www.grberridge.co.uk/promote_call.html，访问日期：2006 年 4 月 6 日。
[3] 宋连生、巩小华主编：《中美首脑外交实录》，经济日报出版社，1998 年版。
[4] 林振江：《首脑外交：以中日关系为研究视角》，新华出版社，2008 年版。
[5] 郑华：《首脑外交：中美领导人谈判的话语分析 1969—1972》，上海人民出版社，2008 年版。

发挥的重要作用。罗格·斯旺森的文章《美加首脑外交：1923—1973》（Canadian-American Summit Diplomacy, 1923—1973）通过对1923年至1973年半个世纪中美国总统与加拿大首相之间外交实例的具体分析，强调了首脑外交在促进两国关系发展的积极作用，并主要从象征意义和决策制定两个方面进行了阐释。国外学者也以具体个人为研究切入点，对首脑外交进行了研究，如查尔斯·费尔班克斯在《里根在首脑外交上的转变》（Reagan's Turn on Summit Diplomacy）一文中以里根在美苏领导人会议召开上的态度转变为背景，分析了20世纪80年代美苏关系转变的原因，并以此突出强调了首脑外交在大国政治中的重要作用。弗拉基米尔·彼得洛维奇在其文章《1944—1961南斯拉夫国际关系中约瑟普·铁托的首脑外交》（Josip Broz Tito's Summit Diplomacy in the International Relation of Socialist Yugoslavia 1944 – 1961）中深入分析了从第二次世界大战结束至第一次不结盟国家首脑会议召开期间铁托的一系列首脑外交努力，阐释了铁托在战后南斯拉夫外交重塑中所起的突出所用。

首脑外交的内涵是国外学者较多关注的问题之一。其中的代表作主要有埃尔默·普利施科的《首脑外交》（Diplomat in Chief: The President at the Summit）；戴维·邓恩（David H. Dunn）的《最高层次外交》；杰罗尔德·波斯特（Jerrold Post）的《政治领导人的心理评估》（The Psychological Assessment of Political Leaders）等。同时，国外学者还以具体领域为研究着力点对首脑外交进行深入研究，如扬·迈森在其著作《首脑外交日趋成熟》（Summit Diplomacy Coming of Age）中从理论角度，结合实例深入分析了首脑外交在20世纪下半叶蓬勃发展的原因以及背后所带来的问题，由此引申出外交转型的趋势和必要性。

总的看来，关于首脑外交，学者们较多地从大国之间的首脑外交展开，目前国内外学术界的研究集中在对中美、中日、中俄等部分大国之间的首脑外交的研究上，专门针对中非首脑外交的研究较少，截至本书投入写作之前，尚未看到国内、国外学术界有与本书选题相同或在很大程度上相似的专著问世。正是因为如此，本书希望对中非之间的首脑外交及其对中非关系的作用做出客观的评述和分析，提出具有针对性和建设性的建议，以期深化相关领域的研究。

二、与首脑外交研究相对滞后不同，国内外对中非关系的研究比较深入，热点频出

进入21世纪后，中非关系的快速发展成为当代最为重要的国际关系之一。2006年中非合作论坛北京峰会宣布中非将致力于构建政治上平等互信、经济上合作共赢、文化上交流互鉴的"新型战略伙伴关系"，这一定位标志着中非关系更趋成熟和稳定，并进入全面拓展和提升的新时期。在2015年12月南非约翰内斯堡峰会上，中国国家主席习近平提议将中非新型战略伙伴关系提升为全面战略合作伙伴关系，并得到了与会非洲领导人的一致赞同。中非关系定位又一次实现了历史性飞跃。

国内外对中非关系的研究较多。国内学者对中非关系也进行了比较深入的研究，涌现了许多优秀的学术成果。刘鸿武、罗建波著的《中非发展合作——理论、战略与政策研究》[1]是一部专门研究当代中非合作关系及其全球影响与意义的著作，对当代中非合作关系中的一些战略性问题进行了思考与阐释，也对当代如何进一步加强中非合作提出了许多宝贵的建议。沈福伟的关于中非关系的长篇著作《中国与非洲——中非关系二千年》[2]，追溯了中非关系史。齐建华主编的《发展中国与非洲新型全面合作关系》一书的40位专家和学者对中非关系新发展的基本问题，尤其是21世纪第二个十年中中非关系发展的机遇和挑战进行了认真的研究。[3] 一些学者也对中西方对非外交进行了比较研究，如张永蓬著的《国际发展合作与非洲：中国与西方援助非洲比较研究》；陈积敏、魏雪梅的《美国对非洲外交研究》[4] 深入探讨了美国对非外交政策。崔戈的《反恐与石油：小布什任期内美国非洲战略》[5]，对小布什政府时期美国对非洲政策进行了专门研究，对小布什政府非洲外交所采取的措施进行了详细的阐述。关于对非援助，西北民族大学的魏雪梅著的《冷战后中美对非洲援

---

[1] 刘鸿武、罗建波：《中非发展合作——理论、战略与政策研究》，中国社会科学出版社，2011年版。
[2] 沈福伟：《中国与非洲——中非关系二千年》，中华书局，1990年版。
[3] 齐建华主编：《发展中国与非洲新型全面合作关系》，世界知识出版社，2014年版。
[4] 陈积敏、魏雪梅：《美国对非洲外交研究》，世界知识出版社，2015年版。
[5] 崔戈：《反恐与石油：小布什任期内美国非洲战略》，世界知识出版社，2012年版。

助比较研究》①从中美对非洲援助的历史、援助理念、文化渊源、目标、重点等方面进行客观比较,并对中美各自对非援助的长处与不足进行了总结。

上海国际问题研究院的张春著的《中非关系国际贡献论》一书对中非关系对整个国际社会的贡献进行了系统的研究。②世界银行2008年出版的《架志桥梁:中国作为非洲基础设施资助者日益增长的作用》报告系统地梳理了中国为非洲提供基础设施方面所取得的成就,以及为非洲经济和社会发展所做出的贡献。③

关于中非经济关系,张哲著的《中非经贸关系发展研究》④是一部专门研究中非经贸关系的学术专著。该书介绍了从西汉开始直至2013年间的中非经贸交往关系情况,分析了不同时期中非经贸交往的背景,总结了交往过程中的特点,并讨论了这一时期中非经贸交往特点产生的原因。《非洲经济发展报告(2014—2015)》⑤以非洲工业化为主题,内容涵盖当前非洲经济形势和中非合作趋势、非洲工业化进程,并附有非洲工业化的最新文献,是了解非洲工业化进展的比较重要的参考书。

关于中非卫生合作,北京大学全球卫生研究中心编的《全球卫生时代中非卫生合作与国家形象》关注的重点是中非卫生合作,比较细致地论述了中非卫生合作。

关于中非合作论坛研究。随着中非合作论坛的迅速发展,影响日益增大,外界对该论坛的研究也日益增多。张忠祥著的《中非合作论坛研究》⑥对中非合作论坛这一重要机制进行了专题研究,从中国对非洲战略、中国对非合作模式、国际对非合作模式比较等角度出发,在充分肯定中非合作论坛取得巨大成就的同时,系统分析了论坛所面临的机遇和挑战。

---

① 魏雪梅:《冷战后中美对非洲援助比较研究》,中国社会科学出版社,2013年版。
② 张春:《中非关系国际贡献论》,上海人民出版社,2013年版。
③ Vivien Foster, William Butterfield, Chuan Chen and Nataliya Pushak, *Building Bridges: China's Growing Role as Infrastructure Financier for Sub-Saharan Africa*, Washington, D. C.: World Bank, 2008.
④ 张哲:《中非经贸关系发展研究》,浙江人民出版社,2014年版。
⑤ 舒运国、张忠祥:《非洲经济发展报告(2014—2015)》,上海社会科学院出版社,2015年版。
⑥ 张忠祥:《中非合作论坛研究》,世界知识出版社,2012年版。

了解非洲是推动中非关系发展的重要前提。对于非洲的历史，李安山教授的《非洲古代王国》① 以图文并茂的形式，介绍了古代努比亚、阿史苏姆、加纳、津巴布韦、刚果、阿散蒂等非洲文明古国的古老文化、艺术、政治、经济与社会风俗，带领读者领略了古代非洲文明的独特而不为人知的魅力。

关于非洲的文化，刘鸿武著的《非洲文化与当代发展》② 是一部对非洲文化历史演进过程及其当代发展做全景式透视的著作，该著作系统描述了非洲文化的基本形态与历史进程，细致分析了非洲文化传统对当代非洲国家成长、民族建构、经济发展、社会变迁的复杂影响。本著作还从21世纪人类多元文化共存发展的角度关注非洲文化的当代命运，并探讨了如何重估非洲文化的现代价值，如何推进中非文化交流对话与知识共享等问题。

关于非洲基础设施，胡永举、邱欣等著的《非洲交通基础设施建设及中国参与策略》③ 全面介绍了非洲公路、铁路、航空、港口与海上运输基础设施发展的历史背景及现状问题，总结了中国企业在非洲承建交通基础设施的工程项目状况、项目市场的风险与特色，以及有效的建设模式等方面的教训和中国参与非洲交通基础设施建设应采取的策略。

关于中非民主化进程，贺文萍的《非洲国家民主化研究》④ 阐释了民主概论的起源和界定，并详细论述了非洲民主化发展历程、非洲民主化进程的制约因素、非洲民主化进程评析、南非民主化进程、尼日利亚民主化进程等问题。

关于非洲的国际组织，李伯军的《当代非洲国际组织》⑤ 论述了国际组织在非洲大陆的兴起与发展，并重点论述了非洲大陆的代表性的全非性国际组织和次区域国际组织的成立、组织机构及基本运行情况，还就中国与非洲国际组织的关系进行了研究。

---

① 李安山：《非洲古代王国》，北京大学出版社，2011年版。
② 刘鸿武：《非洲文化与当代发展》，人民出版社，2014年版。
③ 胡永举、邱欣等：《非洲交通基础设施建设及中国参与策略》，浙江人民出版社，2014年版。
④ 贺文萍：《非洲国家民主化研究》，时事出版社，2005年版。
⑤ 李伯军：《当代非洲国际组织》，浙江人民出版社，2013年版。

张宏明、安春英等编著的《非洲发展报告》① 对于研究大国对非政策动向与中非关系的国际环境也具有重要的参考价值。

国外学者也对中非关系进行了比较全面的研究，为我们进一步深化相关研究奠定了比较重要的学术基础。

罗伯特·罗特伯格（Robert I. Rotberg）著的《中国进入非洲：贸易、援助和影响》(China into Africa: Trade, Aid, and Influence) 系统地梳理了中国与非洲自唐朝以来的交往关系，从多角度多视野论述了中国在非洲的政策。

巴里·沙伯力（Barry Sautman）在论文《朋友与利益：中国与非洲的独特联系》(Friends and Interests: China's Distinctive Links with Africa) 中提到中国和非洲的广泛联络创造了一种对话体系，文章从较为客观的角度讨论到，在对非洲发展的支持和对非洲国家尊重上，中国似乎不像西方人想象的那么邪恶。

关于中国在非洲的角色问题，伊恩·泰勒（Ian Taylor）的著作《中国在非洲的新作用》(China's New Role in Africa) 从中国对非洲的政策、石油外交、中国廉价商品的影响力、人权问题、军火交易、和平维护等方面全方位地阐述中国在非洲的新角色。

贝茨·吉尔（Bates Gil）撰写的《评价中国对非洲日益增加的影响》(Assessing China's Growing Influence in Africa)② 提到2006年开展的中非合作论坛北京峰会是中国和非洲关系史上历史的时刻，如今，中国的非洲政策已经进入一个更高和更复杂的层次，同时伴随着更大的风险。

南非学者加思·谢尔顿和法哈那·帕鲁克的《中非合作论坛：一个战略机遇》③ 全面总结了中非合作论坛的发展，认为该论坛不仅为中非关系的发展提供了一个全新的平台，而且也为中非关系和非洲提供了一个重大的战略机遇。英国卡迪夫大学（Cardiff University）的格登·库明撰写的

---

① 张宏明、安春英：《非洲发展报告》，社会科学文献出版社，2014年版。
② Bates Gill and Chin-hao Huang, "Assessing China's Growing Influence in Africa", *China Security*, 2007, 3 (3): 3-21.
③ Garth Shelton and Farhana Paruk, *The Forum on China-Africa Cooperation: A Strategic Opportunity*, Johannesburg: Institute for Security Studies, 2008.

《对非洲援助:从冷战到新世纪法国和英国的政策》[1]一书对英、法两个援助大国冷战后对非援助政策的变化进行了系统梳理。这些研究成果对于进一步研究中非首脑外交奠定了重要的学术基础。

---

[1] Gordon Cumming, Aid to Africa: French and British Politics from the Cold War to the New Millennium, Ashgate, 2001. 转引自张永蓬:《国际发展合作与非洲:中国与西方援助非洲比较研究》,社会科学文献出版社,2012年版,第4页。

第一章/首脑外交的内涵及特点

首脑外交（Summit Diplomacy）也称为"峰会外交"，是国际舞台上较为常见的一种外交形式。作为追求实现国家战略利益的独特外交方式，首脑外交在整个外交实践中具有举足轻重的地位，有着突出的象征意义和实质内容。从理论上来说，首脑外交也是一种政府外交实践，外交的一般规律在首脑外交中也完全适用。

第一节 首脑外交的内涵

首脑外交历史悠久，但其真正被定义并被广泛重视和应用的时间却很短。在欧洲外交史上，有1815年俄国、普鲁士和奥地利三国元首直接订立的"神圣同盟"。在国际交往中，人们对于首脑外交的最早印象可追溯到1919年的巴黎和会，那是最早的大规模领导人峰会。第二次世界大战期间，苏、美、英三巨头的多次会晤不仅影响战争的进程，而且直接造就了战后50年的世界格局。冷战期间，美苏两国首脑的定期会晤和直接联系多次避免了两个超级大国的迎头相撞。第二次世界大战以来，首脑在外交中的作用越来越引起国际学术界的浓厚兴趣和外交界的高度关注。学术界普遍认为，英国前首相温斯顿·邱吉尔在1953年斯大林去世后的春天首次使用了"首脑会晤"一词，他当时建议西方国家首脑和苏联领导人举行高层会谈。[①] 1954年日内瓦会议期间，西方新闻媒体频频使用"首脑外交"这

[①] Naunihal Singh, *Diplomacy for the 21st Century*, New Delhi: Mittal Publications, 2002, p. 117.

一专门术语对与会的各国领导人会议进行报道。自此以后，首脑外交开始流行，并逐步发展成为国际政治交往中一种日趋成熟、频繁使用的外交活动形式。随着国际格局多极化与世界经济全球化的发展，首脑外交因其政治级别高、效果显著、影响重大等特点，作用日益凸显，并且受到国际社会的普遍重视。近年来，首脑外交也成为中国外交中最活跃的外交形式之一。可以预见，在全球化时代，首脑外交是一种具有强劲生命力和远大前途的外交形态，必须引起高度重视，并根据社会发展的客观规律，不断发展首脑外交。

外交是代表国家主权意志的严肃政治行为。在代表国家主权实施外交行为的诸多行为体中，政治首脑是地位最重要、影响最广泛的角色。也正是因为如此，首脑在外交中的作用始终处于重要地位。学界对首脑外交中"首脑"的界定见仁见智。"首脑"从狭义上讲，主要指国家元首和政府首脑，例如《世界外交大辞典》中对首脑外交的定义是"由国家实际掌握最高决策权的首脑人物（一般为国家元首或政府首脑）直接出面处理国家关系和国际事务的外交"。[1] 从广义上讲，当前最为系统地研究首脑外交的学者普利施科认为，"首脑这个词一般指行政首长，包括国家元首与政府首脑，但在某些特定情况下也可以包括某些级别高于部长的其他官员。"[2] 俞正梁将首脑外交界定为"国家元首、政府首脑或最高外交决策者直接参与双边或多边协商或谈判"。[3] 鲁毅指出，"担任全国人大常委会委员长、全国政协主席、副总理的中共中央政治局常委的成员也频频出访，更是中国首脑外交的重要补充。"[4] 我国学者张清敏针对中国的情况认为，国家主席、政府总理、全国人民代表大会常务委员会委员长，在一定程度上，还有全国人民政治协商会议主席，他们所参与的外交活动一起构成了具有中国特色的"最高层外交"（diplomacy in chief），即首脑外交。[5] 由于各国政治体制不同、社会文化传统各异，各国对政治首脑的界定存在较大争议。

---

[1] 钱其琛：《世界外交大辞典》，世界知识出版社，2005年版。
[2] 埃尔默·普利施科著，周启朋等译：《首脑外交》，世界知识出版社，1990年版。
[3] 俞正梁：《全球化时代的国际关系》，复旦大学出版社，2000年版，第111页。
[4] 鲁毅、黄金祺：《外交学概论》，世界知识出版社，1997年版，第147页。
[5] 张清敏：《社会变迁背景下的中国外交决策评析》，《国际政治研究》2006年第1期，第47—50页。

比如君主制国家中将政治首脑仅仅界定为君主或者国王，议会内阁制国家则把首脑看作是总理，总统制国家认为总统是唯一的政治首脑。但因各国政治体制千差万别，不同国家的最高权力往往掌握在不同职位的人手中，仅仅将"首脑"机械地解释为国家元首或政府首脑并不合适。本书对"首脑"的界定采取狭义上的理解，即主要指国家元首和政府首脑。

在首脑外交中，首脑访问意义重大，一国首脑出访他国，或出国参加多边活动，是增进本国与其他国家、地区之间友好和相互了解的重要渠道。同时，对一个国家元首或政府首脑来访的接待在首脑外交中同样重要，对方国首脑的来访是双方关系的重要表征，是首脑外交的一种重要形式。首脑互访则是双方外交关系的重要保证。可以说，"首脑互访是两国关系的晴雨表"。[①] 由于各种各样的原因，首脑外交在新中国的外交史中并不十分活跃。以首脑出访为例，从1949年建国之后到1978年改革开放之前，中国首脑出访次数很少。据统计，从1949年到1959年中国首脑仅出访23次，平均每年2次，从1960年到1970年出访次数增为44次，平均每年4次，而从1971年到1977年首脑出访仅有1次。可以看出，改革开放之前的首脑出访很少，首脑外交并不活跃。1978年中国共产党十一届三中全会确立了改革开放的政策，中国外交很快就打开了新的局面，当年中国最高领导人出访就有10次，随后从1979年至1982年，首脑又有17次访问，从1983年到1986年几乎每年的首脑出访都在10次以上。[②] 从首脑出访来看，毛泽东一生只出国两次，而且都是苏联。但毛泽东的外事活动却并不少，其中不乏首脑外交的经典案例。后来担任国家主席的刘少奇出访的次数也是有限的，但其出访侧重周边国家的特点也十分突出。作为中国最杰出的外交家，周恩来在担任总理的26年期间的若干次出访影响巨大，其提出的若干原则和进行的许多实践均值得后人研究。1982年，中国恢复设立国家主席一职。国家主席李先念和杨尚昆代表国家的国事活动虽然有所增加，但也非常有限。进入20世纪90年代后，随着中国综合国力的增强，国家主席江泽民和胡锦涛适应了形势发展的需要，频频展开外交活动，取得了良好的效果。通过出访、参加多边会议、主办多边会议、邀

---

① 张清敏、刘兵：《首脑出访与中国外交》，《国际政治研究》2008年第2期，第1—20页。
② 张清敏、刘兵：《首脑出访与中国外交》，《国际政治研究》2008年第2期，第1—20页。

请外国领导人访华等多种形式，中国领导人展现了中国国家元首的个人风采，更展示了中国作为一个大国在国际舞台的影响和作用，显示了首脑外交的魅力和作用。①党的十八大以来，习近平主席积极倡导和推动首脑外交。在短短两年的时间里，就出访30多个国家、联合国的一些组织所在地以及欧盟总部等，足迹遍布欧洲、亚洲、非洲、北美洲、南美洲以及大洋洲等国家，频繁进行首脑外交，成功奠定了未来中国外交的大格局，并实现了使中国从世界外交重要的参与者向世界外交规则制定者的角色转变，为中国外交历史性的飞跃打开了崭新的一页。

第二节　首脑外交的特点

国与国之间的关系说到底是人与人的关系。首脑外交在世界外交史上占有十分重要的位置。由于首脑外交是由各国政治首脑直接出面实施的外交形态，政治首脑一言九鼎，一举一动举世关注，尤其是那些大国的政治首脑，几乎任何一个细微的行动都会产生众多政治意义。因此，首脑外交有特殊的运行规律，任何一个国家的政治领导人在实施首脑外交的时候都必须遵循这些规律，决不能心血来潮，随意而为。②首脑外交所建立起来的国家最高领导人之间的个人友谊，是国家之间关系的重要纽带之一，最高领导人彼此间的信任和良好的个人关系可以最大限度地挖掘合作潜力，推动两国关系的发展。如中俄两国国家元首和政府首脑之间的定期会晤，不仅是中俄良好关系的标志，而且每次会晤都有力地推动了两国关系向前发展。③首脑外交的特点有以下三个方面：

一、地位特殊

在代表国家主权实施外交行为的诸多行为体中，政府首脑是地位最重

---

① 张清敏：《中国修宪：提升首脑外交》，《世界知识》2004年第8期，第62—63页。
② 赵可金：《首脑外交及其未来趋势》，《教学与研究》2007年第12期，第52—58页。
③ 张清敏：《中国修宪：提升首脑外交》，《世界知识》2004年第8期，第62—63页。

要、影响最广泛的角色。国家领导人是国家对外政策的最终决策人。根据西方对非洲很多国家的划分,许多非洲国家并不是民主国家,首脑在国家的内政外交中的决定作用更为突出。所以,首脑外交更能引起公众的关注。"首脑外交就其性质而言,一般是公众注意的中心。首脑外交一般来说总是比普通外交官所进行的这种活动更能吸引起广泛的公众关注。"[1]

二、效果直接

最高领导人彼此间的信任和良好的个人关系可以最大限度地挖掘合作潜力,推动两国关系的发展。"国家领导人间良好的关系可以促进正式的国家关系。在友好国家和盟国间,最高级的、有益的联系可以增强领导人之间的彼此敬重,并发展相互谅解以及在并行不悖怕政策中发展合作的愿望,促进在双边和多边事务中共同进步。同样可以说,在敌对的关系方面,对那些可谈判的事务,可以澄清各自的立场,谈判的范围以及可能妥协的限度。这种个人关系的结果还有助于其他级别的外交,促进官方交流与谈判。"[2]

三、迅速及时

事实上,首脑外交不仅可以避开外交上的繁文缛节和纠缠不清的技术细节,还可以通过个人之间的情谊,迅速调和甚至一定程度上化解国家之间的矛盾。首脑们可以阐明其国家利益、对外政策、外交策略甚至国内困难。他们可以消除恐惧、减少误解和避免做出错误估计。他们还可以创造类似化学反应的神秘人际关系,并建立一种友好的气氛,这可为更大的信

---

[1] 埃尔默·普利施科著,周启朋等译:《首脑外交》,世界知识出版社,1990年版,第463页。

[2] 埃尔默·普利施科著,周启朋等译:《首脑外交》,世界知识出版社,1990年版,第461页。

任、合作、消除分歧和达成牢固的协议铺平道路。① 在首脑一级可以迅速和直接地做出决定。也就是说，除去正式条约和其他须通过立法行动来承担的义务外，决定用不着间接地通过代表机构或留待斟酌后做出。② 可以避免外交渠道上的耽延和曲折，可以很快取得相互谅解，国际争端问题也处理得快。职业外交官韦尔斯·塞耶承认，在首脑会议上几个小时就能解决问题，而大使们按政府指令行事则可能要数周才能达到目的。③ 首脑级外交往往能够产生对重大问题基本原则的广泛协议，或制订方案以发展起某项外交行动或消除分歧，从而为在其他外交场合进行最后决定性的谈判铺平道路。如果完全在较低的级别上处理这些事务就不大可能取得这种进展。④ 部长级形成的僵局，可以通过首脑外交迅速加以解决。温斯顿·丘吉尔首相在提到第二次世界大战期间他同罗斯福总统的个人外交时声称，那些同美国政府在较低级别上的不可克服的分歧"往往通过最高层直接交涉，几小时内就解决了"。⑤

当然，首脑外交也存在风险，关于首脑外交的风险，普利施科指出，首脑外交最明显的风险之一是滥用首脑外交。⑥ 且"多数的风险是由于总统对有效处理首脑外交的问题没有足够的情报和准备而造成的。这往往由于仓促上阵和时间紧迫。或是他无能为力"。⑦

首脑外交在世界外交史上占有十分重要的位置。国与国之间的关系说到底是人与人的关系。首脑外交所建立起来的国家最高领导人之间的个人友谊，是国家之间关系的重要纽带之一，最高领导人彼此间的信任和良好

---

① 埃尔默·普利施科著，周启朋等译：《首脑外交》，世界知识出版社，1990年版，第461页。
② 埃尔默·普利施科著，周启朋等译：《首脑外交》，世界知识出版社，1990年版，第462页。
③ 埃尔默·普利施科著，周启朋等译：《首脑外交》，世界知识出版社，1990年版，第463页。
④ 埃尔默·普利施科著，周启朋等译：《首脑外交》，世界知识出版社，1990年版，第463页。
⑤ 埃尔默·普利施科著，周启朋等译：《首脑外交》，世界知识出版社，1990年版，第463页。
⑥ 埃尔默·普利施科著，周启朋等译：《首脑外交》，世界知识出版社，1990年版，第464页。
⑦ 埃尔默·普利施科著，周启朋等译：《首脑外交》，世界知识出版社，1990年版，第464页。

个人关系可以最大限度地挖掘合作潜力，推动两国关系的发展。如中俄两国国家元首和政府首脑之间的定期会晤，不仅是中俄良好关系的标志，而且每次会晤都有力地推动了两国关系向前发展。[①] 重视首脑外交是符合国际惯例的，是与国际接轨的重要表现之一。

[①] 张清敏：《中国修宪：提升首脑外交》，《世界知识》2004年第8期，第62—63页。

第二章/中非关系的新定位

非洲是人类文明发祥地之一,地域辽阔,物产丰富,历史悠久,文化璀璨。非洲是世界第二大洲,面积3029万平方千米,人口超过10亿,有54个国家,只有斯威士兰、布基纳法索没有与中国建交。非洲是发展中国家最集中的大陆,中国是最大的发展中国家,中国与很多非洲国家有共同的命运。中国同非洲的经贸合作,至少拉动了非洲20%的国内生产总值增长,中非双方都从合作中受益。[①] 提到非洲,不少人首先想到的是贫穷落后、战乱饥荒。其实,非洲是块古老而年轻、广袤而富饶的大陆,人口众多,资源丰富,虽然某些方面还比较落后,但充满生机,发展潜力巨大。

第一节 非洲的新特点

非洲在世界政治经济格局中举足轻重,堪称"三个一极"。非洲幅员版图仅次于亚洲,是世界第二大洲,它还是全球国家数量最多的一个洲。但历史上曾几百年遭受殖民主义的奴役,在摆脱殖民主义的奴役后,又曾较长期处于世界政治的边缘地位。但自20世纪90年代起,非洲国家经济开始起飞,国际地位上升,在国际上的影响力日益增大。

第一,非洲有54个国家,占联合国的席位超过1/4,在维护世界和平稳定中发挥重要作用。非洲国家整体实力不断增强,一体化进程逐步加快,在全球发展、气候变化、国际治理体系改革等重大问题上休戚与共,

---

[①] 《非洲雄狮,加速奔跑》,《人民日报》2014年7月25日。

共同发声。在发展中国家群体性崛起的背景下，非洲的声音全世界都需要倾听，非洲的作用各方都要给予尊重。非洲已成为促进世界多极化、国际关系民主化的重要力量。可以说，非洲是世界政治舞台上的重要一极。

第二，非洲地域广袤，资源丰富，人民勤劳，10亿人口的巨大发展潜能正强劲释放。21世纪以来，非洲经济发展步伐加快，年均增长超过5%，是全球经济成长最快的地区之一，成为国际金融危机阴霾下的一抹亮色。非洲经济总量已达到2万亿美元，被公认为全球重要的新兴市场。可以说，非洲是全球经济增长新的一极。

第三，非洲历史悠久，文化灿烂，是世界文明的发源地，对人类文化的丰富多样和交流传播有着深远影响。不论是人类共同的"祖母"露西，还是古老的金字塔，不论是简单而韵律明快的鼓点，还是质朴而活力四射的舞蹈，都是非洲亮丽的名片。在当今世界的音乐、雕塑、绘画等艺术形式中，都闪耀着非洲文明的璀璨光芒。可以说，非洲是人类文明的多彩一极。①

进入21世纪以来，非洲成为全球经济增长最快的地区之一。经济年均增长超过5%，是仅次于亚洲的全球增长最快地区之一，经济总量已达2万亿美元。② 2012—2013年连续两年，世界上增长最快的十个国家中，有超过一半在非洲。2001年，英国《经济学人》在报道非洲时的标题是"无望的大陆"，2011年这个标题换成了"崛起的大陆"。根据联合国非洲经济委员会公布的《2013年年度报告》，2012年非洲GDP增长5%，全球增长率仅为2.2%，非洲经济增速高出世界平均水平一倍多。③ 2013年非洲经济增长3.9%，而世界平均增长率仅2.1%。2013年非洲经济增长超过7%的国家有11个，介于5%和7%之间的国家有17个，也就是说，非洲有28个国家处于较快发展，占非洲54个国家的52%。经济超过7%的非洲国家分别是塞拉利昂、乍得、科特迪瓦、刚果（金）、安哥拉、莫桑

---

① 《开创中非合作更加美好的未来——在非盟会议中心的演讲》，《人民日报》2014年5月6日。
② 《非洲雄狮，加速奔跑》，《人民日报》2014年7月25日。
③ UNECA, *Annual Report* 2013, Abidjan, March 2013, p.1. 转引自舒运国、张忠祥：《非洲经济发展报告（2014—2015）》，上海社会科学院出版社，2015年版，第17页。

比克、加纳、利比里亚、埃塞俄比亚、赞比亚、卢旺达和尼日利亚。①

从地区来看，也存在较大差异。2005—2009年间，东非发展最快，年均增长率为7.1%；西非次之，为5.7%；中部非洲最慢，也有4.1%。从2013年来看，西非发展最快，为6.7%；东非次之，为6.2%；北非最低，仅为1.9%。北非经济发展受挫，与当地局势不稳密切相关。②

一、在联合国的话语权加重

现在非洲在联合国拥有54个席位，占联合国会员国总数的1/4（193个会员国）以上，它们又组建了非盟，在许多重大国际问题上和联合国改革问题上，通过非盟用一个声音说话。因此，非洲在联合国的话语权显著加重。联合国通过重要决议须获得2/3以上多数，如果得不到非盟首肯，联合国的决议就很难出台。非盟已提出了联合国改革方案，要求增加非洲在安理会及其常任理事国的席位。这种要求是合理的。在联合国改革完成之后，非洲将在其中取得更大的代表权、话语权以至一定的决策权。③

二、在世界战略格局中的影响增大

进入21世纪，世界新兴经济体群体性崛起，世界多极化进程加速推进，非洲的影响在增大。2002年成立的非盟是仅次于欧盟的世界第二大洲际一体化组织，在推进世界多极化发展方面无疑起着应有的积极作用。非盟对外代表非洲国家说话，非盟是推动世界多极化格局发展的一支必不可缺少的力量。诚然，非洲现在尚不是推进多极格局的主力，在相当长时期内也难以成为世界独立一极。但从长远看，随着非洲大陆综合力量的不断

---

① AFDB, OECD, UNDP and UNECA, *African Economic Outlook* 2014, p.5, p.42. 转引自舒运国、张忠祥：《非洲经济发展报告（2014—2015）》，上海社会科学院出版社，2015年版，第17页。

② 舒运国、张忠祥：《非洲经济发展报告（2014—2015）》，上海社会科学院出版社，2015年版，第20页。

③ 程涛、陆苗耕主编：《中国大使讲非洲故事》，世界知识出版社，2013年版，第218—219页。

增大和非盟的发展,未来非盟也有可能成为世界一极。① 在过去十多年来,非洲在世界上的地位和作用呈上升态势。在今后相当长的时期里,这种上升势头可望更加强劲地发展下去,非洲将在国际舞台和世界格局中扮演越来越重要的角色。

三、处理本地区问题的能力增强

非洲是多事之地。在很长一段时期里,非洲是世界上发生社会动荡、暴力冲突、军事政变和战乱最多和最频繁的一个洲,以至迄今联合国安理会通过的决议超过70%是关于非洲地区冲突。但处理这些冲突主要由联合国或原宗主国主导,而非洲本身长期以来对于处理本地区冲突却无能为力,基本上"靠边站"。非盟诞生后,情况发生了重大变化,非盟有能力和有权威解决本地区冲突与维护非洲大陆和平。非盟在处理和解决非洲地区问题上起到了关键作用。②

四、在大国对外关系中的地位显著上升

近些年来,鉴于非洲复兴进程加快,战略地位上升,世界上的大国都加大了对非洲的关注。

近年来,美国提出构建面向21世纪的"美非新型伙伴关系",全面加强了对非工作。2000年美国出台了《非洲增长与机遇法案》,宣布向48个撒哈拉以南非洲国家提供单方面贸易优惠条件,其中符合条件的37个国家可向美国免税出口6000多种商品。从此,美非贸易快速增长,2008年美非贸易额达1046亿美元,同比增长28%,是2001年的三倍多。对非投资增长迅速,投资量大,主要集中在石油领域。美国对非援助也相应剧增,2009年美国对非援助占其对外援助总额的36.2%。随着非洲战略地位上升和美国在非利益扩大,它显著加强了在非洲的军事存在,2008年成立非洲

---

① 程涛、陆苗耕主编:《中国大使讲非洲故事》,世界知识出版社,2013年版,第219—220页。

② 程涛、陆苗耕主编:《中国大使讲非洲故事》,世界知识出版社,2013年版,第220—221页。

司令部，这是前所未有之举，连冷战时期也未有此举措，2011年北约空袭利比亚就是由该司令部部署和主导的。①

进入21世纪，欧盟适时调整对非政策，把对非关系置于其外交的重要地位。2000年欧盟决定同非洲建立首脑会议机制，同年举行的首届欧非首脑会议决定双方建立面向21世纪的"新型战略伙伴关系"，同年欧盟还同非洲国家签署《科托努协议》，至2005年，签约的非洲国家出口商品几乎可以全部免税进行入欧盟市场。这表明，欧盟与非洲的关系进入了一个新的阶段。2007年举行的第二届欧非首脑会议进一步提出双方合力打造在"平等基础"上的"战略伙伴关系"。尽管"欧非平等说"是对非洲国家的一种安抚，但确有很大的象征意义，表明了非洲地位的提升。正是在这次峰会上，欧盟委员会主席巴罗佐强调说："非盟必须成为欧盟对外关系的重点。"这次峰会一结束，欧盟即宣布此后五年向撒哈拉以南31个非洲国家再提供117亿美元援助，并在"欧盟发展基金"框架下每年向这些国家提供48亿美元的贷款物。②

俄罗斯与非洲的关系也明显升温。2006年和2008年俄罗斯总统普京和梅德韦杰夫先后访非，这是俄罗斯外交的罕见之举。2008年俄罗斯宣布免去非洲国家200亿美元的巨额债务，如此免债大手笔在所有大国中都是少见的。③

第二节　中非关系的新定位

中非关系是世界上一组重要的国际关系，在中国和非洲对外关系中占有基础性的重要地位。在中国外交中，对非外交一直处于非常重要的地位。在中国外交的整体布局中，发展中国家是基础，非洲是"基础中的基础"。中国历届政府高度重视发展与非洲的关系，坚定不移地将巩固和发

---

① 程涛、陆苗耕主编：《中国大使讲非洲故事》，世界知识出版社，2013年版，第221—222页。

② 程涛、陆苗耕主编：《中国大使讲非洲故事》，世界知识出版社，2013年版，第222—223页。

③ 程涛、陆苗耕主编：《中国大使讲非洲故事》，世界知识出版社，2013年版，第223页。

展同非洲国家的友好合作关系作为中国独立自主和平外交政策的重要内容。从 1990 年起，每年年初中国外交部部长首次出访，第一个去的都是非洲国家，由此可见中国对中非关系的重视。习近平当选国家主席后，首次出访也是访问非洲和俄罗斯。中非关系堪称发展中国家间关系的典范。

长期以来，中国政府都很重视对非外交。长期以来，中非间交流密切，外交上相互配合和倚重，经济互惠成就显著，已成为"全天候的朋友"。从政治层面来看，中非都关注稳定和发展问题。从外交领域来看，中非创造了发展中国家合作的新模式。

一、非洲是中国外交的战略支点之一

如果说，发展中国家是中国外交的基础，那么非洲就是这个基础中最为核心的部分。有学者指出，许多时候，中非关系都是"撬动中国与外部世界关系结构的一个支点"。是一个影响中国与西方国家结构、改变中国的国际战略地位的特殊因素。在过去数十年间，被赞比亚前总统卡翁达称之为"全天候的朋友"的中非关系，对各个时期中国外交环境之改善与国际地位之提升，都发挥过不可替代的特殊作用。

中国历届政府高度重视发展与非洲的关系，坚定不移地将巩固和发展同非洲国家的友好合作关系作为中国独立自主和平外交政策的重要内容。中国是世界上最大的发展中国家，非洲是世界上发展中国家最集中的大陆，这一基本属性决定了中国和非洲国家之间政治上相互依存和相互支持的必然性和必要性。中国是最大的发展中国家，巩固和发展同发展中国家的团结合作是中国外交政策的基石。毛泽东主席就说过，是非洲黑人兄弟把我们"抬进"了联合国，在那个特殊的年代，正是在广大非洲国家的帮助下，中国才得以突破自身面临的外交困境，重回国际社会并赢得应有的国际尊重。

1989 年后，是非洲国家帮助中国打破了西方国家对中国的封锁，顶着西方外交压力，到中国访问的第一位外国元首来自非洲，第一位外长来也自非洲。第一位来华访问的国家元首和外长均来自于非洲国家。1989 年先后有布隆迪、乌干达、多哥、马里、布基纳法索的国家元首访问中国。1990 年，又有埃及、赤道几内亚、中非共和国、塞拉利昂、乍得、苏丹五国的国家元首访问中国。从1990—1998年，共有来自非洲国家的约50位国家元首、15位政府首脑及100多位政府部长访问了中国。与此同时，中国国家领导人也频繁出访非洲。作为回应，从1991年开始，中国外交部长首次出访都是去非洲国家，这一外交惯例的确立和延续显示出中国对中非关系的高度重视。① 习近平当选国家主席后，首次出访也是访问非洲和俄罗斯。中非关系堪称发展中国家间关系的典范。

习近平多次强调，加强同非洲国家的团结合作，是中国外交政策的重要基石。中国要可持续发展，离不开非洲，非洲对于中国"有着特殊的战略意义"。②

2013年习近平在首次访非时，提出："新形势下，中非关系的重要性不是降低了，而是提高了，双方共同利益不是减少了而是增多了，中方发展对非关系的力度不会削弱、只会加强。"③

二、中非是"命运共同体"

中非传统友好深得人心，发展同非洲国家的团结合作始终是中国对外政策基石。"命运共同体"是中非关系历史的传承，并被赋予了现实意蕴。

2013年初，习近平在访非期间首次提出中非是"命运共同体"。他指出，中非关系如同"兄弟情谊"，"中国和非洲国家是休戚与共的命运共同体"。④ "命运共同体"一经提出就得到了非洲国家的广泛认同。南非斯坦陵布什大学中国研究中心研究员罗斯·安东尼在接受坦桑尼亚《公民报》的采访时说：中非拥有相同的命运，有着相似的历史经历及价值观，同时也有共同的战略利益及发展任务，因此，"中国梦"也与"非洲梦"紧密

---

① 张哲：《中非经贸关系发展研究》，浙江人民出版社，2014年版，第75页。
② 刘鸿武：《论中非新型战略伙伴关系的时代价值与世界意义》，《外交评论》2007年第1期，第17页。
③ 《习近平主席关于发展中非关系的重要论述》，http://cpc.people.com.cn/n/2015/1126/c64094-27857064.html，访问日期：2017年10月12日。
④ 《习近平会见喀麦隆总理菲勒蒙》，http://www.focac.org/chn/zxxx/t1275025.htm，访问日期：2015年11月9日。

相连。①

中非从来都是"命运共同体"。20世纪五六十年代,中非老一辈政治家共同开启了中非友好的大门。由于中非都曾饱受殖民主义、帝国主义的侵略和压迫,都曾面对民族独立和解放的艰巨任务,都在探索国家发展的正确道路,共同的历史遭遇使中非有着诸多共识,使双方相互支持,"结下了同呼吸、共命运、心连心的兄弟情谊"。②

"命运共同体"既是对中非传统友谊的总结,也是对当今中非关系的判断,还是对中非关系未来发展的展望。半个多世纪以来,中非从面向21世纪长期稳定、全面合作的中非关系到中非新型战略伙伴关系,再到全面战略合作伙伴关系,双方无论国际风云如何变幻,都始终珍视这种传统友谊。在中非交往之初,非洲面临的是国家认同问题,中国则面临着如何打破美苏的封锁和包围。如今,非洲已从当年被称为"黑暗的大陆"发展为世界上发展速度最快的大洲。非洲的战略诉求也从当年的国家认同转向了安全和发展。作为最大的发展中国家,中国已跃升为世界第二大经济体。但中非之间的命运共识没有变。中非"命运共同体"理念的提出,将中非的历史命运与现实命运交织在一起,确认了中非友好的历史传承,点明了双方的价值观认同,拉近了双方关系,构建了中非首脑外交的新的话语体系,成为发展中非关系的感情纽带。

三、中非是利益共同体

中非发展战略高度契合,互有需要、互有优势。中国的崛起离不开非洲,非洲的复兴需要中国。也正是因为如此,"合作共赢""共同发展"成为中非首脑之间的重要共识。在利益共同体的框架下,中国更多地致力于提升非洲的自身能力,把非洲的发展同中国的发展紧密结合。习近平担任国家主席后第一次出访非洲,就与非洲国家签署和宣布了包括机制建设、投资、民生和发展援助等在内的20多项政府间的重要成果,其中包括成立

---

① "China is not a threat to Africa's growth: scholar"(《中国并非非洲成长之威胁》),http://www.thecitizen.co.tz/magazine/politicalreforms/China-is-not-a-threat-to-Africa-s-growth--scholar/-/1843776/1947656/-/5cjf6k/-/index.html,访问日期:2015年11月10日。

② 习近平:《习近平谈治国理政》,外文出版社,2014年版,第304页。

中南联合工作组的章程；中坦促进和相互保护投资协定；中刚、中坦政府间框架协议与合作文件等，① 法国《人道报》评价说："非洲大陆让中国展示了它著名的'共赢'战略。"② 2014年李克强访非提出了建设包括产业、金融、减贫、生态环保、人文交流、和平安全等在内的六大工程，并帮助非洲打造铁路网、公路网以及非洲区域航空网络等"三大网"。③ 这一对非合作路线图解决了未来中非合作以及非洲经济发展的路径问题，意味着中非合作从原来单靠进出口贸易和基础设施投资，转为更加注重挖掘教育培训、技术转让、金融与服务贸易等方面合作的愿景。尼日利亚《卫报》称，非洲将从此"不再被人遗忘"。④ 中非同属发展中国家，近年来都实现了飞速发展，双方已形成了"你中有我，我中有你"的利益共同体。

近年来，随着中国更多地参与国际事务，中国的战略利益已不仅仅局限于国内。中国要想成为负责任的大国，战略利益必然要沿伸到世界各地，而非洲则是不可或缺的重要地区。在中国"一带一路"倡议中，非洲已经成为重要的战略支点。

历史已经反复证明，"中国发展好了，非洲发展会更顺；非洲发展顺了，中国发展会更好"。⑤ 在全球化的今天，中非的命运已紧紧地联系在一起。对中国来说，中国要发展必须与非洲合作；对非洲来说，中国是帮助非洲未来发展的最好伙伴。新时期，中非已经结成了紧密的是利益共同体，中非发展互有需要，是中非首脑接触频繁而且能够高效率地解决相互之间存在的重大问题的深层次动因之一。

---

① 《习近平主席访问非洲成果丰硕》，《人民日报》2013年4月11日。
② "Première tournée africaine pour Xi Jinping"（《习近平第一次访问非洲之旅》），http：//www.humanite.fr/monde/premiere‐tournee‐africaine‐pour‐xi‐jinping‐518240，访问日期：2015年3月16日。
③ 《李克强在非盟会议中心发表演讲时提出"461"中非合作框架 打造中非合作升级版》，《人民日报》2014年5月6日。
④ 《外媒：李克强非洲行掀起"中国旋风"》，http：//news.sina.com.cn/c/2014‐05‐13/212530128306.shtml，访问日期：2015年12月26日。
⑤ 《"老外看习主席出访"（10）：中非是休戚与共的命运共同体》，国际在线，http：//gb.cri.cn/42071/2015/12/02/147s5185663.htm，访问日期：2015年12月3日。

四、中非是责任共同体

中非不仅是"命运共同体"、利益共同体,还是责任共同体。20世纪六七十年代,非洲国家坚决支持一个中国,并于1971年将中国"抬进了"联合国;中国则在力所能及的范围内在道义上和经济上对非洲民族独立和经济发展给予了大力支持,双方在交往中塑造了责任共同体。如今,中非均实现了快速发展,但继续维护好中非传统友谊、促进非洲的安全与发展、推动中非在国际事务中的团结与协商仍需要首脑外交推动责任共同体的建设。

中国政府发表的第二份《中国对非洲政策文件》在第一份《中国对非洲政策文件》提出的"政治上平等互信、经济上合作共赢、文化上交流互鉴"三大支柱[①]基础上又增加了"安全上守望相助、国际事务中团结协作"[②] 的新内容。这表明中国认识到非洲的安全关乎中国的稳定,中国日益重视非洲在安全方面的诉求;中国更加依赖中非在联合国等国际机构和国际事务中的团结协作。

近年来,中国更加积极主动地发挥"负责任大国"作用,努力在自身发展过程中对世界有所贡献,承担更多的责任与义务。与此同时,随着国际局势的变化,中非在应对国际事务时对各自的依赖增强。作为联合国安理会常任理事国和发展中国家的代表,携手非洲共同承担国际责任,促进国际秩序朝着更加公正、合理的方向发展,是中国的战略诉求,也是中国的国际责任。作为世界上国家最多的大洲和发展速度最快的大洲,非洲也需要在国际事务中发出声音,有所作为。同时,面对世界上越来越严重的地区保护主义和地区一体化进程,中非也有必要继续相互协作、相互支持。

---

① 《中非构建新型战略伙伴关系》,《人民日报》2006年10月23日。
② 《中国对非洲政策文件(全文)》,新华网,http://news.xinhuanet.com/world/2015 - 12/05/c_1117363276.htm,访问日期:2015年12月7日。

五、中非关系具有重要的示范作用

在当代世界人类交往史上，中非关系向世人呈现了一种独特的演进图景。纵观过去半个多世纪的世界，全球范围时而狼烟四起，战乱频现，而国家间往往变幻不定，友敌难料，然而在此纷乱的时代，中非友好关系自20世纪50年代一经建立，就从未有过大起大落之变故或反目成仇的逆转。虽然，在这半个世纪里，中非双方内部各自的政权情况也历经种种变化，国家领导人也经历过多次更替，但中非关系却一直稳固推进。就此来说，中非关系堪称楷模，非常有价值和意义。

中非关系几十年来不断超越西方殖民主义思维和现实主义国际关系思想的逻辑，尤其摒弃了西方殖民主义者对第三世界国家关系中的巧取豪夺或者同情施舍，建构起相互尊重、和平共处、合作共赢的国际关系新模式，[1] 中非合作对中国与其他国家和地区的合作具有示范作用。中非关系堪称南南合作的典范。通过中非关系，许多国家了解了中国外交的方向与原则，这为中国与其他国家和地区的交往与合作，结交更多的朋友创造了有利条件。南非金山大学国际关系教授加斯·谢尔顿认为，"中国与非洲的合作堪称当前国际关系中友好合作、相互依存的典范。中非已经建立起友好互动关系，形成了协商解决问题的机制，为双方合作创造出新的机会。中非关系为整个非洲大陆提供了经济机遇，也有利于中国可持续发展。中非经济互补性强，价格合理的中国产品使非洲人民受益，对华出口改善了非洲经济结构，使非洲逐步摆脱对石油和原材料出口的过度依赖，促进了非洲工业化进程。"[2]

---

[1] 黄昭宇：《中国对非洲关系的世界性建构意义》，《国际论坛》2009年第4期，第44页。
[2] 《中非合作堪称典范》，《人民日报》2015年1月29日。

第三章/首脑外交与中非关系的演进

中国与非洲相距遥远，但中国人民和非洲人民之间的友好往来源远流长，可追溯到久远的年代。早在公元前2世纪，也就是中国的汉代，中国同非洲就已开始通过各种途径交换各自生产的珍品。汉朝时张骞出使西域，开通了陆上的丝绸之路，中非之间的经贸交往扩大了，并且为了摆脱安息人控制的中非间接贸易的局面，又进一步开通了中非直接贸易的海上通道——海上丝绸之路。中国的史书及非洲的学者均有对古代中非交往的记叙。特别是1405年至1433年间，中国明朝著名航海家郑和七下西洋时，曾四次到访今天的索马里、肯尼亚等东非沿岸地区。只是到了15世纪以后，由于西方殖民主义的侵入，才打断了中非之间的友好往来。

近代以来，饱受帝国主义和殖民主义侵略和压迫的共同经历，使中国人民与非洲人民心连心。他们在争取和维护民族独立的斗争中，相互同情、相互支持，结下了真挚的战斗友谊。第一次世界大战前，非洲除埃塞俄比亚和利比里亚外均沦为西方殖民地。第二次世界大战后，随着中华人民共和国的成立和非洲民族独立运动的发展，中非友好关系开始进入了一个新纪元。中国革命的胜利改变了世界政治力量的对比，给予正在争取民族解放和国家独立的非洲人民巨大的鼓舞和支持。从20世纪50年代开始，非洲国家和地区的一些工会、青年和学生群众组织的代表不断来中国进行友好访问，了解中国革命和建设的经验。他们无不称赞中国人民掌握了自己的命运，真正成为国家的主人。中国也十分重视并大力支持非洲人民的反帝反殖、争取民族独立和社会进步的正义斗争。[1]

---

[1] 《中非友谊万古长存》，《人民日报》1997年5月4日。

第一节　中国对非首脑外交的开创期

"志合者，不以山海为远。"中非之间虽然相距遥远，但传统友谊深厚绵长。中非友好关系是双方几代领导人共同缔造和精心培育出来的。经常性的高层互访是加强中非政治互信、建立中非全面战略伙伴关系的重要保证，也是确保中非友好之船乘风破浪、驶向未来的重要动力。

中非首脑外交有着自己明晰的路线图。中国老一辈领导人和非洲民族解放运动的先驱们，共同奠定了中非友好合作关系的坚实基础。新一代领导人的相互访问，增进了相互了解，推动了中非友好合作关系不断发展。新中国成立和非洲国家独立开创了中非关系新纪元。20世纪50年代中期到70年代中期是中国对非首脑外交的开创期。毛泽东、周恩来等中国老一辈领导人同非洲民族解放运动的先驱们共同开启了中非友好的大门，共同缔造了伟大的中非友谊，培育了中非人民的深厚感情。

1955年的万隆会议是中非首脑外交的发端。会议期间，周恩来总理与埃及等非洲国家领导人深入接触，开展了卓有成效的首脑外交，推动了中非关系的发展。1955年4月22日，周恩来设晚宴招待了参加万隆会议的埃及总理纳赛尔，中国代表团还同出席会议的埃塞俄比亚、黄金海岸、利比里亚、利比亚和苏丹代表进行了首次接触。这次首脑外交的直接收获是，1956年5月中埃建交，埃及成为第一个与新中国建交的非洲国家。苏伊士运河危机期间，中国政府坚决支持埃及人民收复苏伊士运河的斗争。[1] 1956年1月，为了支持纳赛尔反抗法国殖民者的斗争，中国购买了1.5万吨棉花。当时，欧洲各国尤其是法国正企图大幅降低棉花价格，从经济上扼杀纳赛尔政府，因为棉花占埃及出口年收入75%以上。[2] 1956年5月中埃建交，新中国同非洲国家之间的外交关系由此开启。5月30日，中、埃

---

[1] 苗吉：《利益与价值：中美非洲政策的历史考察》，世界知识出版社，2015年版，第65页。

[2] 苗吉：《利益与价值：中美非洲政策的历史考察》，世界知识出版社，2015年版，第67页。

两国政府发表建交联合公报，宣布正式建立大使级外交关系。7月，中国驻埃及首任大使陈家康到任。9月17日，埃及首任驻华大使哈桑·拉加卜向毛泽东主席递交了国书，埃及成为第一个与新中国建交的非洲国家。这年9月，中国外交部成立了主管非洲和阿拉伯事务的机构。同年，中国向埃及提供了2000万瑞士法郎现汇的无偿援助，支持埃及收回苏伊士运河。这是中国首次对非洲提供经济援助。[①] 1958年，新华社在开罗设立了办公室。[②] 此后20年，中非关系获得快速发展。至1979年，与中国建立外交关系的非洲国家已达44个。

此后不久，非洲大陆蓬勃兴起民族独立运动。毛泽东、周恩来等中国领导人敏锐地发现了非洲的变化，并开始积极支持非洲国家的民族独立与解放运动，广泛接触非洲政治家，共同开启了中非友好的大门。在早期的中非交往中，中国始终坚定地反对殖民主义、种族主义，支持非洲的独立运动，支持非洲人民反对殖民主义、争取民族独立的正义斗争。1958年4月15日，非洲独立国家会议在加纳首都阿克拉开幕。非洲独立国家自己举行全洲性的会议，这在非洲历史上是第一次。会议在最后通过的宣言中，声明忠于《联合国宪章》和万隆会议原则，强调与会各国团结起来维护自己的独立、支持非洲未独立地方人民争取独立和自主。宣言在关于经济和社会问题的决议中建议设立联合经济研究委员会，在关于文化问题的决议中建议非洲独立国家之间缔结共同文化协定。[③] 4月14日，周恩来总理致电加纳总理恩克鲁玛，祝贺会议开幕。电文说："我谨代表中国政府和中国人民热烈地祝贺非洲独立国家会议的开幕，祝会议在反对殖民主义、争取非洲国家的民族独立、反对种族歧视、增进非洲各国人民友好合作和维护世界和平的事业上取得成功。"[④] 1959年10月，几内亚成为撒哈拉以南第一个与中国建交的非洲国家。中国对阿尔及利亚的民族独立运动也给予了不遗余力的支持。

新中国的一个重要外交政策目标就是赢得国际社会的承认。在和非洲

---

① 张哲：《中非经贸关系发展研究》，浙江人民出版社，2014年版，第44页。
② 苗吉：《利益与价值：中美非洲政策的历史考察》，世界知识出版社，2015年版，第58页。
③ 《中国政府支持非洲独立》，《人民日报》2006年11月1日。
④ 《中国政府支持非洲独立》，《人民日报》2006年11月1日。

国家建立和发展关系的过程中，中国政府的原则是中华人民共和国是唯一合法政府，台湾是中国的一部分。为了争取非洲国家的承认和对中国政府的了解，中国采取了一系列外交举措，其中，周恩来、陈毅率代表团于1963年12月至1964年2月的非洲十国之行，是新中国外交史上浓墨重彩的一次首脑外交行动。周恩来总理访问了阿拉伯联合共和国（今埃及）、阿尔及利亚、摩洛哥、突尼斯、加纳、马里、几内亚、苏丹、埃塞俄比亚、索马里等非洲十国，历时55天，分别同这些国家的最高领导人纳赛尔、本·贝拉、哈桑二世、布尔吉巴、恩克鲁玛、凯塔、塞古·杜尔、阿布德、海尔·塞拉西、舍马克举行了会谈，交流了各自国家的情况，更深入地了解非洲的形势，也充分地阐述了中国政府对一些国际问题的政策和对非洲国家一贯友好的立场，提出了中国对非洲和阿拉伯国家相互关系的五项原则①和中国对外援助八项原则②，标志着中国对非基本政策原则的确立。这是周恩来总理首次访问非洲，也一次非常成功的首脑外交，其意义重大，影响十分深远，为中非长期友好关系奠定了坚实基础，堪称中国与非洲国家首脑外交的范例。

中国坚持不干涉别国内政的原则，尊重非洲国家自主选择政治制度和发展道路，受到非洲国家的好评。此外，中国对外援助所坚持的不干涉内政、不附加任何政治条件的原则得到了发展中国家的广泛赞誉。坦桑尼亚

---

① 中国同非洲和阿拉伯国家相互关系的五项原则：支持非洲和阿拉伯各国人民反对帝国主义和新老殖民主义、争取和维护民族独立的斗争；支持非洲和阿拉伯各国政府奉行和平中立的不结盟政策；支持非洲和阿拉伯各国人民用自己选择的方式实现统一和团结的愿望；支持非洲和阿拉伯国家通过和平协商解决彼此之间的争端；主张非洲和阿拉伯国家的主权应当得到一切其他国家的尊重，反对来自任何方面的侵犯和干涉。

② 中国对外经济技术援助的八项原则：第一，中国政府一贯根据平等互利的原则对外提供援助，从来不把这种援助看作是单方面的赐予，而认为援助是相互的。第二，中国政府在对外提供援助的时候，严格尊重受援国的主权，绝不附带任何条件，绝不要求任何特权。第三，中国政府以无息或者低息贷款的方式提供经济援助，在需要的时候延长还款期限，以尽量减少受援国的负担。第四，中国政府对外提供援助的目的，不是造成受援国对中国的依赖，而是帮助受援国逐步走上自力更生、经济上独立发展的道路。第五，中国政府帮助受援国建设的项目，力求投资少、收效快，使受援国政府能够增加收入，积累资金。第六，中国政府提供自己所能生产的、质量最好的设备和物资，并且根据国际市场的价格议价。如果中国政府所提供的设备和物资不合乎商定的规格和质量，中国政府保证退换。第七，中国政府对外提供任何一种技术援助的时候，保证做到使受援国的人员充分掌握这种技术。第八，中国政府派到受援国帮助进行建设的专家，同受援国自己的专家享受同样的物质待遇，不容许有任何特殊要求和享受。

总统尼雷尔在1985年接见李先念主席时曾经说过:"无论是在中国给予我国的巨大的经济和技术援助中,还是我们在国际会议的交往中,中国从来没有一丝一毫要左右我们的政策或损害我们国家主权。"①

在此前后,中国在自身经济非常困难的情况下,给予非洲国家大量无私援助,在1956—1957年间,中国向非洲国家提供了超过24.76亿美元的经济援助,占中国对外援助总额的58%。② 在中非经贸关系建立之初,对外援助这一概念已成为中国与非洲国家关系的核心内容。1965年底,非洲38个新独立的国家中有19个国家承认社会主义中国,并同中国建立了外交关系。中国设在非社会主义国家的36个领事馆中,17个在非洲。在这期间,中国在自身非常困难的情况下,给予非洲很多无私的援助。周恩来在访问非洲十国后向全国人大所做的报告中指出,中国对外援助八项原则"不仅适用于对非洲国家的援助,也适用于我国对亚洲和其他新兴国家的援助"③。

在众多援非项目中,最大的援建项目是坦赞铁路。20世纪60年代,坦桑尼亚、赞比亚获得独立。但两国经济发展面临一个共同难题——外国封锁,他们急需一条铁路发展铜矿贸易。两国先向世界银行和西方国家提出援建坦赞铁路的要求,但均遭到拒绝。1965年,坦桑尼亚总统尼雷尔访华,正式提出希望中国援建坦赞铁路。刘少奇根据毛泽东、周恩来等人的意见,回答说:"帝国主义不干的事,我们干,我们帮助你们修。"④ 1967年赞比亚总统卡翁达访华,也表达了同样的意向。1967年,中、坦、赞三国政府代表团在北京举行会谈并正式签署协定,确定中国为援建坦赞铁路提供不附带任何条件的无息贷款。为修这条铁路,中国先后派出工程技术人员和管理人员5.6万人次,最高峰时,曾有1.6万多名中华儿女在非洲原野上艰苦施工,与当地百姓结下了深厚的友情。坦赞铁路于1968年4月开始勘测设计,1970年10月正式动工兴建,1976的7月全部建成移交,

---

① 石林:《当代中国的对外经济合作》,中国社会科学出版社,1989年版,第17—18页。
② 吉尤姆·穆穆尼:《国内变迁与中非关系的变革》,《国际政治研究》2006年第4期,第44页。
③ 石林:《当代中国的对外经济合作》,中国社会科学出版社,1989年版,第43页。
④ 中国外交部政策规划司编:《中非关系史上的丰碑:援建坦赞铁路亲历者的讲述》,世界知识出版社,2015年版,第7页。

工程用时五年零八个月。这条曾被西方舆论断言"不可能建成的铁路"比预期时间提前建成了。这是迄今中国最大的援外成套项目之一,对中坦关系乃至中非关系都有深远影响。有国外学者针对中国援建的非洲坦赞铁路所具有的重要政治意义而指出,它所具有的"史诗般的象征意义",预示着在现代国际关系史上,一条非西方世界间的南南合作之路的启动。[①] 坦赞铁路建成后,有力地促进了两国的经济发展,支持了南部非洲的民族解放斗争。坦桑尼亚总统曾指出,中国援建坦赞铁路是"对非洲人民的伟大贡献","历史上外国人在非洲修建铁路,都是为了掠夺非洲的财富,而中国人相反,是为了帮助我们发展民族经济"。赞比亚总统也表示,"患难知真友,在我们最困难的时候,中国援助了我们。"坦赞两国人民把坦赞铁路誉为"自由之路""解放之路""南南合作的典范"。[②] 中国在自身经济还很困难的情况下,帮助坦桑尼亚和赞比亚修建了1860千米的坦赞铁路,成为中国无私援助非洲的历史见证和南南合作的典范。同一时期,中国在索马里承建了长达967千米原贝莱特温—布劳公路。

中国在非洲援建的第一个成套项目是几内亚火柴厂和卷烟厂。该项目于1964年7月建成投产后,由几内亚方面自己经营管理,产品质量稳定,产量逐步提高,满足了市场需要,结束了几内亚长期进口卷烟、火柴的历史。该厂连年获得较大赢利,迅速收回了投资,使几内亚政府增加了财政收入,被誉为"模范企业"。[③]

殖民主义统治时期,马里消费的茶叶和糖,长期依赖进口。殖民主义者曾断言"马里不能种植茶树和甘蔗"。马里独立后不久,中国派出农业专家,经过两年多的时间,帮助马里试种成功了甘蔗和茶树,并生产出糖和茶叶。马里以新中国成立和马里独立的年份,将生产的茶叶定名为"49—60",象征中马两国的友谊。马里总统将茶叶作为珍贵礼品送给邻国总统,宣传马里自己能生产茶叶和糖,强调马里要走自力更生的道路。此后,中国又帮助坦桑尼亚、几内亚、卢旺达、塞拉利昂、多哥、扎伊尔等

---

① J. K. Nyerere, "South-South Dialogue and Development in Africa", *Uhuru*, May 23, 1979. 转引自王逸舟主编:《中国对外关系转型30年:1978—2008》,社会科学文献出版社,2008年版,第69页。

② 《中非友谊万古长存》,《人民日报》1997年5月4日。

③ 《中非友谊万古长存》,《人民日报》1997年5月4日。

国种植甘蔗，建设糖厂，发展制糖工业，既满足了当地人民的需要，又为受援国增加了收入。非洲国家领导人多次强调，中国援建的项目是实实在在地为了帮助非洲发展经济。①

1965年之前，中国对非洲的进出口贸易基本上为逆差。1960年中国对非洲的逆差最大，达到4289万美元，至1964年逆差减少至227万美元。1965—1977年，中国一直保持着对非洲贸易的顺差，且基本上呈上升趋势，1975年为最高值，达到22352万美元。②

长期以来，热带病和传染病威胁着非洲人民的生命安全。据统计，非洲每年约有100万名儿童死于疟疾，因疟疾而亡者约占死亡人数的90%。非洲医生十分缺乏，外科医生与人口的比率为1∶40000，30多个非洲国家每1万人才有一名医生。中国自1963年向阿尔及利亚派出第一支医疗队开始，中国援外医疗队就免费为群众服务，给贫困地区患者的生活带来了巨大变化。中国医疗队还以讲座、培训和临床传授等方式尽可能地将医疗技术传授给当地医护人员，通过种种培训方式提高非洲医生的水平。派遣医疗队成为20世纪六七十年代中国对非援助的一项重要内容。③

到1967年，中国先后同几内亚、马里、阿尔及利亚、索马里、刚果、埃及、肯尼亚、乌干达、坦桑尼亚、赞比亚、毛里塔尼亚等国签订了援助协定。除提供一般物资（包括提供粮食援助）和现汇外，主要是承担成套项目，据统计，从1956—1966年，中国对上述12国总共提供了4.28亿美元的援助。④

1966年到1969年间，由于中国支持革命性政权，推进世界革命的极端意识形态化政策，造成中非关系的困难局面。1964—1965年间同中国有外交关系的非洲国家有18个，到1969年减少为13个。⑤ 在中国经历三年困难时期和"文化大革命"的初期，中国在自己经济比较困难的情况下，也没有停止对非洲的援助，援助比例依然高达40%以上。⑥

---

① 《中非友谊万古长存》，《人民日报》1997年5月4日。
② 张哲：《中非经贸关系发展研究》，浙江人民出版社，2014年版，第33页。
③ 张哲：《中非经贸关系发展研究》，浙江人民出版社，2014年版，第40页。
④ 张哲：《中非经贸关系发展研究》，浙江人民出版社，2014年版，第34页。
⑤ 苗吉：《利益与价值：中美非洲政策的历史考察》，世界知识出版社，2015年版，第62—63页。
⑥ 张哲：《中非经贸关系发展研究》，浙江人民出版社，2014年版，第38页。

一个重要因素决定了这一阶段中国对非洲政策：中苏关系恶化。20 世纪 50 年代末以后，中苏关系恶化。到 60 年代，中国党和政府不得不面对两个敌对的超级大国、战略压力增大，使得中国更加倚重亚非拉国家对中国党和政府的对外政策的支持。中国希望通过对非洲国家提供较为可观的经济援助，获得非洲国家在政治和国际事务中的相互支持。[1] 1963 年，毛泽东在接见非洲朋友的谈话中强调："已经获得革命胜利的人民，应该援助正在争取解放的人民的斗争，这是我们国际主义的义务。"[2] 当然，中国单方面的对外援助存在的局限性也不容否认，如超出中国自身能力，造成某些国家对中国援助的过于依赖。对于这种局限性，有学者评价说："中国援外的数量完全超过了国力的许可，有时甚至超出了对方的实际需求。……中国不惜代价地这样做，不仅超出了当时的能力，实际效果也并不理想，甚至适得其反。"[3]

为了扭转 60 年代后期的中非关系困难局面，中国进行反思并调整了对非洲政策，不再强调世界革命，取消了对非洲反政府的革命派的支持，转而开始支持非洲现存的政府。1974 年，毛泽东在同来访的非洲领导人会谈时提出了著名的"三个世界"理论，指出中非同属于第三世界："我看美国、苏联是第一世界。中间派，日本、欧洲、澳大利亚、加拿大，是第二世界，咱们是第三世界。"[4]随着中国的外交工作逐步走上正轨，加上中美关系的解冻和同西方国家关系的改善，从 1970 年开始，中非又迎来了第三次建交高潮。1970 年至 1978 年，又有 22 个非洲国家同中国建交，基本完成了中国同非洲国家建交的历程。[5]

20 世纪 70 年代，国际形势发生了重大变化，在非洲国家和其他友好国家的大力支持下，1971 年第二十六届联合国大会通过决议，恢复中华人

---

[1] 苗吉：《利益与价值：中美非洲政策的历史考察》，世界知识出版社，2015 年版，第 60—61 页。

[2] 《毛泽东主席接见非洲朋友的谈话》，《人民日报》1963 年 8 月 9 日。

[3] 李少军主编：《国际战略报告：理论体系、现实挑战与中国的选择》，中国社会科学出版社，2005 年版，第 584—585 页。

[4] 中华人民共和国外交部、中共中央文献研究室编：《毛泽东外交文选》，中央文献出版社，1994 年版，第 600 页。

[5] 苗吉：《利益与价值：中美非洲政策的历史考察》，世界知识出版社，2015 年版，第 68—69 页。

民共和国在联合国的合法席位。这与非洲国家的大力支持是分不开的,76张赞成票中有26票是来自非洲国家:阿尔及利亚、博茨瓦纳、坦桑尼亚、布隆迪、喀麦隆、埃及、赤道几内亚、埃塞俄比亚、加纳、几内亚、肯尼亚、利比亚、马里、毛里塔尼亚、摩洛哥、尼日利亚、刚果、卢旺达、塞拉利昂、塞内加尔、苏丹、索马里、多哥、乌干达、突尼斯和赞比亚。毛泽东主席曾经幽默地说过,是非洲朋友把我们"抬进"联合国的。正是在非洲国家的大力支持下,中国先后11次在联合国人权会议上挫败西方国家反华提案,12次在联合国大会上挫败台湾当局"参与"联合国提案。①

这个时期,为了支持非洲国家的民族解放运动,中国在自身百废待兴、极其困难的条件下,以提供贷款和武器装备等形式,向非洲国家提供了急需的援助。为了帮助非洲农业的发展,中国向非洲派出了多个专家团,如向摩洛哥派出了茶叶专家团,还向多个非洲国家提供无息和低息贷款。② 20世纪70年代前半期,中国外援占同期国家财政支出的5.88%,1973年为最高年份,达到6.92%。③ 到1978年,中国共向36个非洲国家提供了超过24亿美元经济援助,这相当于中国对非共产党国家外援总额的50%和中国对50多个第三世界发展中国家援助总额的70%。④ 同时,中非贸易额也有了显著的增加。1979年已增至8.2亿美元。⑤ 但在改革开放以前,由于中国与发展中国家的经济交往主要体现为中国的单方面经济援助,因此,中国与发展中国家的经贸关系还是十分有限的。中国在20世纪70年代就已经认识到单方面经济援助所存在的弊端,在1971年至1977年召开的第五次全国援外工作会议上,就多次强调在坚持国际主义的同时,要求援外工作要促进受援国自力更生,防止和克服大国主义的思想倾向,坚持因地制宜,讲求实效,阻止和克服脱离实际、铺张浪费的倾向。⑥

---

① 《万隆精神推动中非合作》,《人民日报》2005年4月18日。
② 苗吉:《利益与价值:中美非洲政策的历史考察》,世界知识出版社,2015年版,第73—74页。
③ 石林主编:《当代中国的对外经济合作》,中国社会科学出版社,1989年版,第69页。
④ 北京大学非洲研究中心编辑:《中国与非洲》,北京大学出版社,2000年版,第274页。
⑤ 《经贸合作 成果斐然》,《人民日报》2006年1月13日。
⑥ 王逸舟主编:《中国对外关系转型30年:1978—2008》,社会科学文献出版社,2008年版,第144页。

第二节 中国对非首脑外交的调整期

20世纪70年代末到21世纪前十年是中国对非首脑外交的调整期。20世纪70年代后期，中国开始改革开放，中非首脑外交仍扮演着主导中非关系方向的作用。值得关注的是，从20世纪80年代以后，中国在表达与非洲国家的经济关系时，就已经越来越多地使用"合作"而不是"援助"一词，强调双方互利合作而不仅仅是中国对非洲的单方面的援助，这显示出中国对非关系更加务实、理性，而不仅仅基于相同的意识形态信念或者理想主义的激情。

为了实现国内发展目标，中国对此前的对外援助政策开始了反思。1978年，邓小平认识到大规模单方面经济援助已经超出中国的能力。他指出："我们现在还很穷，在无产阶级国际主义方面还不可能做很多，贡献还很小。到了实现四个现代化，国际经济发展了，我们对人类，特别是第三世界的贡献可能会多一点。"[1] 他还强调，"对外援助是一笔不少的战略支出"，"今后必须认真地做好工作，争取做到援外支出虽有所减少，但收到的效果比过去更好"[2]。在上述精神指导下，1980年3月，对外经济联络部召开了全国对外经济工作会议，提出了坚持国际主义、坚持援外八项原则，广泛开展国际经济技术合作，有出有进、平等互利的对外经济合作工作方针[3]。

进入20世纪80年代后，中国对非关系的调整与制定就越来越明显地与国内的政治经济改革相联系起来。中非关系的重点由政治转向经济，由过去不计成本的无私援助调整为关注效益、互利共赢的可持续发展的经济合作，更多地注重援助实效和关注经济发展问题，中国对非关系更多转向

---

[1] 《邓小平文选》第二卷，人民出版社，1994年版，第112页。
[2] 1980年11月11日邓小平在《中共中央、国务院关于认真做好对外援助工作的几点意见》中的批示。转引自王逸舟主编：《中国对外关系转型30年：1978—2008》，社会科学文献出版社，2008年版，第144页。
[3] 王逸舟主编：《中国对外关系转型30年：1978—2008》，社会科学文献出版社，2008年版，第144页。

与非洲国家开展互利互惠的经济合作关系。从1982年起中国政府就开始同联合国有关机构合作,采取双边与多边援助相结合的方式,向一些发展中国家提供技术援助,项目由中国方面负责实施,所需资金由双方负担。[①]

20世纪80年代,面对新的国内和国际形势,中国和非洲在国际事务中携手合作,促进南南合作和南北对话,推动建立公正合理的国际政治、经济新秩序,共同捍卫发展中国家的合法权益。中国和非洲等发展中国家在继续加强友好的政治关系的同时,开始将重点转向经贸合作,强调在平等互利的基础上开展各个领域的经济技术合作,从而大大拓宽了中国和发展中国家经济技术合作的范围,使双方经济关系从中国对发展中国家提供经济援助为主逐渐转变为互利合作为主,这一转变使中国和非洲发展中国家的关系有了崭新而充实的内容。[②]

这一时期,中非高层的密切交往和政治沟通在国际关系史上是罕见的,特别是中国领导人对非洲的访问次数之多、频率之高,是西方大国以及其他国家难以比拟的。中国领导人邓小平就曾多次会见来访的非洲国家领导人,推心置腹地同他们交流治国理政的经验。[③] 1982年12月至1983年1月,中国总理访问非洲十一国,提出了中国同非洲国家进行经济合作的四项原则,即"平等互利、形式多样、讲求实效、共同发展"。这四项原则是考虑到非洲各国发展民族经济的实际情况,并在认真总结中国对非洲国家援助经验的基础上,由过去的以向非洲国家提供单纯经济援助为主的模式转变为双方在互利互惠的原则基础上开展经济技术互利合作而提出来的,受到了非洲国家的普遍赞同。中国政府鼓励和推动中国公司和企业到非洲开展工程承包和劳务合作业务,从而为中国与非洲的经济贸易合作注入了新的活力,使中国与非洲的经济技术合作呈现了崭新的局面。[④] 中非经济技术合作的四项原则,得到非洲国家领导人的普遍赞同,自此以后的一段时期里中非关系经历了一个重新塑造的过程。

中非高层频繁互访,使得中非经贸关系也不断地扩大与改善,双方的经贸合作也在不断加强,中国政府为中国企业在非洲贸易和投资不断创造

---

① 张哲:《中非经贸关系发展研究》,浙江人民出版社,2014年版,第70页。
② 杨洁勉等:《对外关系与国际问题研究》,上海人民出版社,2009年版,第161页。
③ 《中非:携手并进 共同发展》,《人民日报》2006年1月13日。
④ 《平等相待 共同发展》,《人民日报》2000年8月10日。

便利条件，使中非贸易额屡创新高，中国在非洲的投资也在不断地加大，在对非援助上除继续向经济困难国家提供无偿援助外，中国开始推行政府贴息优惠贷款和由金融机构贴息贷款两部分，并配以项目援助的方式加以实施，让受援国在享受利益的同时也承担风险。[1]

进入20世纪90年代后，国际形势发生了自第二次世界大战以来最深刻的变化，非洲的和平与发展事业受到了冲击，中非关系也经历了新的考验，但总体上保持着顺利发展的势头。从1995年起，中国对外援方式进行了改革，逐步开拓优惠贷款和援外项目实行合资合作等方式，为在新时期进一步拓展中非经贸合作指明了方向。在1995年召开的全国援外改革工作会议上，在继续遵循援外八项原则和经济技术合作四项原则基础上，中国政府对发展中国家的援助政策进行了一系列探索和改革。其主要内容是：在坚持不附加任何条件的前提下，中国积极推行优惠贷款、援外项目的合资合作。[2] 优惠贷款，即动用一部分银行的资金，通过政府贴息，使受援国提供的贷款利率降低，条件变得优惠，具有优惠性质。到1996年底，中国同16个非洲国家签订了优惠贷款框架协议。新的援外方式逐渐为受援国所接受，中国的对非援助逐渐发展为政府贴息优惠贷款、援外项目合作合资和无偿援助等多种形式。[3] 90年代后，随着中国经济实力不断增强，中国政府对非洲基础设施领域的援助投入逐步加大，承建了毛里塔尼亚友谊港、毛里求斯机场航站楼和埃塞俄比亚澳瓦公路等一大批基础设施项目，为推动非洲经济社会发展发挥了积极的作用。

这一时期，中国强调在新形势下发展同非洲国家的长期稳定、全面友好的合作关系。中国对非首脑外交愈加频繁。1989年后，第一位来访的国家元首和外长均来自于非洲国家。进入20世纪90年代，随着双方高层的不断互访，1989年先后有布隆迪、乌干达、多哥、马里、布基纳法索的国家元首访问中国。从1990年至1998年，共有来自非洲国家的约50位国家元首、15位政府首脑及100多位政府部长访问了中国。与此同时，中国国家领导人也频繁出访非洲，从1990年起，每年初中国外交部部长首次出

---

[1] 张哲：《中非经贸关系发展研究》，浙江人民出版社，2014年版，第61页。
[2] 杨洁勉等：《对外关系与国际问题研究》，上海人民出版社，2009年版，第161页。
[3] 李安山：《论中国对非洲政策的调适与转变》，《西亚非洲》2006年第8期，第11—20页。

访，第一个去的都是非洲国家，由此可见中国对中非关系的重视。[①]

1996年5月8日，江泽民主席开始对6个非洲国家进行国事访问。在历时15天的行程中，江泽民主席先后访问了东非的肯尼亚、埃塞俄比亚，北非的埃及，西非的马里，南部非洲的纳米比亚和津巴布韦。在埃塞俄比亚的斯亚贝巴，非洲统一组织所在地，江泽民主席发表了题为《为中非友好创立新的历史丰碑》的讲话，表示："相知无远近，万里尚为邻。"宣布：中非要建立"面向21世纪的长期稳定、全面合作的国家关系"。他还提出五点建议：一，真诚友好，彼此成为可以信赖的"全天候朋友"。中国和非洲，历史上有过相似的遭遇，今天又面临着共同的任务。非洲需要中国，中国也需要非洲。中非友谊基础深厚、世代相传，经得起历史的考验。它绝不会由于时间的流逝、世事的变迁和国际格局的转换而改变。二，平等相待，相互尊重主权，互不干涉内政。中国将一如既往地尊重非洲国家的民族特点、宗教信仰和文化传统，尊重非洲国家根据本国国情自主选择政治制度和发展道路；支持非洲国家维护国家独立、主权和尊严的正义斗争，支持非洲国家为维护国内稳定和团结、振兴民族经济、促进社会进步所做的努力。对于非洲国家之间的分歧和争端，我们一向主张和支持非洲国家排除外来干涉，通过和平协商方式加以解决。三，互利互惠，谋求共同发展。中国坚定不移地支持非洲国家发展经济的努力，继续提供力所能及、不附加任何政治条件的政府援助；双方积极配合，通过合资、合作等方式振兴中国提供的传统援助项目；鼓励双方企业间的合作，特别要推动有一定实力的中国企业、公司到非洲开展不同规模、领域广泛、形式多样的互利合作，在合作中坚持守约、保质、重义等原则；拓宽贸易渠道，增加从非洲的进口，以促进中非贸易均衡、迅速发展。四，加强磋商，在国际事务中密切合作。中国同非洲国家在联合国和其他国际场合，长期以来保持着荣辱与共、相互支持的合作传统，为维护世界和平、争取发展中国家的合法权益做出了积极的贡献。中非领导人之间要加强交往。中国将坚定不移地为非洲国家主持公道、伸张正义；主张非洲国家应平等地参与国际事务；呼吁国际社会认真听取非洲的声音；希望联合国及有关国际机构尊重非洲国家和非洲统一组织的意见；要求国际社会、特别是发

[①] 张哲：《中非经贸关系发展研究》，浙江人民出版社，2014年版，第75页。

达国家，切实帮助非洲减轻债务负担，改善非洲发展的外部条件，以利于整个国际经济与贸易的持续增长。中非友好合作的发展，将为南南合作和国际合作树立一个良好的榜样。五，面向未来，创造一个更加美好的世界。中非携起手来，同世界上一切爱好和平的国家和人民一道，顺应历史的潮流，响应时代的呼唤，为早日建立以和平共处五项原则为基础的、公正合理的国际政治经济新秩序，为推进世界和平、发展与进步的崇高事业做出重大的贡献。① 江泽民提出的构筑面向 21 世纪长期稳定、全面合作中非关系的五点建议其核心内容是"真诚友好、平等相待、团结合作、共同发展、面向未来"，揭示了中非友谊的历史渊源和时代特征，阐明了中国在新时期发展同非洲国家友好合作关系的政策和主张②，开辟了为中非友好合作的新前景，揭开了中非友好关系发展的新篇章。在世纪交替之际进一步巩固和发展了当代中国与非洲国家的友好关系，而且为中国与非洲国家面向 21 世纪建立、发展长期和稳定的国家关系铺平了道路。

访问期间，江泽民还会见了非洲统一组织秘书长和阿拉伯联盟秘书长。访问中，中国政府同六国政府签署了有关经济技术合作等方面的协定、协议、意向书和备忘录共 23 个。非洲国家舆论认为这次访问"将中非悠久的历史交往和密切的政治关系推向了新的高峰"。③

1997 年 5 月 3 日至 14 日李鹏总理对非洲六国的正式友好访问和对塞舌尔共和国的工作访问，是继江泽民主席对非洲访问之后的又一重大外交行动。李鹏总理访问了非洲大陆南部的赞比亚、莫桑比克，中部的加蓬和喀麦隆，西部的尼日利亚，东部的坦桑尼亚，并顺访了印度洋上的塞舌尔。访问中，李鹏总理同有关国家的领导人举行了一系列会谈和会见，双方签署了 20 多个合作文件，就新形势下中非双方如何进一步发展传统友谊，扩大互利合作等问题深入地交换了意见。④ 这次访问不仅增进了中非传统友谊，加强了友好往来，扩大了互利合作，并为构筑面向 21 世纪长期

---

① 《为中非友好创立新的历史丰碑——在非洲统一组织的演讲》，《人民日报》1996 年 5 月 14 日。

② 《中国需要非洲 非洲需要中国》，《人民日报》2001 年 4 月 4 日。

③ 《中非携手迈向未来——祝贺江主席对非洲六国的历史性访问圆满成功》，《人民日报》1996 年 5 月 24 日。

④ 《发展传统友谊扩大互利合作——祝贺李鹏总理访问非洲圆满成功》，《人民日报》1997 年 5 月 16 日。

友好、全面合作的中非关系写下了新的一页。

1999年10月18日至11月3日江泽民对英国、法国、葡萄牙、摩洛哥、阿尔及利亚和沙特阿拉伯六国进行了国事访问。① 其中，摩洛哥和阿尔及利亚均为北非国家。访问期间，中国同两国分别发表了新闻公报。摩洛哥是最早同中国建交的非洲国家之一，两国关系一直顺利发展。在访问阿尔及利亚时，江泽民就构筑面向新世纪的中阿关系提出了四项原则，即站在战略高度，从长远利益出发，扩大共同点，推动双边关系全面稳定发展；发扬创新精神，挖掘潜力，提高经贸和科技合作水平，实现共同发展；加强协调和磋商，共同捍卫发展中国家权益，维护世界和平；加强各层次交流与相互了解，培育新世纪双边关系发展的坚实基础。②

第二年，江泽民又访问了以色列、巴勒斯坦、土耳其、希腊、南非五国。其中南非为中国国家元首首次到访国家。他还应邀赴亚历山大市与埃及总统穆巴拉克举行了会晤。中国还与南非发表了《中华人民共和国与南非共和国伙伴关系的比勒陀利亚宣言》③ 宣布中国与南非建立"伙伴关系"。访问期间江泽民积极评价了津巴布韦总统姆贝基倡导的"非洲复兴"思想，表达了对非洲实现稳定和振兴的强烈愿望的同情和支持，希望"中非合作论坛——北京2000年部长级会议"能巩固和加强中非友好关系。南非对中方的倡议给予了十分积极的回应，并相信此举必将极大地促进中非关系在新世纪的发展。④

2002年4月8日至22日，江泽民应邀对德国、利比亚、尼日利亚、突尼斯和伊朗进行了国事访问。其中，利比亚、尼日利亚和突尼斯均为非洲国家。中、尼两国领导人重申了"真诚友好、相互信任，互利互惠、共同发展，加强磋商、相互支持，面向未来、登高望远"四点共识，确定了新世纪中尼关系的发展方向。中国与尼日利亚、突尼斯签订的避免双重征

---

① 《一次具有深远意义的重要访问——唐家璇外长谈江主席访问欧非亚六国》，《人民日报》1999年11月5日。

② 《一次具有深远意义的重要访问——唐家璇外长谈江主席访问欧非亚六国》，《人民日报》1999年11月5日。

③ 《加深了解 增加共识 促进友谊 扩大合作——外交部副部长吉佩定谈江主席亚欧非六国之行》，《人民日报》2000年4月29日。

④ 《加深了解 增加共识 促进友谊 扩大合作——外交部副部长吉佩定谈江主席亚欧非六国之行》，《人民日报》2000年4月29日。

税协定对双方进一步扩大交往、加强互利合作意义重大。①

2002年8月25日至9月6日,国务院总理朱镕基对阿尔及利亚、摩洛哥和喀麦隆进行了正式访问,对南非进行了工作访问,并出席了在南非约翰内斯堡举行的联合国可持续发展世界首脑会议。朱镕基在可持续发展世界首脑会议上全面阐述了中国政府的立场和主张,正式宣布中国已核准《京都议定书》,充分展示了中国作为发展中大国对解决全球性问题的积极态度和重要影响。

江泽民主席和朱镕基总理先后对利比亚、尼日利亚、突尼斯、埃及和肯尼亚五个非洲国家进行了访问。外国舆论普遍认为,这些访问"显示了中国对该地区的重视","是中国近来展开的全方位外交的一部分,旨在表明,中国既重视大国外交,也重视突出自身的发展中国家地位"。②

新中国成立初期,中非双边贸易额仅有1200万美元,到20世纪70年代末时也只有8.17亿美元。进入20世纪80年代后,改革开放政策极大地解放了中国的社会生产力,同时也为中非经贸合作开辟了广阔天地。据中国海关统计,1999年中国与非洲国家的进出口贸易额达到64.84亿美元,比1998年增长17.2%,其中我国向非洲出口41.09亿美元,同比增长1.3%;从非洲进口23.75亿美元,同比增长60.9%。我国与非洲地区年双边进出口贸易额超过1亿美元的有14个国家,居前四位的分别为南非、埃及、尼日利亚和安哥拉。其中以南非为最大贸易伙伴,双边贸易额达17.22亿美元。③非洲大陆已成为我国重点开拓的市场之一,经过近10年的努力,2000年中非双边贸易额首次突破百亿美元大关,显示了良好的发展前景。④

进入新世纪之后,在世界多极化和经济全球化迅速发展的新形势下,国家主席胡锦涛提出的"坚持传统友好,推动中非关系新发展;坚持互助互利,促进中非共同繁荣;坚持密切合作,维护发展中国家的权益"三点倡议,成为新时期发展中非关系的指导原则。特别是由中非共同倡议成立

---

① 《增进友谊促进合作的访问——外交部副部长杨文昌谈江泽民主席访问欧亚非五国成果》,《人民日报》2002年4月23日。
② 《加强合作 迎接挑战》,《人民日报》2002年5月1日。
③ 《中非经贸合作成效显著》,《人民日报》2000年10月8日。
④ 曾强、赵金富:《对拓展中非经贸合作的思考》,《人民日报》2001年4月17日。

的中非合作论坛机制，使全方位、多领域的中非互利合作不断迈上新台阶。①

特别是进入21世纪以来，中非领导人的互访和交流更是频繁。2004年1月29日至2月4日，胡锦涛对埃及、加蓬和阿尔及利亚进行了国事访问。在同埃及总统穆巴拉克的会谈中，胡锦涛建议：一，两国领导人保持经常互访和其他多种方式的接触，增进相互了解，扩大共识；二，提高经贸合作水平，扩大在电子、通信、医药、旱作农业等领域的合作，开拓石油、地铁、航空、人力资源培训和服务贸易等新的合作领域，通过发展来解决两国贸易中存在的不平衡问题；三，推动两国在文化、教育、旅游和新闻等领域的合作；四，加强在国际事务中的合作和协调。穆巴拉克积极评价了中国与阿拉伯和非洲国家的合作关系，认为中非合作论坛对中非关系的发展具有重要意义。② 胡锦涛主席在加蓬议会发表了题为《巩固中非传统友谊　深化中非全面合作》的演讲，指出，中国愿同非洲国家一道努力，抓住历史机遇，深化全面合作，促进共同发展。他提出三点倡议：第一，坚持传统友好，推动中非关系新发展；第二，坚持互助互利，促进中非共同繁荣；第三，坚持密切合作，维护发展中国家的权益。③ 中国还同这三个非洲国家签署多个文件，其中有加强双边关系的联合声明和政府职能部门间的合作协议，也有企业间的合同和备忘录。④

2006年1月12日，中国政府发表《中国对非洲政策文件》，这是中非关系史上的一个重要事件。《中国对非洲政策文件》是中国首次将非洲国家作为一个整体发布的外交战略文件，它表明中国政府始终重视非洲国家的整体与集体利益，这也显示了中国对非洲从双边向多边延伸的外交框架的确立。这份文件是中国政府发表的第一份对非政策文件，也是中国政府第一次面向一个洲域发表外交政策文件。由此可见，近年来经济不断增长的非洲大陆，在中国外交布局中的战略地位得到了明显提升。《中国对非洲政策文件》全面阐述了中国在新形势下继承中非传统友谊、致力于发展

---

① 《万隆精神推动中非合作》，《人民日报》2005年4月18日。
② 《胡锦涛提出深化中非合作倡议》，《人民日报》2006年11月5日。
③ 《胡锦涛提出深化中非合作倡议》，《人民日报》2006年11月5日。
④ 《胡锦涛欧非四国之行是一次继往开来的友谊合作之旅　外交部长李肇星从五个方面介绍出访成果》，《人民日报》2004年2月6日。

中非新型战略伙伴关系的明确目标和坚定信念。《中国对非洲政策文件》指出，中国愿与非洲建立和发展政治上平等互信、经济上合作共赢、文化上交流互鉴的新型战略伙伴关系。

2006年胡锦涛主席和温家宝总理先后访问非洲十国，创造了中国国家元首和政府总理在同一年内访非的新纪录。2006年4月24日至30日，胡锦涛对摩洛哥、尼日利亚和肯尼亚进行了国事访问。胡锦涛此访明确提出全面推进中非政治上互信、经济上互惠、国际事务中互助的新型战略伙伴关系。在尼日利亚，与尼方签署了巨额的合同。摩洛哥穆罕默德六世国王说，胡锦涛主席此访为摩中关系发展注入了新的活力，希望同中国的合作不断拓展。[①]尼日利亚奥巴桑乔总统说，尼中关系已走上战略伙伴关系的轨道，希望双方战略合作不断推进。肯尼亚齐贝吉总统表示，肯尼亚期待同中国发展更加密切和良好的关系。[②]

2006年6月17日至24日，温家宝访问了埃及、加纳、刚果（布）、安哥拉、南非、坦桑尼亚和乌干达七个非洲国家。此访纵横跨越非洲大陆，遍及东西南北中各个次区域，行程3.5万千米，是近年中国领导人访非国家最多的一次，其中有几个国家是中国总理首次到访。访问日程紧凑，内容丰富，成果丰硕。八天内共举行80余场活动，除与往访国领导人会谈、会见外，多次发表演讲，进行实地考察，广泛接触非洲民众和中国在非各领域工作人员，非洲及国际媒体高度关注此访。[③]访问期间，温家宝在南非的演讲中全面阐述了我发展平等互信、合作共赢、交流互鉴的中非新型战略伙伴关系的主张，同埃及、南非签署了深化战略伙伴关系合作纲要，与其他五国发表了联合公报，从战略高度指导和规划双边合作。与七国共签署71项协议，涉及政治、经贸、基础设施建设、文化、教育、科技等领域。中方承诺继续向七国的社会发展提供援助，包括建立农业示范中心和乡村小学、派遣医疗队、赠送抗疟疾药品、培训各类人才等，受到

[①]《李肇星外长谈胡锦涛主席访问沙特、摩洛哥、尼日利亚和肯尼亚 共同的命运 共同的目标 共同的未来》，《人民日报》2006年4月30日。
[②]《胡锦涛访非推进新型战略伙伴关系》，《人民日报》2006年11月6日。
[③]《真挚友谊，互利合作——李肇星谈温家宝总理访问非洲7国》，《人民日报》2006年6月26日。

各国高度赞扬。①

2006年召开的中非合作论坛北京峰会是中非首脑外交关系史上极其重要的一件大事。胡锦涛在中非合作论坛北京峰会上和非洲国家领导人共同决定建立政治上平等互信、经济上合作共赢、文化上交流互鉴的中非新型战略伙伴关系，中非关系驶入"快车道"。② 政治上平等互信，就是指中国将继续遵循和平共处五项原则和公认的国际法准则与非洲发展平等关系，在现有基础上加强双方各层次的政治往来，增进了解和信任，共同致力于维护彼此及发展中国家的根本利益，推动国际关系民主化和建立公正合理的国际新秩序。经济上合作共赢，就是指双方要通过优势互补，不断拓宽合作领域和渠道，彼此成为重要的经济伙伴。文化上交流互鉴，就是要继续与非洲开展丰富多彩的文化交流与合作。中国反对有关非洲黑人没有历史、没有哲学、没有文明的论调，认为非洲文明是不容置疑的事实，愿同非洲加强文化交流，取长补短，推动不同文明友好相处和平等对话。③ 中非新型战略伙伴关系的提出，为中非首脑外交提供了新的动力。赤道几内亚总统奥比昂、马里总统杜尔、埃塞俄比亚总理梅莱斯指出，胡锦涛主席的讲话表达了中国政府和人民加强中非合作的坚定意志，中国政府宣布的推动中非新型战略伙伴关系发展的8项政策措施令人振奋。④ 这8项政策措施体现了中国以最大的诚意发展同非洲兄弟国家的友好关系。⑤

从2001年到2006年短短6年时间中，中国首脑先后36次出访非洲国家，平均每年6次，远远超出改革开放前的每年0.5次，而且也远远超出1992年到2000年的9年间的年均2.78次。⑥ 中非关系在合作领域的深度和广度上，都比以往更加成熟、更加理性、更加全面，更加紧密。

2007年1月30日至2月10日，胡锦涛对喀麦隆、利比里亚、苏丹、赞比亚、纳米比亚、南非、莫桑比克和塞舌尔八国进行国事访问。这是继

---

① 《真挚友谊，互利合作——李肇星谈温家宝总理访问非洲7国》，《人民日报》2006年6月26日。
② 《中非构建新型战略伙伴关系》，《人民日报》2006年10月23日。
③ 《中非构建新型战略伙伴关系》，《人民日报》2006年10月23日。
④ 《胡锦涛主席在北京峰会上重要讲话引起热烈反响》，《人民日报》2006年11月6日。
⑤ 《胡锦涛主席在北京峰会上重要讲话引起热烈反响》，《人民日报》2006年11月6日。
⑥ 张清敏、刘兵：《首脑出访与中国外交》，《国际政治研究》2008年第2期，第1—20页。

中非合作论坛北京峰会后中非首脑关系中又一件大事。胡锦涛行程3.8万千米，共飞行50多小时，同20多位非洲领导人会谈、会见，接触数百位非方各界高层人士。在对赞比亚进行国事访问时他在首都卢萨卡会见了非洲老一代政治家、赞比亚前总统肯尼思·卡翁达。双方抚今追昔，畅叙源远流长、历久弥坚的中非友谊。卡翁达是亲历了中赞、中非关系发展诸多经典时刻的一位重要人物。他在1964年10月25日赞比亚独立第二天就宣布同中国建交，29日两国正式建立外交关系并互派大使；他在联合国讲坛上疾呼联合国中没有新中国人民的代表是错误的，为中华人民共和国恢复在联合国的合法席位做出了贡献；他创造性地使用"全天候朋友"这一生动的概念定义中非关系。胡锦涛表示："中国有句老话：吃水不忘掘井人。中国政府和人民不会忘记卡翁达先生为发展中赞、中非友谊做出的杰出贡献。"[1] 卡翁达也由衷地说："中国的支持对赞比亚等非洲国家争取国家独立和民族解放斗争最终取得成功具有重要的战略意义。"卡翁达在接受记者采访时表示，中国新的领导人同老一辈领导人一样关心赞比亚和非洲国家的发展和进步。中国对赞比亚和非洲国家的支持是不附加任何条件的。中国这样做，是一种朋友对朋友的方式，这也是我们为什么一直称赞中国是赞比亚和非洲的全天候朋友。[2]

访问期间，胡锦涛还与数千名非洲民众及中国驻非洲人员交流互动，频繁出席各种活动90余场，发表30多篇重要讲话。他在南非比勒陀利亚大学发表的题为《加强中非团结合作推动建设和谐世界》的演讲中表示："中国过去不会、现在不会、将来也决不会把自己的意志以及不平等的做法强加于其他国家，更不会做任何有损于非洲国家和人民的事"，"南非的未来寄托在你们身上，非洲振兴的希望寄托在全体非洲青年身上"，他宣布未来三年内中国政府向非洲留学生提供的奖学金名额将由目前的每年2000人次增加到4000人次。[3] 南非高等教育协会主席麦拉赞教授说："胡

---

[1]《握手，全天候朋友——胡锦涛主席同卡翁达畅叙中非友谊》，《人民日报》2006年2月5日。

[2]《握手，全天候朋友——胡锦涛主席同卡翁达畅叙中非友谊》，《人民日报》2006年2月5日。

[3]《青年，非洲振兴的希望——胡锦涛主席在比勒陀利亚大学演讲侧记》，《人民日报》2007年2月8日。

锦涛主席的演讲深入论述了中非关系和国际形势,透露出很多积极的信息。我更为高兴的是,中国将增加对非洲留学生奖学金的名额。"[1] 他还出席了北京峰会后中国在非洲建设的第一个经贸合作区、农业技术示范中心和疟疾防治中心揭牌仪式,考察了援建和合作项目,向非洲人民赠送药品,慰问援非医疗队员和青年志愿者。

在中非首脑外交的推动下,2007年5月,中国援建的非洲联盟会议中心在埃塞俄比亚首都亚的斯亚贝巴正式奠基。同月,中国成功将尼日利亚通信卫星一号送上太空。

2009年2月10日至17日,胡锦涛对马里、塞内加尔、坦桑尼亚、毛里求斯等非洲国家进行了国事访问。访问马里期间,胡锦涛同杜尔总统举行了会谈,并会见特拉奥雷议长,双方就进一步发展传统友好关系、落实中非合作论坛北京峰会成果等问题达成了广泛共识。访问塞内加尔期间,胡锦涛与瓦德总统进行了会谈,并会见了两院议长,双方对两国复交以来双边关系的快速发展表示满意,此访为进一步增进两国人民了解和友谊,推动两国关系深入发展指明了方向。访问坦桑尼亚期间,胡锦涛与基奎特总统举行了会谈,并会见桑给巴尔总统卡鲁姆,双方积极评价两国全天候友好关系,并表示将进一步巩固中坦传统友谊、深化各领域合作,将两国友好合作关系推向新的水平。访问毛里求斯期间,胡锦涛同拉姆古兰总理举行了会谈,并会见了贾格纳特总统和战斗党领袖贝朗热,双方共同回顾了中毛传统友谊,表示将携手努力,拓展合作领域,丰富合作内容,推动两国友好合作关系进一步发展。

2009年11月,中非合作论坛第四届部长级会议在埃及沙姆沙伊赫成功举行,温家宝总理代表中国政府宣布了推进中非务实合作的新八项举措,受到非洲国家的高度关注和热烈欢迎。同2006年中非合作论坛北京峰会提出的八项举措一样,新八项举措目的是提高非洲国家的自我发展能力。新八项举措更加注重改善民生,加强卫生和教育等社会事业,注重加强农业和基础设施建设,加强生态和环境保护。比如,中国提出帮助非洲国家建设100个太阳能、沼气和小水电等清洁能源项目,为援非30所医院

---

[1] 《青年,非洲振兴的希望——胡锦涛主席在比勒陀利亚大学演讲侧记》,《人民日报》2007年2月8日。

和30所疟疾防治中心提供价值5亿元人民币的医疗设备和抗疟物资,建立50所学校,帮助非洲培训更多的人员等。通过对比可以看出,减免非洲国家债务已成为中国对非新的援助形式。非洲大陆自20世纪80年代以来遭遇了十余年的经济衰退,到90年代末,非洲债务已累计高达2700亿美元。为了促进非洲的发展,中国不仅在国际多边场合积极呼吁发达国家减免或重新安排非洲原有的债务负担,而且还以一个发展中国家的身份主动减免非洲国家的债务。① 截至2009年底,中国免除35个非洲重债穷国和最不发达国家无息贷款债务300多笔。双方还在基础设施建设、能源、农业、金融、医疗卫生等领域开展了务实高效合作,对中非互利双赢、共同发展起到积极有效的推动作用。②

首脑外交的发展直接促进了中非经贸关系的发展。2000年以来,中非进出口总额不断增长,从2000年首次突破100亿美元之后,一直持续增长,仅2009年受国际金融危机的影响有15%的下降,但进出口额仍然高达910.66亿美元,2008年进出口额达到1068.42亿美元,首次突破1000亿美元,中非贸易额从100亿美元到1000亿美元的突破仅仅用了8年时间。③ 但伴随其中的,中国与非洲国家双边贸易主要集中在少数国家这一状况一直没有得到改变,中国对非贸易前十大伙伴国的贸易额占中国对非贸易额的比例一直在70%以上。2000年以来,中国对非贸易前三位伙伴国安哥拉、南非、苏丹的贸易额占中国对非洲贸易总额的比重一直稳定在45%左右,2012年这一比重上升至51.13%。中国与部分非洲国家的贸易不平衡现象突出。其中安哥拉为中国在非洲最大的逆差来源国。④ 尽管中非贸易屡创新高,但中非贸易占中国和非洲的对外贸易比重都不高。尽管如此,在2001—2012年间,中非贸易占中国和非洲的对外贸易的比重基本都保持上升趋势。⑤

中国自非洲进口主要商品是原油、矿产品等初级产品。以2012年为

---

① 刘鸿武、罗建波:《中非发展合作——理论、战略与政策研究》,中国社会科学出版社,2011年版,第301页。
② 《共创中非新型战略伙伴关系的美好未来——在纪念中非合作论坛成立10周年研讨会开幕式上的演讲》,《人民日报》2010年11月19日。
③ 张哲:《中非经贸关系发展研究》,浙江人民出版社,2014年版,第103页。
④ 张哲:《中非经贸关系发展研究》,浙江人民出版社,2014年版,第105页。
⑤ 张哲:《中非经贸关系发展研究》,浙江人民出版社,2014年版,第108页。

例，中国自非洲进口前十位的商品均为资源性产品，前三位的分别是原油、铁矿砂及其精矿和未锻造的铜及铜材，三者合计占中国自非洲进口总额的58%。其中原油进口最多，中国进口原油总量近1/4来自非洲，其进口额占中国自非洲进口总额的47.7%。随着中国经济的发展，对资源的需求在不断地扩大，中国从非洲进口商品额也在逐年攀升。能源与矿产类产品不仅在中国从非洲进口产品结构中占有绝对优势，而且总体上呈上升趋势，其中原油所占比例尤为突出。作为仅次于中东的世界第二大产油区，原油一直是非洲国家的主要出口商品，其出口始终占到非洲国家出口总额的2/3左右。①

相比中国自非洲进口一直以原油等资源性产品为主，中国向非洲出口的产品则以工业制成品和半成品为主，能源及矿产品所占比例极小。这主要是由于中非经济发展水平和地区差异造成的。非洲大陆资源丰富，以农业和矿产业为主导产业，而制造业基础薄弱，总体来说与中国的产业结构存在很大的互补性，尤其是资源方面的互补性。②

2000年以来，随着中非合作论坛的成立，中国对非投资快速增长，对非投资存量由2001年的3.494亿美元升至2012年的212.3亿美元，增长了61倍；非洲成为众多中国企业的投资热土。③ 其中中国在非洲基础设施建设项目中扮演着重要角色，自2007年来，非洲约2/3的新基础建设资金来自中国，经验丰富的中国企业正越来越多地运用自己的技术和能力，本着低成本、高效益的建设理念，促进非洲基础设施建设格局的发展。④ 截至2011年年底，中国共在非洲51个国家援助建设了270个基础设施项目，约占中国援非项目总量的25%。项目类型主要包括桥梁、道路、港口、机场、电力、通信设施等，其中，交通基础设施近140个。⑤

---

① 张哲：《中非经贸关系发展研究》，浙江人民出版社，2014年版，第113—114页。
② 张哲：《中非经贸关系发展研究》，浙江人民出版社，2014年版，第114页。
③ 张哲：《中非经贸关系发展研究》，浙江人民出版社，2014年版，第120页。
④ 胡永举、邱欣等：《非洲交通基础设施建设及中国参与策略》，浙江人民出版社，2014年版，第274页。
⑤ 胡永举、邱欣等：《非洲交通基础设施建设及中国参与策略》，浙江人民出版社，2014年版，第194页。

第三节　中国对非首脑外交的爆发期

党的十八大以来，中国对非首脑外交进入快速发展的爆发期。2013年3月，习近平在担任国家主席后首次出访即选择了坦桑尼亚、南非和刚果共和国，并在德班金砖国家领导人会晤期间与埃及、埃塞俄比亚等非洲国家和非盟的领导人会晤，表现了对中非关系的高度重视。这次出访，习近平主席出席了66场活动，与32位国家元首及政要举行了会谈和会见，发表了20多次演讲和重要讲话，多角度、深层次阐述了中国的外交政策和重大主张。① 习近平对非洲的访问引发了西方媒体的广泛关注。2013年3月26日，法国《人道报》的《习近平第一次访问非洲之旅》的报道认为，"非洲大陆让中国展示了它著名的'共赢'战略。"② 除了转载法新社通稿外，法国《观点报》在习近平主席访非期间发表了至少五篇评论文章，对此事的关注度可见一斑。

习近平主席访非后的第二年，即2014年，中国总理李克强出访埃塞俄比亚、尼日利亚、安哥拉、肯尼亚和非盟总部，并出席世界经济论坛非洲峰会。访非期间，李克强提出了建设包括产业、金融、减贫、生态环保、人文交流、和平安全在内的六大工程，并帮助非洲打造铁路网、公路网以及非洲区域航空网络等"三大网"。③ 这一对非合作路线图解决了未来中非合作以及非洲经济发展的路径问题，意味着中非合作从原来单靠进出口贸易和基础设施投资，转为更加注重挖掘教育培训、技术转让、金融与服务贸易等方面合作的愿景。尼日利亚《卫报》称，非洲将从此"不再被人遗

---

① 《为实现中国梦营造良好外部环境——写在国家主席习近平对美洲国家重大外交行动之际》，《人民日报》2013年5月31日，第1版。
② "Première Tournée Africaine pour Xi Jinping"（《习近平第一次访问非洲之旅》），http://www.humanite.fr/monde/premiere-tournee-africaine-pour-xi-jinping-518240，访问日期：2015年3月16日。
③ 《李克强在非盟会议中心发表演讲时提出"461"中非合作框架　打造中非合作升级版》，《人民日报》2014年5月6日。

忘"。① 2014年5月5日,李克强在位于亚的斯亚贝巴的非洲联盟总部发表题为《开创中非合作更加美好的未来》的演讲,提出"461"中非合作框架,即坚持平等相待、团结互信、包容发展、创新合作等四项原则,推进产业合作、金融合作、减贫合作、生态环保合作、人文交流合作、和平安全合作等六大工程,完善中非合作论坛这一重要平台,打造中非合作升级版,携手共创中非关系发展更加美好的未来。②他在演讲中还指出,中国将不断加强同非盟的关系,坚定支持非盟在非洲一体化进程中发挥引领作用,在维护非洲和平安全中发挥主导作用,在地区和国际事务中发挥更大作用。③

2015年12月1日,习近平再次访问非洲。他先后访问了津巴布韦和南非,并赴南非约翰内斯堡和南非总统祖马共同主持中非合作论坛峰会。12月10日,习近平主席在中非合作论坛约翰内斯堡峰会开幕式上发表了题为《开启中非合作共赢、共同发展的新时代》的致辞,系统阐述了中国发展对非关系的新理念、新政策、新主张。在这次峰会上,习近平提议将中非新型战略伙伴关系提升为全面战略合作伙伴关系,表示中方愿在未来三年内将"五个领域""三大支柱"扩展到"十大合作计划""五大支柱",涉及工业化、农业现代化、基础设施、金融、绿色发展、贸易和投资便利化、减贫惠民、公共卫生、人文、和平与安全十个方面,将中非合作从2012年胡锦涛在中非合作论坛第五届部长级会议上提出的"融资、援助与民生、非洲一体化、中非民间交往和非洲和平安全"等"五个领域"扩展到"十大合作计划",这十大计划着眼于解决非洲人民最为关心的就业、温饱和健康三大民生问题,并根据时代的发展增加了新的内容。习近平主席全面战略合作伙伴关系的提议得到了与会非洲领导人的一致赞同,中非关系定位又一次实现了历史性飞跃。

会议期间,中国政府发表的第二份《中国对非洲政策文件》在第一份

---

① 《外媒:李克强非洲行掀起"中国旋风"》,http://news.xinhuanet.com/world/2014-05/14/c_1110681000.htm,访问日期:2016年1月29日。
② 《李克强在非盟会议中心发表演讲时提出"461"中非合作框架 打造中非合作升级版》,《人民日报》2014年5月6日。
③ 《开创中非合作更加美好的未来——在非盟会议中心的演讲》,《人民日报》2014年5月6日。

《中国对非洲政策文件》提出的"政治上平等互信、经济上合作共赢、文化上交流互鉴"三大支柱[①]基础上又增加了"安全上守望相助、国际事务中团结协作"[②]的新内容,形成了更加全面的以"五大支柱"为基础的中非全面战略合作伙伴关系。"三大支柱"曾指导了近十年的中国对非政策,随着非洲经济的迅猛发展、非洲国际地位的不断提升、安全与发展的需求日益强烈,中国日益认识到非洲的安全关乎中国的稳定,日益重视非洲的安全关切和诉求;更加依赖中非在国际上的团结协作,"五大支柱"应运而生。[③] 非洲的发展始终是非洲国家最关心的问题之一,也是中非首脑外交的重要内容。访非期间,习近平还宣布中国将向非洲提供总额为 600 亿美元的资金支持,其中包括:提供 50 亿美元无偿援助和无息贷款;提供 350 亿美元优惠性质贷款及出口信贷额度,并提高优惠贷款优惠度;为中非发展基金和非洲中小企业发展专项贷款各增资 50 亿美元;设立首批资金 100 亿美元的"中非产能合作基金"。[④]

在中国领导人相继出访非洲的同时,非洲首脑也持续着访华的热潮,2013 年 3 月,莫桑比克总统格布扎访华;2013 年 6 月,塞拉利昂总统科罗马访华;2013 年 8 月,肯尼亚总统肯雅塔访华;2014 年 2 月,塞内加尔总统萨勒访华;2014 年 4 月,纳米比亚总理根哥布访华;2014 年 8 月,津巴布韦总统穆加贝、布隆迪总统恩库伦齐扎相继访华;2014 年 12 月,埃及总统塞西访华;2015 年 3 月,乌干达总统穆塞韦尼、赞比亚总统伦古相继访华;2015 年 4 月,赤道几内亚总统奥比昂访华;2015 年 6 月,安哥拉总统多斯桑托斯访华;2015 年 9 月,刚果(金)总统卡比拉、毛里塔尼亚总统阿齐兹、尼日利亚总统布哈里、苏丹总统巴希尔相继访华;2015 年 10 月,乍得总统代比访华……同时,中非首脑在国际多边场合也不断实现会晤。中非首脑外交在中国实施"一带一路"倡议后呈现出非洲访华首脑覆盖非洲全区域、双方首脑会晤呈现爆发式增长、会晤成果更加丰富等特

[①] 《中非构建新型战略伙伴关系》,《人民日报》2006 年 10 月 23 日。
[②] 《中国对非洲政策文件(全文)》,新华网,http://news.xinhuanet.com/world/2015-12/05/c_1117363276.htm,访问日期:2015 年 12 月 7 日。
[③] 张颖:《中国对非首脑外交及其启示》,《现代国际关系》2016 年第 2 期,第 40—46 页。
[④] 《习近平详解对非"十大合作计划"中方决定提供 600 亿美元支持》,http://it.chinanews.com/gn/2015/12-05/7657047.shtml,访问日期:2015 年 12 月 22 日。

点，双方在各自的战略规划中的地位不断攀升，同时高度的政治互信也推动了经贸关系的迅猛发展。

中非领导人的互访有力地推动了中非关系的发展。如2014年4月8日，习近平国家主席在人民大会堂会见纳米比亚总理根哥布时表示，纳米比亚是中国在非洲的全天候朋友，由两国老一代领导人缔造的中纳传统友谊是两国共同的宝贵财富。我们要继往开来，把两国关系提升到更高水平。双方要加强政治交往和对话，在重大问题上继续相互坚定支持。中方支持有实力、讲信誉的中国企业赴纳米比亚开展矿业、农业、基础设施建设、制造业等领域合作，建设好大项目。根哥布表示，中国长期以来为纳米比亚提供了宝贵支持和帮助，是纳米比亚的老朋友、好朋友。纳方正努力加快国家建设，我们把目光投向中国，希望深化对华友好合作关系。纳方愿为中国企业投资创造良好条件。[1] 习近平表示，非洲正处于实现经济腾飞的时期。我们对非洲发展充满信心。加强同非洲国家团结合作，是中国外交政策的重要基石，这一点不会因为中国自身发展和国际地位提升而变化。中国在对非合作中秉持正确义利观，注重授人以渔，帮助非方筑巢引凤，提升非洲国家自我发展能力，惠及非洲各国人民，真正实现互利共赢，共圆发展振兴之梦。[2]

再如，2014年6月12日，习近平主席在人民大会堂同刚果共和国总统萨苏举行会谈。两国元首赞扬两国传统友谊和合作成果，决心共同努力，促进两国关系全方位发展，推动中非全面战略伙伴关系不断向前迈进。习近平强调，中刚双方要密切政府、议会、政党交往，交流治国理政经验，保持高水平政治互信，就共同关心的重大问题加强沟通和配合，推动国际秩序和国际体系朝着更加公正合理的方向发展。双方要开拓进取，充分挖掘互补优势和增长潜力，继续搞好"石油、信贷、工程"一揽子合作框架下项目，积极探讨新的合作模式，扎实推进合资银行和刚方铁路、港口、民生等建设工程。双方还要促进人员往来和文化交流，增进友好感情。两国元首还共同见证了多项双边合作文件的签署，涉及经贸、基础设

---

[1] 《习近平会见纳米比亚总理根哥布 继往开来，把两国关系提升到更高水平》，《人民日报》2014年4月9日。

[2] 《习近平会见纳米比亚总理根哥布 继往开来，把两国关系提升到更高水平》，《人民日报》2014年4月9日。

施建设、融资、银行、文化等领域。①

又如，2014年10月24日，习近平主席在人民大会堂同坦桑尼亚总统基奎特举行会谈。习近平指出，"中坦友谊经受住了国际风云变幻的考验，历久弥坚。双方始终相互理解、相互学习、相互帮助，成为全天候的好朋友、好伙伴、好兄弟。去年3月我访问坦桑尼亚期间，同你就中坦关系提升为互利共赢的全面合作伙伴关系达成重要共识。一年多来，双方密切配合，积极落实访问成果，取得新的进展。中方愿意同坦方一道，继往开来，开启中坦关系新篇章，为深化中非友好互利合作发挥引领和示范作用。"② 他表示："第一，中坦要做风雨同舟、患难与共的友好典范。我们要保持高层交往，密切两国政府部门、立法机构、政党、地方和民间交往，在涉及各自核心利益和重大关切问题上继续相互理解和支持。第二，中坦要做互利共赢、共同发展的合作典范。中方支持坦方打造地区物流中心、制造业基地，建设经济特区和工业园区，愿意同坦方加强基础设施建设、航空、金融等领域合作。坦赞铁路是中非友好的历史丰碑，我们要使它焕发新的活力。第三，中坦要做全面发展、共同进步的发展典范。中方愿意积极帮助坦方经济社会发展，将继续向坦桑尼亚派遣医疗队和农业技术专家，为坦方培养人才。第四，中坦要做促进世界和平、维护共同利益的国际合作典范。中方愿意同坦方就联合国事务、气候变化等重大国际和地区问题加强沟通和协调，推动国际秩序朝着更加公正合理的方向发展。中方支持坦方维护地区和平稳定的努力。明年，中非合作论坛将举行第六届部长级会议。我们愿意同包括坦桑尼亚在内的非洲国家一道，把会议办好，推动中非全面战略伙伴关系迈上新台阶。会谈后，两国元首共同见证了两国政府经济技术合作协定等文件的签署。"③

还如，2015年3月30日，习近平主席在人民大会堂同赞比亚总统伦古举行会谈。两国元首就中赞关系、非洲形势、中非合作等深入交换意见，一致表示，中赞友好是双方共同命运的选择，我们要珍惜中赞传统友

---

① 《习近平同刚果共和国总统萨苏举行会谈》，《人民日报》2014年6月13日。
② 《习近平同坦桑尼亚总统基奎特举行会谈 强调携手推进中坦互利共赢的全面合作伙伴关系》，《人民日报》2014年10月25日。
③ 《习近平同坦桑尼亚总统基奎特举行会谈 强调携手推进中坦互利共赢的全面合作伙伴关系》，《人民日报》2014年10月25日。

谊，牢牢把握住中赞友好大方向，深化两国各领域务实合作，更好造福两国人民。习近平指出，"伦古总统就任后首次出访域外国家就选择中国，充分显示你对发展中赞关系的高度重视，我对此表示赞赏。中赞传统友谊是由两国老一代领导人共同缔造和培育的，是我们共同的宝贵财富，双方都十分珍惜。去年，我们一起庆祝了赞比亚独立和中赞建交50周年。半个多世纪以来，中赞关系历久弥坚、深得人心。中方愿意同赞方一道努力，共同把两国打造成为体现平等互信、合作共赢伙伴关系的典范。"习近平强调，"中方愿同赞比亚、坦桑尼亚一道努力，把坦赞铁路建设成发展之路、繁荣之路。"①

不仅习近平主席对推动中非关系亲力亲为，李克强总理也积极推动中非关系的发展。2014年7月8日，李克强总理在人民大会堂会见来华出席生态文明贵阳国际论坛2014年年会的埃塞俄比亚总统穆拉图。李克强指出，中非分别作为最大的发展中国家和发展中国家最为集中的大陆，双方发展理念相近，友好情感相融，合作领域互补。中方愿秉承"真、实、亲、诚"理念，同非洲国家和非盟共同规划建设好区域铁路、公路、航空三大网络，在"461"中非合作框架下推进双方互利合作，使中非全面战略伙伴关系更好造福双方人民。穆拉图表示，中国是埃塞最优先的合作伙伴，两国关系建立在相互理解信任和互利共赢基础之上。李克强总理成功访问埃塞，推动两国关系迈上新台阶。②

2014年8月26日，李克强总理在人民大会堂会见津巴布韦总统穆加贝。李克强表示，中方愿同津方巩固政治互信，向津方转让适用技术，帮助津方增加粮食供给，推进减贫，实施好基础设施建设项目，搞好人力资源开发等合作，提高津巴布韦生产力水平和自主发展能力。李克强强调，中国积极支持非盟主席祖马女士提出在非洲国家首都和主要商业中心之间建设高铁的倡议，愿帮助非洲推进工业化进程。穆加贝表示，他此次访华取得丰硕成果。津方钦佩中国取得的巨大发展成就，感谢中方长期以来给予的无私帮助和宝贵支持，愿学习借鉴中国的发展经验，继续与中方相互

---

① 《习近平：把坦赞铁路建设成发展之路、繁荣之路》，http://news.xinhuanet.com/world/2015-03/30/c_1114809846.htm，访问日期：2015年4月1日。
② 《李克强会见埃塞俄比亚总统穆拉图》，《人民日报》2014年7月9日。

信任、相互支持，深化传统友谊，扩大互利合作，加强在国际、地区事务中的沟通协调，推动两国关系和非中关系取得更大发展。津方欢迎更多中国企业赴津投资、更多中国游客赴津观光，并将为此提供便利。① 像这样的交流在中非首脑外交的交流中十分普遍，双方互诉衷肠，坦诚相见，对中非关系的发展起到了重要作用。

中国领导人相继出访非洲，非洲首脑持续访华热潮。与此相应，中非首脑在国际多边场合的会晤日益增多。中非首脑外交在中国实施"一带一路"倡议后呈现出访华的非洲首脑来源国覆盖整个非洲、双方首脑会晤呈现爆发式增长、会晤成果更加丰硕等特点，双方在各自的战略规划中的地位不断攀升，同时高度的政治互信，进而推动双方经贸关系的迅猛发展。②

通过首脑外交，中非全面战略伙伴关系提升到一个新的水平。2013年，中非贸易额达到2102亿美元，是1960年的2000多倍，中国连续5年成为非洲第一大贸易伙伴国。中国对非直接投资从无到有，存量超过250亿美元。③ 截至2013年底，中国对非直接投资存量达到250亿美元规模，在非投资的中国企业超过2500家。④ 《2013非洲吸引力调查报告》指出，外国直接投资对支撑过去十多年非洲经济快速发展起到了关键作用。外国投资过去十年至少为非洲创造了1500万个直接就业机会，此外还促进了技能培训、减贫和消除不平等，其中中国投资作用毋庸置疑。该报告显示，过去五年中国对非洲直接投资新项目数量为152个，列全球第九位。2012年中国对非洲投资项目同比增长28%。2014年，中非进出口贸易总额突破2200亿美元大关，达到2218.8亿美元。并自2009年连续第六年保持非洲最大贸易伙伴国地位。⑤

---

① 《李克强张德江分别会见津巴布韦总统穆加贝》，《人民日报》2014年8月27日。
② 张颖：《中国对非首脑外交及其启示》，《现代国际关系》2016年第2期，第40—46页。
③ 《开创中非合作更加美好的未来——在非盟会议中心的演讲》，《人民日报》2014年5月6日。
④ 《外交部举行吹风会介绍有关情况》，《人民日报》2014年5月1日。
⑤ 《专家：促中非发展战略对接交融》，中非合作论坛网站，http://www.focac.org/chn/zf-gx/zfgxzzjw/t1306988.htm，访问日期：2015年11月9日。

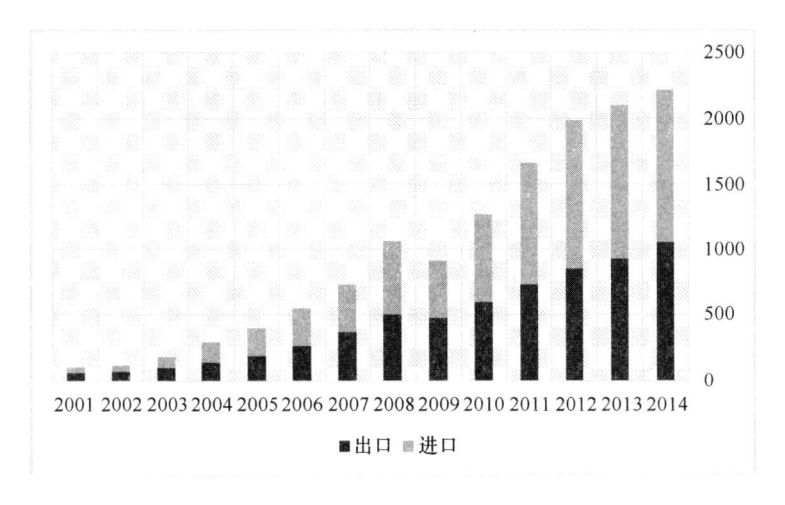

中非进出口贸易额变化（2001—2014 年） （单位：亿美元）

数据来源：中国海关总署。

第四章／首脑外交视阈下的中非国别关系

中国与非洲国家的首脑外交是中国首脑外交的典范，首脑外交在推动中国与非洲国家关系方面起到了重要作用。

第一节 首脑外交视阈下的中国与南部非洲

中国与南部非洲国家的首脑外交发展的最晚，但发展势头最好。长期以来，南部非洲始终存在着种族歧视问题，新中国成立之初，毛泽东等中国领导人就坚决支持南部非洲人民反对种族歧视的斗争。南部非洲国家相继独立后，中国与南部非洲国家的关系得到突飞猛进的发展。如今，中国与南非的首脑外交已成为中国与非洲国家首脑外交的典范，南非也成为中国在非洲的战略支撑点和最重要的战略伙伴。

一、中国与南非

南非地处南半球，是非洲最大的经济体和最具影响力的国家之一，其国内生产总值约占撒哈拉以南非洲国家经济总额的1/3，对地区经济起到了重要的引领作用。与非洲其他国家相比，南非的经济发展水平和国家治理水平处于明显的领先地位，政治、经济、军事实力首屈一指，是非洲唯一一个达到中等发达国家水平的国家，被称为非洲大陆的领头羊。2010年加入金砖国家。南非是中国在非洲的最大贸易伙伴国，中国也是南非的最大贸易伙伴国。南非是英联邦的重要成员之一。

南非是非洲的英语国家之一。南非地理位置非常重要,其西南端的好望角航线,历来是世界上最繁忙的海上通道之一。在17世纪欧洲殖民者入侵南非之前,桑人、科伊人、班图人一直是这块土地的主人,他们过着原始的游牧生活。随着好望角的发现及开普殖民地的建立,资本主义迅速扩张,南非先后经历了荷兰及英国的殖民统治时期。1867年和1886年南非发现钻石和黄金之后,大批欧洲移民蜂拥而至。英国人通过布尔战争后来居上,获得了南非的统治权,建立了南非联邦,随后开始在南非进行了长达80年的种族主义统治阶段。从此,南非进入了最黑暗的历史时期。南非白人当局长期在国内以立法和行政手段推行种族歧视和种族隔离政策,遭到国际社会的谴责和制裁。南非土著人民进行了波澜壮阔的反抗运动,最终于1994年5月10日将种族主义制度彻底扫入了历史的垃圾桶,建立了由曼德拉领导的民主新南非。[①] 曼德拉任南非首任黑人总统。

(一) 政治关系

中国与南部非洲的直接联系始于17世纪中叶。19世纪初,英国东印度公司开始从中国南方输入华工,随着金矿的发现与开采,输入华工的人数大幅度增加,在1907年达到53846人的最高点。[②] 华人与印度人、有色人等非白人受到各种种族歧视立法和条例的不平等对待,但境遇略好于黑人,如禁止华人购买房地产、不许进入白人专用的公共场所和服务设施,包括中小学和专科学校、医院和各种娱乐场所,华人家属和子女也不得进入南非,但华人可在一定范围内经营开店,可拥有汽车等财产,进入大学就可在本省内旅行。[③]

中国与南非的官方关系始建于清末。由于有数万华工、华人在南非,清政府于1905年5月派遣刘玉麟到南非就任总领事。[④]

[①] 冯丹:《中国与南非关系发展现状及问题对策思考》,《学理论》2013年第32期,第33—34页。

[②] 潘兴明:《南非:非洲大陆的领头羊——南非实力地位及综合影响力评析》,上海人民出版社,2012年版,第157页。

[③] 潘兴明:《南非:非洲大陆的领头羊——南非实力地位及综合影响力评析》,上海人民出版社,2012年版,第157—158页。

[④] 潘兴明:《南非:非洲大陆的领头羊——南非实力地位及综合影响力评析》,上海人民出版社,2012年版,第158页。

1910年南非联邦的成立,南非开始了长达80多年的种族主义统治。在这一时期,中国作为支持南非反种族主义的国家,一直坚定不移地支持南非的反种族主义事业。新中国成立后,中国政府和人民始终同情并坚定支持南非人民争取种族平等的斗争。1955年在印度尼西亚万隆召开的亚非会议上,中国与其他西亚国家一道谴责南非白人当局的种族主义政策,周恩来总理指出:"这种行为不仅是对人权的粗暴侵犯,而且是对公认的基本价值原则和人类尊严的否定。"在南非种族隔离时期,中国积极响应国际社会的号召,不与南非种族主义政权发生任何关系。[1] 为了支持非国大和南非人民反对种族隔离制度的斗争,于1960年停止了与南非的商贸往来。1994年4月,南非举行了有史以来第一次国内所有种族参加的大选,诞生了民主新南非。在南非解除和台湾当局建立的关系后,中国同南非在1998年建立了正式的大使级外交关系。[2]

1997年12月底,中国国务院副总理兼外交部长钱其琛应邀访问南非,与南非外长阿尔弗雷德·恩佐签署了中南建交公报。1998年1月1日,中国与南非正式建交,标志着中南关系进入了一个全新的历史阶段。

2004年曾庆红副主席访南期间,双方确立了平等互利、共同发展的战略伙伴关系。2006年温家宝总理访南期间,两国签署《中南关于深化战略伙伴关系的合作纲要》。2007年胡锦涛主席对南非进行国事访问,将中南战略伙伴关系推向新的高度。2008年1月,两国建立战略对话机制,并于2008年4月、2009年9月、2010年11月、2011年9月、2012年11月、2013年10月和2014年12月举行七次战略对话。2010年8月,祖马总统访华期间,两国元首共同签署《中华人民共和国和南非共和国关于建立全面战略伙伴关系的北京宣言》,将双边关系提升为全面战略伙伴关系。2013年3月,习近平主席对南进行国事访问,双方发表联合公报,中南全面战略伙伴关系迈上新台阶。2014年12月,祖马总统对华进行国事访问,双方签署《中华人民共和国和南非共和国5—10年合作战略规划2015—

---

[1] 冯丹:《中国与南非关系发展现状及问题对策思考》,《学理论》2013年第32期,第33—34页。

[2] 冯丹:《中国与南非关系发展现状及问题对策思考》,《学理论》2013年第32期,第33—34页。

2024》，为中南关系进一步深入发展注入了新的强劲动力。[①]

两国高层交往频繁。1998年4月，姆贝基副总统访华。1999年1月，胡锦涛副主席访南；5月，曼德拉总统来华进行国事访问；6月，钱其琛副总理作为江泽民主席特使，出席姆贝基总统就职仪式；11月，李鹏委员长访南。2000年4月，江泽民主席对南非进行国事访问。2001年2月，姆贝基总统对中国进行国事访问，双方召开中南国家双边委第一次全会。2002年8月底至9月初，朱镕基总理赴南出席可持续发展世界首脑会议并进行工作访问。2003年1月，李岚清副总理访南。2005年4月、7月和9月，胡锦涛主席与姆贝基总统分别在印尼亚非峰会、苏格兰鹰谷八国集团同发展中国家领导人对话会及纽约联合国成立60周年首脑会议期间会面。2006年6月，温家宝总理对南进行正式访问。7月，胡锦涛主席在俄罗斯圣彼得堡出席八国集团同发展中国家领导人对话会期间，与姆贝基总统会见。11月，姆贝基总统来华出席中非合作论坛北京峰会并进行国事访问。2007年2月，胡锦涛主席对南非进行国事访问。6月，胡锦涛主席在德国海利根达姆八国集团同发展中国家领导人对话会期间，与姆贝基总统会见。2008年7月，胡锦涛主席在日本出席八国集团同发展中国家领导人对话会期间，与姆贝基总统会见。2009年9月，胡锦涛主席在纽约出席第64届联大期间会见祖马总统。2010年4月，胡锦涛主席在出席巴西利亚"金砖四国"领导人第二次正式会晤期间会见祖马总统。8月，祖马总统来华进行国事访问。11月，习近平副主席访南，与莫特兰蒂副总统共同主持中南国家双边委第四次全会。2011年4月，祖马总统来华出席在海南三亚举行的金砖国家领导人第三次会晤，其间胡锦涛主席同其举行了双边会见。5月，全国人大常委会委员长吴邦国访问南非。9月，莫特兰蒂副总统来华进行正式访问。2012年7月，祖马总统来华出席中非合作论坛第五届部长级会议开幕式并访华，胡锦涛主席同其举行会谈。此外，胡锦涛主席在出席首尔核安全峰会（3月）、金砖国家领导人第四次会晤（3月）、二十国集团洛斯卡沃斯峰会（6月）期间同祖马总统多次会见。2013年3月，习近平主席对南非进行国事访问并出席在德班举行的金砖国家领导人第五

[①]《中国同南非的关系》，http://wcm.fmprc.gov.cn/pub/chn/gxh/cgb/zcgmzysx/fz/1206_39/1206x1/t6639.htm，访问日期：2016年12月19日。

次会晤。2014年7月，习近平主席在出席巴西福塔莱萨金砖国家领导人第六次会晤期间同祖马总统举行双边会晤。12月，祖马总统对华进行国事访问。2015年7月，习近平主席在出席俄罗斯乌法金砖国家领导人第七次会晤期间同祖马总统举行双边会晤。同月，南非副总统拉马福萨对华进行正式访问。9月，祖马总统来华出席纪念抗日战争暨世界反法西斯战争胜利70周年纪念活动，习近平主席同其举行双边会见。12月，习近平主席对南非进行国事访问并与祖马总统共同主持中非合作论坛约翰内斯堡峰会。①

中国国家主席习近平2015年12月2日在比勒陀利亚同南非总统祖马举行会谈。两国元首一致认为，中南关系面临历史性发展机遇，双方要以落实两国高层共识和《中南5—10年合作战略规划》为抓手，以中非合作论坛约翰内斯堡峰会为新起点，推动中南关系再上新台阶。

南非与中国2015年12月2日签署了26项协议，总价值940亿兰特（约合65亿美元），两国关系得到进一步巩固。中国国家主席习近平同南非总统祖马举行会谈，并共同见证了这些协议的签署。

（二）经贸关系及经济技术合作

中国是南非最大的贸易伙伴，南非是中国在非洲最大的贸易伙伴。

中南经贸关系可以说是"起步晚，发展快"。1994年以前，南非是世界上唯一公开推行种族歧视和种族隔离的国家，被全世界所孤立。直到20世纪90年代初，南非形势发生积极变化，中国才逐步调整政策，两国间贸易往来才逐渐增加。1991年，中南双边贸易额仅为1400万美元。之后随着双边经贸关系日益密切，两国贸易额一直保持较快增长，到2009年已超过160亿美元，是1998年中南建交时的10倍多，占中非贸易额的近20%。②

2004年6月，南非承认中国的市场经济地位。2014年双边贸易额603亿美元，同比下降7.6%，其中中方出口157亿美元，进口446亿美元。2015年双边贸易额460亿美元，同比下降23.66%，其中中方出口158亿

---

① 《中国同南非的关系》，http://wcm.fmprc.gov.cn/pub/chn/gxh/cgb/zcgmzysx/fz/1206_39/1206x1/t6639.htm，访问日期：2016年12月19日。
② 《中国和南非关系进入"蜜月"期》，http://webcast.china.com.cn/webcast/created/7507/152_1_0101_desc.htm，访问日期：2016年12月19日。

美元，进口 302 亿美元。中国对南主要出口电器和电子产品、纺织产品和金属制品等，从南主要进口矿产品。两国双向投资规模不断扩大。截至 2015 年底，中国对南投资存量约 130 亿美元，涉及矿业、金融、制造业、基础设施、媒体等领域。南非在华实际投资约 6.6 亿美元，集中在啤酒、冶金等行业。[1] 中国已成为南非的第一大贸易伙伴，中国也成为南非最大的进口国。中南两国的国际贸易收支不平衡。南非对中国的贸易大部分情况下处于逆差。中国与南非的贸易结构不平衡。中国向南非出口轻工业产品为主，南非主要向中国出口的是矿产品。[2]

在南非人民反对种族隔离制度的斗争中，中国一贯给予南非人民坚定的支持，中国共产党也在此过程中与现在执政的南非非洲人国民大会以及其他南非民族解放组织建立了深厚的传统友谊。中南两国 1998 年建交后，传统友好关系在新形势下不断取得新发展，并为双边互利友好合作提供了坚实基础。2007 年，中国工商银行出资约 54.6 亿美元购买南非标准银行 20% 的股权，是迄今中国对南最大金融投资项目。华为、海信、创维等一批中国品牌已进入南非主流消费市场。南非在中国啤酒业、通信工程、能源等领域也有较大投资。此外，两国在科技、教育、卫生、文化、旅游、警务等领域签署了 50 多项合作协议。[3]

（三）文化、教育等领域合作

目前，中国已有十余所大学与南非的大学建立合作关系。湖南大学和南非斯泰伦布什大学、东北师范大学和南非比勒陀利亚大学入选中非合作论坛框架内的"中非高校 20＋20 合作计划"，分别结成了合作伙伴。截至 2015 年底，中国共有约 7100 人赴南留学，共接收南非奖学金留学生 199 名。南非九所院校设有孔子学院或孔子课堂。2002 年，南非成为中国公民出境旅游目的地国，是目前接待中国游客最多的非洲国家之一。2010 年，

---

[1]《中国同南非的关系》，http://wcm.fmprc.gov.cn/pub/chn/gxh/cgb/zcgmzysx/fz/1206_39/1206x1/t6639.htm，访问日期：2016 年 12 月 19 日。

[2] 冯丹：《中国与南非关系发展现状及问题对策思考》，《学理论》2013 年第 32 期，第 33—34 页。

[3]《全面深化中南务实合作——访中国驻南非大使钟建华》，《人民日报》2010 年 11 月 17 日。

南非旅游局在华设立常驻代表机构。2015年，中国公民赴南非旅游8.49万人次，南非约有6.55万多人次来华。根据习近平主席2013年访问南非时同祖马总统达成的共识，中南两国将互办国家年。中国"南非年"于2014年在华成功举办；南非"中国年"于2015年在南非成功举办。①

回顾中南双边关系发展历程可以清楚地看到：政治交往密切、国际协作和战略互信明显增强；经贸合作互补互利，规模持续扩大，水平不断提升，空间日益拓展；其他领域的合作不断向纵深方向发展。中南关系能够在建交后获得快速发展，原因是多方面的。其中，经贸合作是双边关系发展的动力源泉，政治关系是巨大的推动力，资源合作由于战略性明显而成为双边关系发展的重要促进因素。

中国是南非最大的贸易伙伴国，南非则是中国在非洲的最大贸易伙伴国。2012年，中南贸易额达到599.45亿美元。与此同时，南非是中国建立友好城市最多、设立孔子学院最多、吸引游客最多、接受中国留学生最多的非洲国家。②

中南建交12年，两国关系从战略伙伴关系，发展到全面战略伙伴关系。双边贸易额从不足16亿美元增长到160亿美元，双向投资总额从7000万美元增加到70亿美元。中国成为南非在全球最大的贸易伙伴和出口目的地国。③

南非作为非洲大陆最强大的国家，在非洲和国际事务中正发挥着越来越重要的作用。中南同为发展中国家，在许多重大国际和地区问题上有着相同或相近的看法。两国在中非合作论坛框架下开展了良好的磋商与合作，共同致力于非洲的和平与发展事业。两国还在联合国、二十国集团、基础四国等国际平台上进行密切交流，协调立场，共同维护了发展中国家的合法权益。中南合作也是中非合作和南南合作的重要组成部分。

---

① 《中国同南非的关系》，http://wcm.fmprc.gov.cn/pub/chn/gxh/cgb/zcgmzysx/fz/1206_39/1206x1/t6639.htm，访问日期：2016年12月19日。
② 《坦桑尼亚南非刚果共和国友好人士对本报记者表示 期盼习近平主席"历史性访问"》，《人民日报》2013年3月20日。
③ 《共识·合作·期盼——记习近平出席中南国家双边委员会第四次全会》，《人民日报》2010年11月19日。

二、中国与安哥拉

安哥拉曾是葡萄牙的属地，官方语言是葡萄牙语，1975年独立，独立时称"安哥拉人民共和国"，1988年改称"安哥拉共和国"。从领土面积来看，安哥拉是非洲最大的国家之一，面积为124.67万平方千米，是原来的殖民宗主国葡萄牙国土面积的14倍，大致相当于英国、法国和西班牙面积的总和。中国与安哥拉共和国于1983年1月12日建交。建交以来，两国关系发展顺利。安哥拉政府长期坚持一个中国的立场，支持中国的统一大业，在重大国际问题上一贯给予中国宝贵支持。安哥拉内战期间，中国一贯支持其和平进程。中国一般不主张在国际关系中使用制裁等强制手段。但为推动安哥拉和平进程，中国对联合国安理会通过的制裁安盟的决议均投了赞成票。中国在安哥拉和平进程中发挥了积极作用，在联合国安理会框架内坚持对安哥拉的支持，内战结束后，中国又慷慨援助安哥拉战后重建，为安哥拉经济恢复与发展提供了宝贵支持。[1]

2002年结束内战以来，安哥拉政局保持稳定。2010年11月，中安建立战略伙伴关系。中国主要从安哥拉进口原油，向安哥拉出口运输工具、钢材、电器及电子产品等。

安哥拉是"南部非洲发展共同体"最重要的石油生产国，是撒哈拉以南非洲地区的第二大石油生产国，其石油产量居世界第17位。安哥拉出产的大部分石油都是轻油，属于脱硫级别，质量极高。进入21世纪以来，石油工业已成为安哥拉的支柱产业，在经济发展中起着重要的作用。[2] 安哥拉的天然气资源也很丰富，但未得到有效的利用，绝大部分都被空放燃烧。尽管拥有丰富的油气资源，但其总体开发水平还不高。安哥拉国内的石油炼制工业不发达，其炼油厂的产能尚不能满足国内对石油产品的需求。一般来讲，非洲的油气资源开发成本相对较低，而且油质还好。近年来，美国对非洲的能源越来越感兴趣，并以前所未有的速度在非洲能源领域扩张。众多美国能源公司将其产量的绝大部分输往美国市场，使非洲能

---

[1] 刘海方：《安哥拉》，社会科学文献出版社，2006年版，第452页。
[2] 刘海方：《安哥拉》，社会科学文献出版社，2006年版，第226页。

源在美国能源结构中所占比例越来越高,2015年这一比例达到25%。[1]

2015年6月9日,习近平主席在人民大会堂同多斯桑托斯总统举行会谈。两国元首高度评价中安友好合作,同意携手努力,全面深化中安战略伙伴关系,把两国传统友好优势转化为合作共赢的动力,更好造福两国人民。会谈后,两国元首共同见证了经贸、交通、电力、金融等领域双边合作文件的签署。

安哥拉是资源富集型的非洲国家,坐拥国际市场上的矿物和能源,但又限于资金不足、技术不足和基础设施落后等不利条件,在资源勘探、开发、加工和运输方面存在困难,不能将自然资源转化成国家发展的经济增长点。中国金融机构和企业的投资显得非常重要。非洲国家取得中国的资金,改善基础设施、开发资源,增加就业机会;中国取得国内经济发展急需的矿产和能源。

经过1975—2002年的长期内战,安哥拉的基础设施破坏殆尽。2004—2010年间,中国先后向安哥拉提供了75亿美元的贷款,[2] 用于安哥拉国内基础设施建设,改善经济发展的条件。

除了在安哥拉取得成功外,"安哥拉模式"在苏丹、尼日利亚和其他资源富集型国家也在慢慢拓展。

三、中国与津巴布韦

津巴布韦共和国是位于南部非洲的内陆国家,矿产资源极为丰富,原为白人统治的"南罗得西亚、罗得西亚",英语为津巴布韦正式官方语言,官方场合以及商业往来中以英语为主。1980年4月18日正式独立。独立后,津巴布韦长期奉行积极的不结盟政策,反对帝国主义、殖民主义、种族主义和任何形式的强权政治,推行睦邻友好方针,努力稳定周边环境,以发展同非洲国家特别是南部非洲国家为外交重点,致力于非洲的团结与发展,特别是南部非洲国家的地区合作,使独立后津巴布韦的国际地位不

---

[1] 刘鸿武等:《新时期中非合作关系研究》,经济科学出版社,2016年版,第353页。
[2] Lucy Corkin, "Dedifining Foreign Policy Impulses toward Africa: The Roles of the MFA, the MOFCOM and China Exim Bank", *Journal of Current Chinese Affairs*, 4, 2011. 转引自刘鸿武等:《新时期中非合作关系研究》,经济科学出版社,2016年版,第476页。

断提升，在非洲乃至整个世界政治舞台上都具有了一定的影响力。①

津巴布韦在争取民族独立、反对白人种族主义的斗争中曾得到中国政府的大力支持，津巴布韦独立当天便与中国建立了正式的外交关系。建交以来，两国关系发展顺利。中国积极选送津巴布韦有关人员去中国参加培训。2007年选送人数在所有选送国家中居非洲第一，全球第二；2008年选送人数达全球第一。②

中津高层交往频繁，穆加贝总统本人曾先后访华达十次之多，是访华次数最多的非洲国家领导人之一。穆加贝总统曾视中国为"模范的社会主义国家"，对中国不允许外国干涉内部事务的原则立场给予了高度赞赏。

习近平主席多次与津巴布韦总统穆加贝进行会谈，非常重视中津传统友谊。国家主席习近平2014年8月25日在人民大会堂同津巴布韦总统穆加贝举行会谈。习近平高度评价中津传统友谊及穆加贝为两国关系发展做出的重要贡献，强调中国人民是重情义的，我们永远不会忘记曾经风雨同舟、相互理解和支持的老朋友。中方愿同津方一道，弘扬传统友谊，加强各领域合作，做平等相待、相互支持、互利共赢、共同发展的好朋友、好伙伴、好兄弟。习近平指出，穆加贝总统是著名的非洲民族解放运动领袖、非洲一体化的重要推动者，也是中国人民的老朋友。中津传统友谊是在我们并肩反帝、反殖、反霸的光辉岁月中凝结而成的，体现出两国共同遵循的独立自主、相互尊重、反对外来干涉等对外关系的基本原则。建交34年来，双方在涉及彼此核心利益和重大关切问题上相互理解、相互支持，在发展进程中相互帮助。中津传统友谊是两国共同的宝贵财富，我们双方都很珍惜。习近平强调，中方将继续坚持原则，主持正义，坚定支持津方维护国家主权、安全、发展利益，相信津巴布韦人民有智慧、有能力处理好自己的事务。双方要保持高层交往，加强党际联系和治国理政、改革开放经验交流。中方支持津方发展经济、改善民生的努力，将继续为津方培养建设人才，同津方探讨互惠互利的合作模式和融资途径，传授和转让农业适用技术，帮助津方增加粮食产量和农业收入。中方愿意参与津方经济特区、工业园区建设，带动基础设施建设、矿业、制造业等领域合

---

① 陈玉来：《津巴布韦》，社会科学文献出版社，2011年版，第308页。
② 袁南生：《走进非洲》，中国社会科学出版社，2011年版，第363页。

作，鼓励更多中国企业赴津巴布韦投资。习近平指出，中国和非洲国家是患难之交，患难之交不能忘。在对非关系中，我们秉持真、实、亲、诚的理念和正确义利观，言必信、行必果。①

穆加贝表示，在津巴布韦人民反对殖民统治、争取民族解放和国家独立的斗争中，在我们建设国家的事业中，中国给予了宝贵支持和帮助，津巴布韦人民永远不会忘记中国人民兄弟般的情谊。我曾多次访华，每次都具有重要意义，我都十分珍惜。津巴布韦正致力于加快经济发展，提高农业、工业、矿业和基础设施建设水平，为人民提供更好的教育和卫生条件，希望同中方加强合作，推动两国关系在新时期不断向前发展。津方感谢中方在国际上秉持公正，赞赏中方尊重非洲、平等对待非洲、真诚帮助非洲国家提高自主发展能力，愿意同中方携手促进非中关系发展。

会谈后，两国元首共同见证了两国政府经济技术合作协定及粮食、融资、旅游等领域合作文件的签署。②

国家主席习近平于 2015 年 12 月 1 日在哈拉雷同津巴布韦总统穆加贝举行会谈。两国元首高度评价中津传统友谊，共同规划未来两国关系发展，就深化务实合作达成重要共识。

习近平强调，中津两国不仅要做政治上的好朋友，还要做发展中的好伙伴。双方要将中津友好更多转化为深化务实合作的动力，促进共同发展繁荣。

习近平指出，中国和津巴布韦是真正的全天候朋友，中津传统友谊源远流长，历久弥坚。双方在各自发展过程中守望相助、精诚合作。中国永远不会忘记老朋友。我此次访问津巴布韦，就是为了巩固中津传统友好，深化务实合作，推动两国关系迈上新台阶，更好造福两国人民。

习近平强调，中方将继续秉持真实亲诚的对非政策理念和正确义利观，同津方一道努力，把中津两国打造成平等相待、相互支持、互利共赢、共同发展的好伙伴、好朋友、好兄弟。中方将一如既往支持津巴布韦维护主权、安全、发展权益，支持津巴布韦在国际和地区事务中发挥更大作用。双方要保持高层交往，密切政党、立法机关、地方等交流，推动各

---

① 《习近平同津巴布韦总统穆加贝举行会谈》，《人民日报》2014 年 8 月 26 日。
② 《习近平同津巴布韦总统穆加贝举行会谈》，《人民日报》2014 年 8 月 26 日。

领域合作全面发展。中方愿推动中津经贸合作向生产加工和投资经营优化发展,鼓励更多中国企业到津巴布韦投资,优先打造现代农业产业链、矿业产业链和制造业基地,参与电力、信息通讯、交通等基础设施建设和运营,创新融资途径。双方要加强教育、文化、卫生、旅游、青年、媒体等人文领域交流合作,使中津友好更加深入人心。我们愿同津方就2030年可持续发展议程等重大问题加强协调和协作,密切在国际组织中配合,以维护发展中国家正当权益,促进国际关系民主化。

习近平指出,中国愿在发展道路上同非洲国家砥砺前行、互帮互助。我期待在即将举行的中非合作论坛约翰内斯堡峰会上同非洲朋友共商中非关系发展大计,共创中非友好合作美好未来,在中非友好合作史上树立新的里程碑。

穆加贝表示,热烈欢迎习近平主席访问津巴布韦。中国是津巴布韦的全天候朋友。津方高度赞赏中方始终对包括津巴布韦在内非洲国家真诚相待,感谢中方长期以来给津方各方面宝贵帮助。津方希望在国家经济社会发展中借鉴中国经验,继续得到中方支持,在农业、工业、基础设施等领域加强同中方合作。

会谈后,两国元首共同见证了两国政府经济技术合作协定及基础设施建设、产能、投融资、野生动物保护等领域合作文件的签署。①

四、中国与莫桑比克

莫桑比克共和国是非洲南部国家,以葡萄牙语作为官方语言,1975年脱离葡萄牙殖民地而独立。莫桑比克是世界上最贫穷的国家之一,也是世界上依赖外援最严重的国家之一。国际援助在其经济中占举足轻重的地位,发挥着至关重要的作用。莫桑比克独立后,奉行独立不结盟政策,主张在相互尊重主权和领土完整、平等、互不干涉内政和互利原则的基础上与其他国家发展友好关系。②

---

① 《习近平同津巴布韦总统穆加贝举行会谈》,新华网,http://news.xinhuanet.com/world/2015-12/02/c_1117323172.htm,访问日期:2015年12月2日。

② 张宝增编著:《莫桑比克》,社会科学文献出版社,2011年版,第345页。

中国同莫桑比克之间的友好关系始自莫桑比克独立战争期间。中国为莫桑比克的独立解放运动提供了大量的经济和军事援助。1975年6月25日莫桑比克独立时，中国在当日就同莫桑比克建交。① 建交以来，两国关系发展顺利，中国与莫桑比克领导人和各级团体的友好往来一直没有间断，两国高层领导人之间互访频繁。1997年5月，国务院总理李鹏访问莫桑比克，李鹏总理在访问期间同希萨诺总统共同出席了《中华人民共和国政府和莫桑比克共和国政府经济技术合作协定》、关于中华人民共和国政府向莫桑比克共和国政府提供无偿援助的换文和中、莫政府关于打井维修项目的签字仪式。② 1998年3月28日至4月3日，希萨诺总统应邀来华访问。在希萨诺总统访问中国期间，两国政府签署了《中华人民共和国政府与莫桑比克共和国政府经济技术合作协定》。③ 莫桑比克领导人也多次来华访问。中国自1976年起先后向莫桑比克派出多批医疗队。

中国政府通过援建农业技术示范中心，派遣高级农业专家和农业技术人员，传授推广农业生产管理经验和实用技术等方式，帮助非洲提高农业自主发展能力。2006年以来，中国已在卢旺达、刚果（布）、莫桑比克等国援助建成15个农业技术示范中心，并正在规划实施另外7个农业技术示范中心。同时，中国还向非洲派出农业技术组和数百名农业技术专家，提供政策咨询，传授实用技术，培训当地人员。如中国与乍得开展培育高产优质品种的农业技术合作项目，实现增产25%以上，推广种植面积500多公顷，培训当地农民数千人次。④ 2007年2月，胡锦涛主席访问莫桑比克期间出席了中国莫桑比克建立的"中国农业技术示范中心"的揭牌仪式。

从莫桑比克首都马普托沿一号公路北行200千米，进入加扎省会赛赛市附近，便看到刚翻好的黑土地被规划成适合机械化耕作的良田，一块连着一块，望不到边际。

这就是中国民营企业万宝非洲农业发展有限公司（万宝）为中莫农业合作写下的新传奇——自2011年7月签下合同以来仅两年时间，他们在一片长满芦苇、杂草，无人问津的沼泽地里开出了15万亩能种水稻、玉米的

---

① 张宝增编著：《莫桑比克》，社会科学文献出版社，2011年版，第378—379页。
② 张宝增编著：《莫桑比克》，社会科学文献出版社，2011年版，第390页。
③ 张宝增编著：《莫桑比克》，社会科学文献出版社，2011年版，第390页。
④ 《中国与非洲的经贸合作（2013）》，《人民日报》2013年8月30日。

良田。

莫桑比克总统格布扎对莫中两国农业合作取得的新成果感到由衷高兴,自2012年11月以来他已两次前往万宝考察。8月31日,他在考察后乐观地对媒体表示,按这种进度发展,莫桑比克将不再是大米进口国,而要成为大米出口国。格布扎还特意将万宝生产的大米命名为"好味道",并"将开垦土地的10%用于帮助当地农民,这一条明确写在合同中",万宝总经理韩传锜说,"公司除招聘1340名当地员工之外,2012年还培训了25户农民,2013年则计划培训148户农民。培训期间每户给两公顷试种,试种合格后,每户给5—7公顷开垦好的地,让他们自己栽种、管理"。据介绍,万宝非洲莫桑农业项目总投资为3亿美元,目前已投入1亿多美元,预计将在现有15万亩的基础上,再建15万亩粮食种植基地,并建设集加工和仓储为一体的农业园项目。① 莫桑比克农业部部长乔斯·帕切克指出:莫桑比克虽然有肥沃的土地,但是多年来一直却是粮食进口国。莫桑比克的"农业梦"首先是保证粮食安全,其次是在粮食自给自足的基础上实现出口。中国企业给我们带来的不仅是农业技术、经验、设备和资金等,也给莫桑比克实现自己的"农业梦"带来了信心。②

第二节　首脑外交视阈下的中国与西部非洲

西部非洲是非洲资源十分丰富的地区,中国与西部非洲国家的交往比较早,近年来中国与西部非洲国家的经济交往迅猛发展,中国对西部非洲国家的首脑外交成果显著。

一、中国与尼日利亚

尼日利亚是非洲第一人口大国,总人口1.73亿,占非洲总人口的16%。尼日利亚是非洲能源资源大国,是非洲第一大石油生产和出口大

---

① 《书写中莫农业合作新传奇(中国梦·共赢曲)》,《人民日报》2013年9月22日。
② 《书写中莫农业合作新传奇(中国梦·共赢曲)》,《人民日报》2013年9月22日。

国。截至2014年已探明石油储量居非洲第二、世界第十；已探明天然气储量居非洲第一、世界第八。尼日利亚是非洲重要的石油生产国之一。

1472年葡萄牙入侵。16世纪中叶英国入侵。1914年沦为英国殖民地。官方语言是英语。1960年7月29日，英国女王根据英国议会的决议，批准了尼日利亚的要求，尼日利亚从而在1960年10月1日成为英联邦中的一个独立国家。1963年10月1日，尼日利亚宣布成为尼日利亚联邦共和国，阿齐克韦担任尼日利亚第一届总统。①

中华人民共和国与尼日利亚联邦共和国于1971年2月10日建交。建交以来双边关系发展顺利。

"相知者，不以万里为远。"中国和尼日利亚虽然远隔重洋，但两国友好源远流长。自1971年建交以来，两国双边关系发展总体顺利。2005年，中尼两国元首就双方建立战略伙伴关系达成共识。中尼建立战略伙伴关系将两国关系推进至新阶段。近年来，中国和尼日利亚政治互信不断加深，各领域务实合作不断加强。中尼合作创造了中国对非合作中多项"第一"，可谓成果丰硕。

在经贸领域，尼日利亚是中国在非洲第一大海外工程承包市场，众多中资企业在尼筑路架桥，在其广袤土地上书写着中尼友谊。尼日利亚还是第一个宣布将人民币作为其外汇储备货币的非洲国家，其战略眼光令人赞叹。

在科技领域，中国为尼日利亚发射的通信卫星1R是非洲第一颗人造通信卫星，尼日利亚也因此成为中国首个整星出口国。因为中国的帮助，尼日利亚成为世界第七个能够提供卫星导航服务的国家。

尼日利亚是西非最大的经济体。尽管近年来尼日利亚经济发展迅速，但是它面临的问题仍然非常严峻，如基础设施比较落后、贫富差距较大、腐败严重、依赖石油经济等。

尼日利亚是世界上重要的天然气生产国之一，其天然气资源主要在尼日尔河三角洲地区，但天然气开发落后于石油开发。由于生产天然气的基础设施不足，天然气资源并未得到充分的利用，大量天然气未经开发即直接燃烧掉。

---

① 钱乘旦主编：《西非三国：对抗与和解的悖论》，四川人民出版社，2006年版，第153页。

中方出口商品主要为机电产品和建筑型材等，进口原油和液化天然气等。2008年以来，尼日利亚日出口石油量在200万桶以上，其中44%的石油出口到美国。而中石油则与尼日利亚国内的一些油气公司签署了石油和天然气协议。

中尼两国高层互访也比较频繁。尼日利亚总统奥巴桑乔于当地时间2002年4月15日晚举行盛大晚宴，热烈欢迎江泽民主席访问尼日利亚。江泽民主席发表讲话，指出："中尼两国虽远隔千山万水，但在长期的相互理解和支持中结下了兄弟般的友谊。两国共同确立了四点共识，指明了新世纪中尼关系的发展方向。他表示相信，中尼友好合作将不断巩固和发展，中尼友谊之花将更加绚丽多彩。"[①]

国务院总理李克强2014年5月7日上午在阿布贾同尼日利亚总统乔纳森举行会谈。李克强表示，中方愿与尼方进一步扩大贸易投资合作，促进贸易平衡，深化基础设施建设、农业、能源、航空航天等合作。中国企业自主研发的高标准支线飞机，不仅拥有安全质量保证，而且性价比高，非常适合非洲市场，希望能成为尼及非洲国家航空公司的首选。乔纳森代表尼日利亚政府和人民热烈欢迎李克强到访，李克强总理在非盟总部演讲中提出了"461"非中合作框架，将有力促进非洲的发展，尼方对此表示高度赞赏，愿进一步扩大双方在铁路、航空、轻轨、贸易、投资、农业、水电、能源等领域合作。尼方欢迎中国企业扩大对尼投资，尼方将创造良好投资环境。

2016年7月，尼日利亚宣布已经与中国企业签署了价值800亿美元的初步协议，拟对该国的石油和天然气基础设施进行升级改造。尼日利亚迫切需要投资以提高石油产量，并改善面向国内1.8亿人口的燃油和电力供应。尽管坐拥大量石油储量，但该国几乎所有燃料都是进口的，因为其陈旧的炼油厂无法加工原油。[②]

近年来，中尼两国人文交流日益活跃。尼日利亚在非洲国家中率先在华设立文化中心，中国文化中心也已在尼落地生根，两国每年都有众多文

[①]《江泽民在阿布贾发表重要讲话 深入阐述新世纪中非关系》，《人民日报》2002年4月17日。

[②]《中国企业与尼日利亚签署800亿美元油气基建协议》，http://military.china.com/news/568/20160705/22989425.html，访问日期：2016年12月20日。

化、学术团体互访。目前，中国已在尼设立两所孔子学院和三个汉语教学点，尼日利亚普通民众特别是青年一代学习汉语的热情高涨。此外，每年都有约100名尼日利亚学生获得中国政府奖学金资助赴华留学，同时还有400多名尼日利亚学生自费赴华留学。①

二、中国与刚果

刚果共和国简称为刚果（布），位于非洲中西部，赤道横贯中部，官方语言为法语。

1964年2月22日中刚建交，刚果是同我国建交较早的国家之一。建交以来，两国关系发展顺利，两国官方和民间的合作都在不断加强，互利共赢的合作深得民心。

萨苏常说："每当刚果共和国遇到困难，中国总是提供直接的决定性的帮助。"② 正当中刚两国宣布建交之际，周恩来总理访问非洲国家，提出了中国对非洲经济技术援助八项原则。两国建交不久，中国即给予刚果以财政、军事和经济技术援助。同时，中国还从1967年起定期向刚果派出医疗队、教师和工程技术人员，帮助刚果发展经济、教育和医疗保健，此后经常不断有医生、教师和工程人员在刚果共和国工作，他们为刚果共和国的经济社会发展做出了一定的贡献。③

建交后，刚果在联合国一直主张驱逐蒋帮和恢复中国的合法权利。自1965年起，刚果在历届联合国大会上都投票赞成恢复中华人民共和国在联合国的合法权利。④ 两国人民结下了兄弟般的情谊，这种牢固的友谊让中刚两国都从中受益。刚果历任总统马桑巴—代巴、恩古瓦比、雍比、萨苏、利苏巴均曾访华，两国领导人互访频繁。应刚果共和国总统德尼·萨苏—恩格索邀请，中华人民共和国主席习近平于2013年3月29日至30日对刚果共和国进行了国事访问。访问期间，两国元首就双边、地区和国际问题交换意见并达成广泛共识。两国元首对建交49年来两国友好合作关系

---

① 《中尼手拉手 友谊续华章》，《人民日报》2014年5月6日。
② 张象、车效梅编著：《刚果》，社会科学文献出版社，2005年版，第3页。
③ 张象、车效梅编著：《刚果》，社会科学文献出版社，2005年版，第275页。
④ 张象、车效梅编著：《刚果》，社会科学文献出版社，2005年版，第275—276页。

的不断巩固和深化表示满意,一致认为这符合两国人民的根本利益,为两国实现发展发挥了积极作用。两国元首同意在两国传统友谊的基础上,建立中刚团结互助的全面合作伙伴关系。习近平指出,团结合作是非洲复兴的重要基础,"散"必然导致乱,"乱"必然陷入落后的泥潭。非洲要联合自强。发展同非洲国家的友好合作一直是中国对外政策的重要基石,也是中方长期坚定的战略选择。新时期,中国加强对非团结合作的政策不会变,促进非洲和平与发展的决心不会变,支持非洲联合自强的立场不会变。中国愿永远做非洲国家的可靠朋友和真诚伙伴,愿在中非合作论坛框架内不断加强和深化中非新型战略伙伴关系。①

访问期间,国家主席习近平还在刚果共和国议会发表题为《共同谱写中非人民友谊新篇章》的重要演讲。习近平指出,建交半个世纪以来,中刚友谊之树茁壮成长,根深叶茂、硕果累累。中刚团结互助的全面合作伙伴关系成为南南合作典范。习近平强调,面对国际形势新发展新变化,中国将继续高举和平、发展、合作、共赢的旗帜,坚定不移致力于维护世界和平、促进共同发展。不论国际形势如何变化,中国始终是非洲全天候的好朋友、好伙伴。中国将坚定不移同非洲国家团结互助、增进互信、紧密合作。

习近平强调,真朋友最可贵。2010年4月,中国青海玉树发生强烈地震后,刚果政府向灾区捐建了一所小学,萨苏总统亲自将其命名为"中刚友谊小学"。该校全体学生在写给萨苏总统的感谢信中动情地说:"鸟儿因为有了天空的广阔而更加自由,骏马因为有了草原的宽广而更加健壮,鲜花因为有了阳光雨露而更加艳丽,我们的生活因为有了刚果政府和人民的帮助而更加美好。"我代表这些孩子们,向刚果政府和人民,表示衷心的感谢。②

习近平表示,2012年12月一天夜里,布拉柴维尔突降特大暴雨,郊区一些房屋被淹。三位受灾的中国华侨本已脱离险境,但当他们发现邻居对险情还毫无察觉时,又毅然冒着生命危险救出了12名刚果邻居,其中包

---

① 《结束南非之行抵达布拉柴维尔 习近平同刚果共和国总统萨苏会谈 强调发展中刚团结互助的全面合作伙伴关系》,《人民日报》2013年3月30日。
② 《习近平在刚果共和国议会发表演讲 共同谱写中非人民友谊新篇章》,《人民日报》2013年3月30日。

括五名儿童。他们的义举得到当地居民交口称赞。①

习近平指出,上述事例充分说明,中非关系根在人民、源在交流。民相亲在于心相知。中非关系发展既需要经贸合作的"硬"支撑,也离不开人文交流的"软"助力。人文交流是中非新型战略伙伴关系的重要支柱。我们应该为双方人民接触搭建更多平台、为增进相互了解提供更多信息来源,让中非友好世代传承,发扬光大。② 习近平的演讲引起全场强烈共鸣,大会议厅内不时爆发出热烈的掌声。演讲结束时,全场起立,有节奏地长时间鼓掌致意。

三、中国与几内亚

几内亚共和国,简称几内亚,是联合国公布的最不发达国家之一。官方语言是法语。1958年10月2日,几内亚宣布独立时,中国领导人毛泽东主席和周恩来总理分别向几内亚总统兼总理塞古·杜尔致电祝贺。中华人民共和国与几内亚共和国于1959年10月4日建交。几内亚是第一个同中国建交的撒哈拉以南非洲国家。几内亚与中国建交,使中国踏上正在觉醒的撒哈拉沙漠以南非洲大陆,从此在那里建立起了广阔的舞台。

中国和几内亚建交后,塞古·杜尔总统于1960年9月访问中国,成为撒哈拉以南非洲第一位访华的总统。在杜尔总统访华期间,两国缔结了友好条约并签订了经济技术合作协定。1963年年底和1964年年初周恩来访问非洲十国,于1964年1月21—25日访问了几内亚,这是中几两国关系史上一个重要的里程碑,为两国关系的长远发展奠定了良好基础。20世纪60年代后半期和70年代是几内亚和中国的经济技术合作结出成果的时期,中国在几内亚援建了36个成套项目。在这期间,中国总共向几内亚提供了5亿元人民币的长期无息贷款。③

建交以来,两国关系发展顺利。几内亚共和国是第一个同中华人民共

---

① 《习近平在刚果共和国议会发表演讲 共同谱写中非人民友谊新篇章》,《人民日报》2013年3月30日。
② 《习近平在刚果共和国议会发表演讲 共同谱写中非人民友谊新篇章》,《人民日报》2013年3月30日。
③ 吴清和编著:《几内亚》,社会科学文献出版社,2015年版,第208页。

和国建立外交关系的撒哈拉以南非洲国家。多年来，尽管国际风云变幻，几内亚始终和中国保持着密切的友好合作关系，成为相互信赖的"全天候朋友"。几内亚一贯坚定不移地支持"一个中国"的立场，多次拒绝台湾当局的"金钱外交"。中国始终不忘记几内亚是忠诚不移的老朋友，是撒哈拉以南非洲国家中首先与中国建交的国家。①

中国和几内亚两国领导人保持了经常性的互访。从1964年周恩来总理率政府代表团访问几内亚开始，中国政府总理、副总理、外长等部长级以上代表团多次去几内亚访问。几内亚访华的有：塞古·杜尔总统于1960年9月和1980年5月两次访华，兰萨纳·孔戴总统于1988年7月和1996年6月两次访华。2000年9月几内亚总理拉明·西迪梅到中国访问，2008年8月几内亚总理苏瓦雷率团出席奥运会，2011年9月阿尔法·孔戴总统来华出席夏季达沃斯论坛，并与中国国家主席胡锦涛和总理温家宝举行了会谈。② 2016年10月阿尔法·孔戴总统来华访问，同习近平主席进行了会谈。会谈后，两国元首共同见证了外交、经济、基础设施、航空、文化、卫生、金融等领域双边合作文件的签署。

第三节 首脑外交视阈下的中国与东部非洲

中国与东部非洲国家具有传统友谊，坦赞铁路是中国与非洲交往中具有标志性意义的工程。老一辈中国领导人与东部非洲领导人之间的友谊至今仍影响着中国与东部非洲国家的关系。

一、中国与肯尼亚

肯尼亚位于非洲东部，东临印度洋，赤道横贯中部，是人类祖先最早的家园之一。1890年，英、德两国瓜分东非，肯尼亚被划归英国，英国政府于1895年宣布肯尼亚为其"东非保护地"，1920年改为殖民地。1963

---

① 吴清和编著：《几内亚》，社会科学文献出版社，2015年版，第210页。
② 吴清和编著：《几内亚》，社会科学文献出版社，2015年版，第210页。

年3月肯尼亚举行大选,6月1日成立自治政府,12月12日宣告独立。两天后,也就是1963年12月14日中国和肯尼亚建交。21世纪以来,两国关系发展迅速。

两国虽然相距遥远,但两国人民的友好交往源远流长。郑和下西洋的商船也曾停靠过肯尼亚的港口。1963年,陈毅副总理参加了肯尼亚的独立庆典。两国建交50多年来,已在许多领域建立起良好的关系,中国援建的项目在肯尼亚国家建设和人民生活中发挥了重要作用。人民之间的了解和友谊在各种交往中不断加深。肯尼亚是东非地区的重要国家,是联合国、非盟、不结盟运动、七十七国集团成员国,洛美协定签字国,也是政府间发展组织、东南非共同市场、东非共同体和环印度洋地区合作联盟等次地区组织的成员。联合国环境规划署和联合国人类居住中心总部设在内罗毕。肯尼亚在外交上奉行和平、睦邻友好和不结盟的政策,积极参与国际和地区事务,谋求地区和平与发展,重视发展同各国的关系,强调外交为经济服务。中国和肯尼亚在许多国际重大问题上立场一致,在国际事务中相互支持和帮助。

长期以来,中国与肯尼亚双方领导人都非常重视两国关系的发展,两国高层互访频繁。2002年4月23日至26日,中国国务院总理朱镕基访问肯尼亚。4月23日,朱总理一下飞机,就感受到了这里人民的友好与热情。莫伊总统亲自到机场迎接朱总理,200多人组成的欢迎人群,身着十五六种不同民族服装载歌载舞,朱总理走近哪一组人,哪组就跳得格外起劲,一组妇女唱起中国人熟悉的非洲歌曲"伊欧欧勒欧",一组男青年耍起了中国杂技中的钻圈,朱总理走到他们跟前时,几个青年突然全部倒立起来,逗得朱总理禁不住笑了起来。在肯尼亚不难感受到,这里的人民的确视中国人民为朋友。在内罗毕,市场上的小贩都会用汉语说:"中国!朋友!"1996年,江泽民主席访问肯尼亚以来,中肯关系进一步发展,合作领域不断扩大。[①] 这次朱总理访问肯尼亚,就两国关系和经济合作与莫伊总统进行了真诚、友好的会谈,双方又签署了《农业合作谅解备忘录》和《经济技术合作协定》等文件。朱总理指出,经贸关系是中肯两国关系的重要组成部分。长期以来,两国在经济技术合作领域开展了富有成效的

---

① 《山海隔不断 我们是朋友》,《人民日报》2002年4月27日。

合作，中方过去为肯尼亚基础设施建设提供了帮助，是两国经贸合作的重要内容。今后中方愿与肯方进一步开展在电信、公路建设和人员培训等领域的合作。访问期间，朱总理通过自己的观察，进一步发现肯尼亚的道路、电力等基础设施落后，他多次表示，我们要尽我们所能，帮助肯尼亚克服经济困难，帮助他们创造良好的投资环境，这是帮助他们摆脱贫困最重要的方面。朱镕基表示，中国政府一贯重视发展同非洲国家的友好合作关系，一直在认真落实2000年"中非合作论坛"部长级会议所做的承诺，中国将在减债、人员培训和鼓励投资方面进一步做出努力。[1]

根据中非关系发展的需要，中国于2005年12月19日在肯尼亚首都内罗毕设立了第一所孔子学院，截至2012年9月，中国在非洲26个国家和地区共设立了31所孔子学院和5所独立孔子课堂。南非斯坦陵布什大学校长拉瑟尔·博特曼表示，孔子学院推动了该校汉语教学和中非关系研究的开展。[2]

2006年4月28日，胡锦涛主席在内罗毕同肯尼亚总统齐贝吉举行会谈。双方表示将共同致力于发展中肯长期稳定、互利互惠的友好合作关系，继续深化双方各领域友好合作。胡锦涛指出，我们高度重视中肯关系，把肯尼亚视为中国在非洲的重要合作伙伴。为深化双方各领域友好合作，他提出四点建议：一，保持高层交往，加强人员交流，就治国理政、发展经济、改善民生等议题和双方共同关心的国际及地区问题交换意见，在联合国等国际多边场合继续加强协调、密切合作。二，积极落实已签署的双边合作协议。鼓励企业从肯尼亚进口肯方商品，扩大在肯尼亚的投资，参与肯尼亚的基础设施建设和资源能源开发，拓展同肯方在加工业和农业等领域的合作。继续提供力所能及的经济援助，加强对肯尼亚人力资源开发的帮助。三，扩大文化、教育、卫生、旅游、新闻、环保、体育等领域的合作，进一步增进两国人民的相互了解和友谊。四，加强在中非合作论坛框架内的合作，共同努力使11月召开的论坛北京峰会暨第三届部长级会议取得成功。齐贝吉说，一年来，肯中双边关系又取得良好进展。中

---

[1] 《山海隔不断　我们是朋友》，《人民日报》2002年4月27日。
[2] 《非洲成为孔子学院发展最迅速、最具活力地区》，http://gb.cri.cn/27824/2012/09/12/5951s3846887_1.htm，访问日期：2017年5月6日。

国朋友为肯尼亚做了很多,我们深为感激。他赞同胡锦涛就两国关系提出的建议,表示肯方期待同中方保持传统友谊,深化务实合作,共同促进地区和世界的和平与发展。①

应中国国家主席习近平邀请,尼日利亚总统乔纳森于2013年7月9日至12日对中国进行国事访问。这是尼日利亚总统时隔五年后再次访华,也是中国新一届领导集体上任以来两国最高领导人的首次会面,各方对此高度关注。②

2013年8月19日,国家主席习近平在人民大会堂同肯尼亚总统肯雅塔举行会谈。两国元首就发展双边关系深入交换意见,对中肯关系的发展表示满意,着眼未来,决定建立平等互信、互利共赢的中肯全面合作伙伴关系。③ 习近平表示,中肯友好交往源远流长。中国明代著名航海家郑和曾率远洋船队多次访问肯尼亚。两国建交50年来,双边关系保持全面快速发展。这次访问是两国新一届领导人首次会面,对开创中肯友好合作关系新局面具有重要意义。中方愿同肯方共同努力,发展平等互信、互利共赢的全面合作伙伴关系。

肯雅塔表示,肯中传统友谊深厚,郑和下西洋在肯尼亚播撒了友谊。此后,肯尼亚一直是连接非洲和中国的重要纽带。肯尼亚人民感谢中国长期以来支持肯尼亚国家独立和民族解放事业,钦佩中国悠久的历史文明和巨大的改革开放成就,相信中华民族的伟大复兴正在呈现光明的前景,中国将为促进世界和平、稳定和繁荣发挥更大作用。肯尼亚正在致力于实现工业化,提高人民生活水平。相同的历史命运和共同的未来愿景把肯中两国紧密连在一起。肯尼亚将中国视为真诚的朋友和重要的伙伴,希望借鉴中国的成功经验,以两国建立全面合作伙伴关系为契机,加强在政治、经济、人文等领域和国际事务中的合作,开启两国关系更加美好的新时代。④

---

① 《结束尼日利亚之行开始对肯尼亚进行国事访问 胡锦涛主席同齐贝吉总统举行会谈》,《人民日报》2006年4月29日。
② 《续写中尼友谊新篇章》,《人民日报》2013年7月10日。
③ 《习近平同肯尼亚总统肯雅塔会谈 宣布建立中肯平等互信互利共赢的全面合作伙伴关系》,《人民日报》2013年8月20日。
④ 《习近平同肯尼亚总统肯雅塔会谈 宣布建立中肯平等互信互利共赢的全面合作伙伴关系》,《人民日报》2013年8月20日。

习近平指出，当前，和平、发展、合作、共赢的时代潮流更加强劲，新兴市场国家和发展中国家整体实力增强，国际力量对比朝着有利于维护世界和平的方向发展。非洲人民求和平、思稳定、谋发展意愿空前强烈。中非从来都是"命运共同体"。中方坚定支持非洲国家自主发展和联合自强，愿为促进非洲和平稳定和发展振兴继续发挥建设性作用。

肯雅塔表示，肯方高度赞赏中国帮助非洲、支持和平解决非洲地区热点问题，希望中方为促进非洲和平稳定和发展繁荣发挥更大作用。肯方愿同中方一道，加强中非合作论坛建设，推动非中友好合作关系不断发展。

肯尼亚总统肯雅塔将中国作为就职后首个进行国事访问的国家，习近平主席和肯雅塔总统共同决定建立平等互信、互利共赢的中肯全面合作伙伴关系。[1] 中国是肯尼亚第一大直接投资来源国和第二大贸易伙伴。由中国援建、中资企业承建的公路、桥梁、体育场、输变电等大型基础设施项目极大地促进了当地经济社会发展，在肯尼亚家喻户晓，肯尼亚民众对"中国路"交口称赞。

2014年5月8日，国务院总理李克强当地时间8日上午在阿布贾出席第24届世界经济论坛非洲峰会全会，发表题为《共同推动非洲发展迈上新台阶》的特别致辞。李克强提出，实现包容性增长，交通基础设施建设应先行。中方愿与非方合作建设非洲高速铁路网络、高速公路网络和区域航空网络，促进非洲大陆互联互通，并愿提供金融、人才和技术支持，毫无保留地与非洲国家分享先进适用技术和管理经验。中方愿支持合适的劳动密集型产业优先向非洲转移，支持非洲提高粮食产量，推动非洲能源资源产业向上下游延伸，提高非洲自我发展能力。加强绿色低碳领域合作，促进非洲可持续发展。中国的对非援助将坚持不附加任何政治条件，不干涉非洲国家内政，不提强人所难的要求，并在力所能及范围内扩大援助规模，提高援助质量。中方愿与非洲国家一道，以中非友好为"轴承"，经贸和人文两个"轮子"一起驱动，推动中非合作步入快车道，走得更稳、更远。[2] 李克强总理对非洲进行的里程碑式访问取得了圆满成功，进一步

---

[1]《中国—肯尼亚 梦想相通联》，《人民日报》2014年5月9日。
[2]《李克强在世界经济论坛非洲峰会全会发表特别致辞》，《人民日报》2014年5月9日。

深化了非中全面战略伙伴关系。

二、中国与坦桑尼亚

坦桑尼亚全称坦桑尼亚联合共和国，由坦噶尼喀和桑给巴尔于1964年4月26日合并建立，初称坦噶尼喀和桑给巴尔联合共和国，1964年10月24日改为现名。① 独立后，坦桑尼亚政府即规定斯瓦希里语和英语两种语言为坦桑尼亚官方用语。② 坦桑尼亚不仅是古代海上丝绸之路要道，还将为打造"21世纪海上丝绸之路"扮演积极角色，中坦友谊将不断焕发勃勃生机。

坦桑尼亚是中非关系的重要示范国家，中坦两国长期合作，中坦友谊源远流长。据史料记载，600多年前，郑和曾率领船队到达坦桑尼亚的基尔瓦港，这是古代海上丝绸之路的最南端。但最新考古发现，此前200多年，中国就已与坦桑尼亚有着贸易和文化往来。在近代史上，坦桑尼亚和中国相继沦为帝国主义和殖民地或半殖民地，有着同样的苦难的经历；在争取民族解放和独立的斗争中两国人民始终互相同情、互相支持。③ 1961年12月9日坦噶尼喀独立后即与中国建交。1963年12月10日桑给巴尔独立，次日中国与桑给巴尔建交。1964年4月26日，坦噶尼喀和桑给巴尔两国联合成立坦桑尼亚联合共和国后，中国延续与坦噶尼喀和桑给巴尔的外交关系，将1964年4月26日定为中国与坦桑尼亚的建交日。④ 建交50多年来，坦桑尼亚与中国的关系一直在健康稳定地发展。

中坦建交以来，即使在国际风云突变的情况下也长期保持着良好的关系，双方高层领导互访频繁，两国在国际舞台相互支持、合作密切，都主张建立国际政治和经济新秩序，反对利用民主、人权和良政干涉别国内政的强权政治。⑤ 尼雷尔执政期间（1961—1985年），先后多次访华，同中

---

① 裴善勤：《坦桑尼亚》，社会科学文献出版社，2008年版，第1页。
② 裴善勤：《坦桑尼亚》，社会科学文献出版社，2008年版，第30页。
③ 裴善勤：《坦桑尼亚》，社会科学文献出版社，2008年版，第576页。
④ 裴善勤：《坦桑尼亚》，社会科学文献出版社，2008年版，第592页。
⑤ 魏雪梅：《冷战后中美对非洲援助比较研究》，中国社会科学出版社，2013年版，第103页。

国签订了《中华人民共和国和坦桑尼亚联合共和国友好条约》，签订了一系列两国在经济、贸易、文化、卫生等领域里的合作协议，为两国友好合作关系的建立和发展奠定了坚实的基础。经过尼雷尔和毛泽东、周恩来等老一代领导人的共同努力，在两国间建立和发展了兄弟般的友好合作关系。[①]

在尼雷尔时期，中国在自身经济十分困难，受到帝国主义封锁和压力的情况下，仍向坦桑尼亚和其他非洲国家提供了大量的经济技术援助，帮助坦桑尼亚发展经济、巩固独立，为坦桑尼亚的经济建设做出了重要贡献。[②] 坦桑尼亚政府和人民在涉及中国核心利益的重大问题上，一直给予中国坚定支持。40多年前，坦桑尼亚顶着西方压力，与非洲朋友一起把中国"抬进"了联合国。在中国加入世界贸易组织过程中，坦桑尼亚鼎力支持。2008年，作为北京奥运圣火在非洲的唯一传递国家，坦桑尼亚人民以火一般的激情，表达出对中国举办奥运会的喜悦和自豪。

作为一个经济和社会发展落后的非洲国家，坦桑尼亚先后是德国和英国的殖民地，于20世纪60年代初获得独立后，开始了真正的工业化进程。独立之初，坦桑尼亚是世界上最穷困的国家之一，而目前它仍然是世界上最贫穷的国家之一。坦桑尼亚是中国在非洲的最大受援国。中国从1964年开始向坦桑尼亚提供援助。在这些援建项目中，坦赞铁路影响最大。20世纪60年代，坦桑尼亚、赞比亚获得独立。但两国经济发展面临一个共同难题——外国封锁，他们急需一条铁路发展铜矿贸易。两国先向世行和西方国家提出援建坦赞铁路的要求，但均遭拒绝。1965年，坦桑尼亚总统尼雷尔访华，正式提出希望中国援建坦赞铁路。刘少奇同志根据毛泽东、周恩来等人的意见，回答说："帝国主义不干的事，我们干，我们帮你们修。"[③] 1967年赞比亚总统卡翁达访华，也表达了同样的意向。1967年，中、坦、赞三国政府代表团在北京举行会谈并正式签署协定，确定中国为援建坦赞铁路提供不附带任何条件的无息贷款。坦赞铁路于1968年4月开始勘测设计，1970年10月正式动工兴建，1976的7月全部建成移交，工程用时5

[①] 裴善勤：《坦桑尼亚》，社会科学文献出版社，2008年版，第576页。
[②] 裴善勤：《坦桑尼亚》，社会科学文献出版社，2008年版，第578页。
[③] 外交部政策规划司编：《中非关系史上的丰碑：援建坦赞铁路亲历者的讲述》，世界知识出版社，2015年版，第7页。

年零8个月。这条曾被西方舆论断言"不可能建成的铁路"比预期时间提前建成了。为建设这条铁路,中国政府提供无息贷款9.88亿元人民币,先后派出工程技术和管理人员5.6万人次。这是迄今中国最大的援外成套项目之一,对中坦关系乃至中非关系都有深远影响。坦赞铁路建成后,尼雷尔高度评价说,中国援建坦赞铁路,是"对非洲人民的伟大贡献";卡翁达称赞:"患难知真友,当我们面临最困难的时刻,是中国援助了我们。"多年以后,每当卡翁达会见来自中国的友人时,都要谈起当年的往事,都会赞叹不已。①

应坦桑尼亚要求,中国政府还向坦桑尼亚派出了医疗队,帮助坦桑尼亚医治疾病和发展卫生事业,直到今天,仍然有许多医疗队员活跃在坦桑大地,歌曲《医疗队员到坦桑》已传唱近半个世纪。

1985年尼雷尔让贤以来,姆维尼总统、姆卡帕总统和基奎特总统,都十分重视发展同中国的友好合作关系,不仅使两国传统的友好合作关系得到巩固和加强,而且在政治、经济、军事、文化等领域都开展了更加广泛的合作,使两国关系进入"朋友加兄弟的全天候友谊"阶段。② 20世纪80年代中期以来,两国领导人互访增加。姆维尼总统两次访华,姆卡帕总统三次访华。2006年6月温家宝总理访问坦桑尼亚。2006年基奎特总统到北京出席中非合作论坛北京峰会期间与胡锦涛主席和温家宝总理进行了会晤。2009年2月胡锦涛主席对坦桑尼亚进行国事访问,这是中国国家主席首次访坦。③

2013年两国元首将中坦关系提升为互利共赢的全面合作伙伴关系。2013年3月,国家主席习近平抵达达累斯萨拉姆,开始对坦桑尼亚进行国事访问。习近平在机场发表书面讲话,向坦桑尼亚人民转达中国人民的诚挚问候和良好祝愿。习近平强调,中坦两国有着兄弟般传统友谊,深深扎根于两国人民心中。两国堪称全天候朋友。我这次访问是为了巩固传统友谊,规划未来合作,促进共同发展。相信访问一定会为两国友好合作关系

---

① 《以无私援助 求共同发展——新中国六十年援外工作纪实》,《人民日报》2010年8月13日。
② 裴善勤:《坦桑尼亚》,社会科学文献出版社,2008年版,第581页。
③ 李湘云:《当代坦桑尼亚国家发展进程》,浙江人民出版社,2014年版,第11页。

发展注入新的动力和活力。① 当天，国家主席习近平在达累斯萨拉姆同坦桑尼亚总统基奎特举行会谈。两国元首决定，传承中坦传统友谊，构建和发展互利共赢的全面合作伙伴关系，把中坦关系提升到更高水平。② 习近平主席将坦桑尼亚作为首次非洲之行的第一站，这充分体现了中坦两国深厚的传统友谊。习近平表示，坦桑尼亚是中国的老朋友、好朋友，中坦友谊是由毛泽东主席、周恩来总理和尼雷尔总统等两国老一辈领导人亲手缔造的。中坦一直保持"全天候友谊"。一踏上这片美丽的土地，我们就被坦桑尼亚人民对中国人民的友好情谊所包围。中方珍视中坦友好这份宝贵历史财富，愿同坦方一道努力，构建和发展互利共赢的全面合作伙伴关系，将中坦关系提升到更高水平。习近平指出，中方愿继续为坦桑尼亚经济社会发展提供力所能及的帮助，加强在坦方优先关注领域的合作，扎实推进重大项目。中方鼓励本国企业赴坦桑尼亚投资。坦赞铁路是中坦友谊的重要象征和中坦合作的重要成果。中方一直关注坦赞铁路发展，愿积极参与坦赞铁路改造和运营。习近平强调，要大力推动两国交往和人文交流，传承传统友谊。会谈后，两国元首共同出席了两国贸易、金融投资、基础设施建设、文化等领域多个合作文件签字仪式。③ 3月25日正在坦桑尼亚进行国事访问的国家主席习近平专程来到援坦中国专家公墓，缅怀为中坦、中非友好事业献出宝贵生命的烈士们。习近平满怀深情地说，40多年前，5万多名中华儿女满怀对非洲人民的真挚情谊来到非洲，同兄弟的坦桑尼亚和赞比亚人民并肩奋斗，在茫茫非洲草原上披荆斩棘，克服千难万险，用汗水和鲜血乃至生命筑成了被誉为友谊之路、自由之路的坦赞铁路。他们中有60多人为此献出了宝贵生命，永远长眠在这片远离故乡的土地上。他们用生命诠释了伟大的国际主义精神，是铸就中坦、中非友谊丰碑的英雄，他们的名字和坦赞铁路一样，永远铭记在中国和坦赞两国人民心中。④ 国家主席习近平2013年3月25日还在达累斯萨拉姆尼雷尔国际会

---

① 《习近平开始对坦桑尼亚进行国事访问》，《人民日报》2013年3月25日。
② 《习近平同坦桑尼亚总统基奎特举行会谈时强调　中坦发展互利共赢的全面合作伙伴关系》，《人民日报》2013年3月25日。
③ 《习近平同坦桑尼亚总统基奎特举行会谈时强调　中坦发展互利共赢的全面合作伙伴关系》，《人民日报》2013年3月25日。
④ 《习近平凭吊援坦中国专家公墓》，《人民日报》2013年3月26日。

议中心发表题为《永远做可靠朋友和真诚伙伴》的重要演讲,总结中非友好关系发展历史经验,全面阐述新时期中非共谋和平、同促发展的政策主张。习近平强调,中国人民正致力于实现中华民族伟大复兴的"中国梦",非洲人民正致力于实现联合自强、发展振兴的"非洲梦"。中非人民要加强团结合作、加强相互支持和帮助,努力实现我们各自的梦想,同国际社会一道,推动实现持久和平、共同繁荣的"世界梦",为人类和平与发展做出新的更大的贡献。[①] 习近平指出,中非友好交往源远流长。20世纪五六十年代,毛泽东、周恩来等新中国第一代领导人和非洲老一辈政治家共同开启了中非关系新纪元。从那时起,中非人民在反殖反帝、争取民族独立和解放斗争中,在发展振兴道路上,相互支持、真诚合作,结下了同呼吸、共命运、心连心的兄弟情谊。今天,中非关系已经进入全面发展的快车道。双方成立了中非合作论坛,构建起新型战略伙伴关系。中国人民和非洲人民的友谊和合作,已经成为中非关系的标志,在国际社会传为佳话。习近平指出,这段历史告诉我们,中非关系是双方风雨同舟、患难与共,一步一个脚印地走出来的。这段历史告诉我们,中非从来都是"命运共同体",共同的历史遭遇、共同的发展任务、共同的战略利益把我们紧紧联系在一起。这段历史告诉我们,中非关系的本质特征是真诚友好、相互尊重、平等互利、共同发展。中国为非洲发展提供了力所能及的帮助,中国更感谢非洲国家和非洲人民长期以来给予中国的大力支持和无私帮助。这段历史告诉我们,中非关系必须与时俱进、开拓创新。[②]

习近平强调,当前,中非关系正站在新的历史起点上。非洲雄狮正在加速奔跑,中国也继续保持着良好发展势头。推进中非合作是双方人民共同心愿,是大势所趋、人心所向。新形势下,中非关系的重要性不是降低了而是提高了,双方共同利益不是减少了而是增多了,中方发展对非关系的力度不会削弱、只会加强。

第一,对待非洲朋友,我们讲一个"真"字。我们始终把发展同非洲国家的团结合作作为中国对外政策的重要基础,这一点绝不会因为中国自

---

① 《习近平在坦桑尼亚尼雷尔国际会议中心发表演讲 中非永远做可靠朋友和真诚伙伴》,《人民日报》2013年3月26日。

② 《习近平在坦桑尼亚尼雷尔国际会议中心发表演讲 中非永远做可靠朋友和真诚伙伴》,《人民日报》2013年3月26日。

身发展和国际地位提高而发生变化。中国将继续同非方在涉及对方核心利益和重大关切的问题上相互支持。中方真诚祝愿并坚定支持非洲联合自强，推动非洲和平与发展。

第二，开展对非合作，我们讲一个"实"字。只要是中方做出的承诺，就一定会不折不扣落到实处。中国将继续为非洲发展提供应有的、不附加任何政治条件的帮助。

第三，加强中非友好，我们讲一个"亲"字。中非人民有着天然的亲近感。我们要更加重视中非人文交流，积极推动青年交流，使中非友好事业后继有人。

第四，解决合作中的问题，我们讲一个"诚"字。中方坦诚面对中非关系面临的新情况新问题，本着相互尊重、合作共赢的精神加以妥善解决。

习近平强调，中国发展取得历史性进步，但无论中国发展到哪一步，中国永远都把非洲国家当作自己的患难之交。中国的发展离不开世界、离不开非洲，世界和非洲的繁荣稳定也需要中国。

习近平的演讲引起全场强烈共鸣，大会议厅内多次爆发出热烈的掌声。[1]

坦桑尼亚外交部长门贝说，习主席的演讲感动了坦桑尼亚，感动了非洲，也感动了全世界。[2] 西班牙中国问题专家马埃斯特罗认为，习近平在概括中非关系时提出的"真""实""亲""诚"四个字是非常贴切的中非关系的写照，同时也是中国在发展对外关系问题上的真实声音。马埃斯特罗说，中国政府一贯重视发展中非关系、重视加强南南合作，更为可贵的是，中国在发展与其他发展中国家尤其是小国家和落后国家关系时，一直秉承一视同仁的态度，重视与这些国家的务实合作与互利共赢，让这些国家和人民分享中国发展带来的机遇。中国在发展对外关系时尊重他国自身的国情及其人民的自主选择，而不像某些西方国家一样把自身模式强行输出到其他国家，事实证明，中国的这一做法是正确的，受到了包括非洲国

---

[1] 《习近平在坦桑尼亚尼雷尔国际会议中心发表演讲 中非永远做可靠朋友和真诚伙伴》，《人民日报》2013年3月26日。

[2] 《中国梦 非洲梦 世界梦——国际社会高度评价习近平在坦桑尼亚发表重要演讲》，《人民日报》2013年3月26日。

家在内的发展中国家的欢迎。①《龙的礼物——中国在非洲的真实故事》一书作者、美国约翰·霍普金斯大学高级国际问题研究院国际发展项目主任黛博拉·布罗蒂加姆教授说,习近平的演讲阐述了中国发展同非洲关系的原则立场,与西方在此问题上的立场形成鲜明对照。几十年来,西方对非洲政府的援助附加了许多经济、政治条件,如贸易自由、私有化、透明度等。中国相信非洲政府能够找到自己前进的发展道路。中国并不对非洲国家指手画脚。中国并不要求自己的发展模式成为效仿的榜样,但别国的确可以从中国的发展经历中获益良多。②

非盟委员会驻几内亚比绍特别代表奥维迪欧·佩坎诺表示,习近平在演讲中对非中友好关系的历史、现状和未来做了全面阐述。关于"中非从来都是命运共同体"的提法赋予未来非中关系以新的内涵。③

3月25日,习近平主席在坦桑尼亚首都达累斯萨拉姆的尼雷尔国际会议中心演讲时特别提到:"中国电视剧《媳妇的美好时代》在坦桑尼亚热播,使坦桑尼亚观众了解到中国老百姓家庭生活的酸甜苦辣。"的确,由中国国际广播电台译配和制作的斯瓦希里语版的《媳妇的美好时代》在非洲热播,无疑为中非人民之间增进了解,传承友谊发挥了不可估量的作用。④由王丽萍编剧、刘江导演、海清和黄海波主演的《媳妇的美好时代》,通过描写两个中国普通家庭家长里短的故事,探讨了当代都市家庭的婆媳关系,以及拥有新观念的80后的婚恋观。2010年该剧在国内播出后,屡获大奖,广受好评,并被翻译成斯瓦希里语,在坦桑尼亚、肯尼亚、乌干达、科摩罗等国播出,反响强烈。在非洲,家庭是最重要的社会单元,同时也反映出各地的风俗习惯。传统的非洲家庭,男人总被认为是家里的核心,而女人则要依附于她的丈夫,所以家里很多决定都是由男人做出的。但是在今天,越来越多的非洲女性开始寻求独立,在家庭中扮演的角色更加积极。因此,也在某种程度上激发了婆媳之间的矛盾。通过这

---

① 《中国梦 非洲梦 世界梦——国际社会高度评价习近平在坦桑尼亚发表重要演讲》,《人民日报》2013年3月26日。
② 《中国梦 非洲梦 世界梦——国际社会高度评价习近平在坦桑尼亚发表重要演讲》,《人民日报》2013年3月26日。
③ 《中国梦 非洲梦 世界梦——国际社会高度评价习近平在坦桑尼亚发表重要演讲》,《人民日报》2013年3月26日。
④ 《非洲人喜欢中国"媳妇"》,《人民日报》2013年4月7日。

部电视剧，非洲观众可以了解到中国家庭的现状，比较中非之间家庭关系的共性和差异。①

2013年5月28日国家主席习近平在人民大会堂会见坦桑尼亚桑给巴尔总统谢因。习近平欢迎谢因访华并出席第二届京交会暨全球服务论坛·北京峰会。习近平表示，中坦是"全天候"朋友。中坦双方一致同意，构建和发展互利共赢的全面合作伙伴关系，将中坦关系提升到新水平。中国同桑给巴尔关系是中坦关系重要组成部分。当前，中桑合作面临向更高水平迈进的重要机遇。双方要加强沟通和规划，落实好已有合作项目，探索新领域新途径，拓展和深化农业、渔业、海洋、旅游、人力资源培训、医疗卫生等领域合作。中方鼓励更多中国企业到桑给巴尔投资兴业。习近平表示，3月非洲之行的一个突出感受是，非洲是一个充满希望和活力的大陆，非洲发展不可限量。中非人民彼此有着发自内心的友好感情，推进中非合作是大势所趋、人心所向。我们愿同非洲国家加强团结合作，促进共同发展繁荣，推动中非新型战略伙伴关系不断迈上新台阶。谢因表示，坦中传统友谊深厚。习近平主席对坦桑尼亚的访问有力地推动了两国关系发展。这次访华深切感受到两国人民真挚的友好感情和双方合作的广阔前景。桑给巴尔感谢中国长期以来给予的支持和帮助，将继续秉持友好传统，同中国扩大交往与合作，做相互支持、相互信赖、携手共进的好伙伴。坦桑尼亚愿同中方加强在非中合作论坛框架下的合作，共同推动非中关系取得更大发展。②

非洲的发展正在日益吸引全球关注，非洲这片神秘而充满希望的大陆正在孕育新的奇迹。坦桑尼亚这颗非洲大地上的明珠，有着得天独厚的发展优势。它扼守东非和东南部非洲的重要出海口，战略位置重要，地区影响力大；政治社会长期保持稳定，各民族之间和睦相处；物产丰饶，资源富集；近十年经济增长保持7%以上，基础设施明显改善。③

中国的发展离不开非洲，中国的发展也必将会惠及非洲各国。习近平主席提出的"真""实""亲""诚"对非合作理念为中坦关系发展指明了

---

① 《非洲人喜欢中国"媳妇"》，《人民日报》2013年4月7日。
② 《习近平会见坦桑尼亚桑给巴尔总统谢因》，《人民日报》2013年5月29日。
③ 《中坦友谊焕发新生机》，《人民日报》2014年10月21日。

方向。在推动实现"中国梦"和"非洲梦"进程中,中坦合作将会更加紧密,将成为中非合作的典范。坦桑尼亚不仅是古代海上丝绸之路要道,还将为打造"21世纪海上丝绸之路"扮演积极角色,中坦友谊将不断焕发勃勃生机。

国务院总理李克强2014年10月24日在人民大会堂会见坦桑尼亚总统基奎特。李克强表示,中坦是命运与共的好朋友、好伙伴。并指出,中方愿同坦方深化农业、工业园区、金融等合作,开展区域航空合作,鼓励两国航空企业通过成立合资公司等方式加强合作,希望坦方支持中国适航技术标准纳入东非航空安全统一标准。中国、坦桑尼亚、赞比亚三国应携手努力,创新思维,发挥市场主导作用,优先激活坦赞铁路,让这条三国"友谊之路"焕发出新的活力,成为新时期非洲铁路运营管理的示范性项目。①

两国高层互访,为两国相互了解、增强互信、加强合作做出了重要贡献。② 中国是坦桑尼亚最大的贸易伙伴,是坦桑尼亚重要的投资国之一。

三、中国与赞比亚

赞比亚是非洲中南部的一个内陆国家,大部分属于高原地区。赞比亚于1964年10月24日建国,10月29日与中国建交,赞比亚是南部非洲第一个与中国建交的国家,中赞两国已形成深厚的传统友谊,双边关系不断发展。

卡翁达总统执政时期(1964—1991年),中国积极支持赞比亚政府巩固政治独立、反对西方殖民主义控制的斗争,援助赞比亚建设的坦赞铁路成为中赞乃至中非友好的丰碑。中赞关系也随之发展和密切。卡翁达总统任期内曾四次访华,他称中国为"可信赖的全天候朋友"。1967年以来,中国承担了坦赞铁路、公路、玉米面厂、纺织厂、打井供水等共70余个项目。坦赞铁路是中国最大的援外成套项目之一。赞比亚是从中非合作论坛

---

① 《李克强会见坦桑尼亚总统基奎特》,《人民日报》2014年10月25日。
② 裴善勤:《坦桑尼亚》,社会科学文献出版社,2008年版,第581页。

北京峰会八项举措中受益较多的国家之一。① 赞比亚—中国经济贸易合作区"是赞比亚政府宣布设立的第一个多功能经济区，也是中国政府宣布在撒哈拉以南非洲建立的第一个境外经济贸易合作区。区内企业以双方共同持有股份的合作形式，使双方都能受益。② 合作区企业使当地资源得到开发的同时，也带来企业文化、管理经验和生产技术等，还部分解决了当地就业问题。到2008年初，合作区内八家企业共雇用当地劳动力6000余人。此外，区内企业在培训当地生产和管理人才等方面做出努力。③

中国和赞比亚高层领导互访频繁。卡翁达总统任期内曾四次访华，称中国为"可信赖的全天候朋友"。国家主席习近平2013年4月6日在海南省三亚市同赞比亚总统萨塔举行会谈。两国元首就中赞关系、中非关系和非洲形势等共同关心的问题深入交换意见，一致表示，珍视两国传统友谊，深化互信与合作，推动中赞关系取得新发展。习近平指出，中赞传统友谊深厚，两国老一辈领导人共同缔造的中赞友好事业经受住了历史考验。双方在涉及对方重大利益的问题上相互支持，在各自国家建设事业中相互帮助。坦赞铁路是中赞、中非友好的历史见证。事实证明，中赞关系发展给两国人民带来了实实在在的好处。习近平强调，朋友越走越亲。双方要加强领导人及党际交往，交流治国理政经验，增进了解和信任。中方重视赞方有关合作意向，将继续向赞方提供力所能及的援助，落实好中非合作论坛框架内相关项目，支持中国企业参与赞比亚矿产、农业、制造业和基础设施建设，鼓励中国企业在当地积极承担社会责任，通过发展解决合作中的问题，帮助赞比亚实现自主发展，希望赞方为中国企业创造更有利条件。双方要扩大文化、教育、新闻媒体等领域合作，促进青年交流。萨塔表示，中国是赞比亚和非洲人民信赖的好朋友。赞比亚人民感谢中国长期以来为赞比亚国家建设做出的宝贵贡献，铭记中国援建的坦赞铁路。新时期，中国的发展为赞比亚和非洲提供了重要机遇。中国企业在赞比亚

---

① 《赞比亚》，http://baike.baidu.com/link?url=RcuvnKWqBQlhDcReGyetOnGEvEVA8cB-vIBpbKZgB4185tajH-zhb-y3VmrKm8UbmY_cMOKc615UAORf2Wjx6hC4hD4q6OA9BRlXBj2TtrEuHb1EtCubI05Xw0zXo1Vj，访问日期：2017年4月2日。

② 张永蓬：《改革开放30年来中非关系发展的特点与成果》，《亚非纵横》2008年第6期，第6—11页。

③ 张永蓬：《改革开放30年来中非关系发展的特点与成果》，《亚非纵横》2008年第6期，第6—11页。

投资为当地提供了大量就业,惠及民生。赞方希望中方继续帮助赞比亚发展农业、渔业、畜牧业、工商业和基础设施,提升经贸和投资合作水平。赞方愿同中方加强文化、教育交流,派更多学生来华留学。会谈后,两国元首共同出席中赞两国政府经济技术合作协定等合作文件签字仪式。[①]

赞中关系从一开始就拥有非常坚实的基础。卡翁达曾说过,"毛泽东主席和周恩来总理真诚待人,我们建立起了真诚的友谊,赞中关系开始在坚实基础上向前发展。修建坦赞铁路时,赞比亚与坦桑尼亚都面临巨大挑战。在那样困难的情况下,是中国慷慨地帮助我们。这也愈加证明非中关系是真诚的,不是虚假的,现在如此,将来也会如此。"[②]

四、中国与苏丹

苏丹古时称努比亚、库施、位于非洲大陆东北部。苏丹为非洲面积第三大国,面积居世界第16位。苏丹曾是非洲面积第一大国,2011年7月9日,苏丹南部独立,成立南苏丹共和国,苏丹土地面积由原非洲第一位退居第三位。苏丹曾被失败国家指数列表评为"世界上最不安定的国家",归咎于军政府在达尔富尔战乱问题上的专制统治。2011年7月9日,南苏丹正式宣布独立,成为非洲第54个国家。苏丹官方语言是阿拉伯语和英语。

中苏两国人民有着深厚的传统友谊,苏丹是非洲最早与中国建交的国家之一。两国于1959年2月4日建交后,友好合作关系不断发展。在周恩来总理1963—1964年的非洲之行中就有苏丹。1964年5月苏丹军政府首脑阿布德访问中国。20世纪70年代,尼迈里总统也多次访问中国。[③]

1969年"五月革命"后上台的尼迈里政府严重缺乏建设所需的资金、技术,很快就派苏丹财长马哈古卜访华并向中国提出了援助要求。毛泽东主席随后就批示向苏丹提供价值1亿元人民币(约合4000万美元)的长期无息贷款。1970年8月尼迈里访华,中国方面给予其高规格礼遇,毛泽

[①] 《习近平同赞比亚总统萨塔举行会谈 强调传承友好与时俱进发展中赞关系》,《人民日报》2013年4月7日。
[②] 《谁都不能对非中友好说三道四》,《人民日报》2014年10月24日。
[③] 刘鸿武、姜恒昆:《苏丹》,社会科学文献出版社,2008年版,第422页。

东在接见尼迈里时，积极评价苏丹政府为维护国家独立、主权、领土完整的不懈努力，赞扬尼迈里政府在发展民族经济、提高人民生活水平上所取得的可喜成就。尼迈里在与周恩来总理会谈时，建议中国援建13个项目。苏丹总统尼迈里邀请中国帮助开采苏丹石油。会谈后，双方签署了中国政府向苏丹政府提供长期无息贷款的协议。① 中国于1970年和1971年，先后向苏丹提供了两笔价值2亿元人民币（8000万美元）的长期无息贷款。②

1984年中国副总理李鹏访问苏丹。1987年12月，苏丹总理萨迪克访问中国。③

长期以来，苏丹一贯奉行"一个中国"的政策，支持中国的统一大业，不与台湾当局发生官方关系，反对台湾当局"重返"联合国，在人权问题上坚持正义，在联合国人权委员会一直投票支持中国挫败西方的反华提案。中国一贯支持苏丹维扩国家主权和领土完整、致力于实现民族和解、发展民族经济，并给予了力所能及的经济援助。两国一直保持着传统的友谊，在政治、经济、文化等各个领域的友好关系得到了全面发展。④

1989年巴希尔政府执政后，中国与苏丹关系有了较大发展。1990年11月，巴希尔访问中国，随后，中国与苏丹双方部长级的政府官员互访频繁，两国在经济、贸易、科技合作和石油开发领域的合作有了许多重要进展。⑤

进入20世纪90年代，中国开始全面参与苏丹的冲突后重建。中石油与苏丹能矿部签署合资建设的喀土穆炼油厂年产量已达到500万吨，不仅能满足苏丹当地的需求，还出口到周边国家。中国还帮助苏丹建成长1506千米，管径28英寸的输油管道，保证了苏丹石油的运输。⑥

1995年9月26日，中石油获得苏丹穆格莱德盆地六区块石油开发权，

---

① 魏雪梅：《冷战后中美对非洲援助比较研究》，中国社会科学出版社，2013年版，第181页。
② 魏雪梅：《冷战后中美对非洲援助比较研究》，中国社会科学出版社，2013年版，第181页。
③ 刘鸿武、姜恒昆：《苏丹》，社会科学文献出版社，2008年版，第422页。
④ 刘鸿武、姜恒昆：《苏丹》，社会科学文献出版社，2008年版，第422页。
⑤ 刘鸿武、姜恒昆：《苏丹》，社会科学文献出版社，2008年版，第423页。
⑥ 张哲：《中非经贸关系发展研究》，浙江人民出版社，2014年版，第173页。

拉开了中非能源合作的序幕。1995年,中苏两国企业的石油合作拉开了帷幕。如今,经过中苏双方十年努力,苏丹已从石油进口国一跃成为石油出口国,并建立了上下游一体化的较为完备的现代石油工业体系。喀土穆炼油有限公司是中苏合作的硕果之一,被誉为"非洲大地一颗璀璨明珠"。苏丹总统巴希尔说,中国企业在苏丹石油工业发展陷于困境时来到苏丹,双方的真诚合作促进了苏丹石油工业发展,推动了苏丹石油人才培养,还带动了其他国家对苏丹的投资。[①]

2000年,中国成为苏丹最大的贸易伙伴,当年对中国的进出口贸易分别占苏丹进口和出口贸易总额的32.6%和46.2%。从2003年起,中国已成为苏丹石油最大的出口市场。[②] 苏丹已经成为中国在非洲投资量最大的国家之一。

苏丹在中国的全球石油战略中占有极其重要的位置,已成为中国稳定的石油供应渠道之一。中石油不仅在苏丹拥有开采权,还有炼油厂以及加油站,已在苏丹逐步形成集生产、精炼、运输、销售于一体的完整的石油工业产业链。1999年9月,随着满载苏丹原油的第一条油轮驶离苏丹港口,苏丹结束了石油进口的历史,以前政府每年要花上亿资金进口石油产品。

在激烈的国际竞争中,中国公司在2003年得到了苏丹十多个工程承包项目,承包合同总额17亿多美元。其中最大的项目是被苏丹称为苏丹"三峡"工程的麦罗维大坝项目。它是中国公司在国际承包市场签订的最大水利水电工程项目和最大单项工程项目。该项目总额达11.1亿美元。[③]

在中非合作论坛框架内,中国不仅减免了苏丹部分到期债务,而且不断培训苏丹各类技术人员。

2007年,胡锦涛对苏丹进行国事访问,双方领导人就发展中苏友好关系交换了意见。

苏丹石油资源丰富,但缺少资金和技术,需要外援。中国石油工业基础实力雄厚,拥有先进的勘探技术和设备,有一支经验丰富、技术作风过

[①] 《深入非洲大陆的友谊之旅合作之旅——记胡锦涛主席访问非洲八国》,《人民日报》2007年2月11日。

[②] 刘鸿武、姜恒昆:《苏丹》,社会科学文献出版社,2008年版,第319页。

[③] 刘鸿武、姜恒昆:《苏丹》,社会科学文献出版社,2008年版,第425页。

硬的石油专业队伍。2012年1月13—15日，时任中央政治局委员、中央书记处书记、中组部部长李源潮率领中国共产党代表团访问苏丹。访问期间，中石油与苏丹石油部签署两项协议，分别是《中苏石油勘探开发合作协议》《中苏原油贸易预付款协议》。两项协议的签署，标志着中苏在石油领域里的合作将得到进一步加强。[①]

南北苏丹分离后，中国明确表示愿在和平共处和互利共赢的原则下与南苏丹保持友好关系。2011年7月9日，南苏丹正式宣布独立建国当天，中国即予以承认，并同南苏丹建立外交关系，这是两国关系的重要起点。苏丹分裂后，南苏丹控制大部分原油产地，北苏丹控制石油运输管道、冶炼设施。

苏丹政局比较混乱。2004年以来，中国工人在苏丹已经遭到多次绑架事件。

五、中国与埃塞俄比亚

埃塞俄比亚位于非洲东北部，高原占全国面积的2/3，平均海拔近3000米，素有"非洲屋脊"之称。埃塞俄比亚国土面积110.43万平方千米，居非洲第十位。埃塞俄比亚是非洲仅次于尼日利亚的第二人口大国，英语为埃塞俄比亚的通用语言，也是高等学校的教学语言。[②]

埃塞俄比亚历届政府均重视发展与中国的关系，坚持"一个中国"的立场，不与台湾当局发生任何官方关系。两国政府的交往和接触始于20世纪60年代。海尔·塞拉西一世皇帝虽然执行向西方倾斜的外交政策，但也希望与中国等东方国家发展关系。1964年1月周恩来总理应海尔·塞拉西一世皇帝的邀请访问了当时属于埃塞俄比亚的厄立特里亚首府阿斯马拉，受到海尔·塞拉西一世皇帝的热情接待。[③] 1970年11月24日两国建交。海尔·塞拉西皇帝、门格斯图总统、梅莱斯总理等曾访华。埃塞俄比亚政府坚持一个中国立场，重视对华关系，愿学习和借鉴中国改革开放和经济

---

① 刘鸿武等：《新时期中非合作关系研究》，经济科学出版社，2016年版，第361页。
② 钟伟云编著：《埃塞俄比亚》，社会科学文献出版社，2016年版，第9页。
③ 钟伟云编著：《埃塞俄比亚》，社会科学文献出版社，2016年版，第233—234页。

建设的经验。两国签有贸易、经济技术合作、文化合作等协定。2005年是中埃建交35周年，两国总理和外长互致贺电，双方举行了一系列庆祝活动，并以此为契机推动两国全面合作伙伴关系向前发展。① 当前中埃关系形成了以政府、政党和民间交往为支柱，以政治、经贸和人文合作为主线的全方位、多层次合作新格局，堪称中国同非洲国家以及南南合作的典范。

埃塞俄比亚是非洲增长最快的经济体之一，但经济发展水平总体较低，是联合国确定的最不发达国家。埃塞俄比亚为资源贫瘠型国家，土地为国家最重要的资源，65%的国土理论上适合耕种，但由于地形复杂，加之长年水土流失以及缺乏灌溉设施，埃塞俄比亚许多地区特别是高原地区发展农业的条件并不十分优越。② 以埃塞俄比亚为代表的资源贫瘠型国家同样吸引了大量的中国企业和投资。在中国无偿援助和优惠贷款的支持下，中国建筑企业在埃塞俄比亚基础设施行业发展迅速，涉及市政公用设施、路桥、体育馆、水电站等多个领域。因为埃塞俄比亚资源贫瘠，中国企业较少涉及能源和矿产行业。中国企业主要在该国基础设施建设、农业、园艺和加工制造等行业表现卓著。

埃塞俄比亚与中国的经贸关系日益密切，进入21世纪以来呈加速发展趋势。中国是埃塞俄比亚第一大贸易伙伴、第一大投资来源国和第一大工程承包方。2001年两国贸易达到8000万美元。2002年，两国贸易额突破1亿美元。2013年，双边贸易额增至21.9亿美元。③

2013年6月14日，习近平主席在人民大会堂会见埃塞俄比亚总理海尔马里亚姆。习近平指出，当前，中国和埃塞俄比亚均处于国家建设的关键阶段，有许多相通或相似的理念，两国关系发展面临重大机遇。双方要加强政治引领和总体规划，保持高层交往，深化治国理政经验交流，抓好重点领域合作，提升合作水平。中方支持埃塞俄比亚加入世界贸易组织。④

---

① 《埃塞俄比亚》，http：//baike.baidu.com/link？url = 82uWOt1RkN3lhQMTaLSy5XJ747cUaGkQHeeSTHn4hW2gYU7I.CZtHsOvN3tI9RwCXfE00lJNtCwDwgHyd0nHUdUsc1iIfjnMxw9cWATPzbjZRDe - RQzBYw8bfOjssWDdwgu3hePjTHv52up - qX80Ifq，访问日期：2017年3月2日。
② 钟伟云编著：《埃塞俄比亚》，社会科学文献出版社，2016年版，第113页。
③ 钟伟云编著：《埃塞俄比亚》，社会科学文献出版社，2016年版，第234—235页。
④ 《习近平会见埃塞俄比亚总理》，《人民日报》2013年6月15日。

国务院总理李克强2014年5月6日上午在亚的斯亚贝巴国家宫会见埃塞俄比亚总统穆拉图。李克强表示，中方愿同埃方巩固传统友谊，全面拓展和深化铁路、公路等基础设施建设和制造业合作，加强金融、工业园合作，推动两国友好合作关系迈上新台阶。穆拉图指出，50年前周恩来总理首次访非就来到埃塞俄比亚。你此次将埃塞作为非洲之行的首站，表明中方高度重视同埃塞的关系。埃中关系建立在相互尊重、互利共赢、真诚友好基础之上，十分紧密和强劲。穆拉图表示愿把中国作为榜样，学习借鉴中国的发展经验，扩大铁路、公路基础设施建设等领域合作，欢迎更多中国企业赴埃投资兴业，促进埃塞俄比亚经济增长和转型，实现共同发展。[1] 埃塞俄比亚的东方工业园区是中国劳动密集型产业向非洲转移的成功范例。

六、中国与乌干达

乌干达是非洲东部的内陆国家，靠近非洲大陆中心，有"非洲心脏"之称。官方语言为英语、斯瓦希里语。1962年10月9日乌干达独立。乌干达是最早同中国建交的非洲国家之一，两国于1962年10月18日建交。建交后，两国在政治和外交上始终相互支持。1962年10月25日，乌干达驻联合国代表在联大的发言中即支持中国在联合国的合法席位。[2] 穆塞维尼执政后，高度重视发展同中国的友好合作关系。他于1989年3月、1996年1月和2004年5月先后三次访华，2006年11月还来北京出席中非合作论坛北京峰会。[3]

两国在政治、外交和经济等领域始终相互支持、相互帮助，两国间友好合作关系发展较好；尤其是1986年穆塞维尼执政以来，两国友好关系得到新的发展。[4] 中国对乌干达的援助始于1962年，援助形式多样。中国政府通过优惠贷款、无偿赠送等方式向乌干达提供了大量的经济援助，帮助其发展民族经济。2001年1月，根据中非合作论坛精神，中国减免了乌干

---

[1] 《李克强会见埃塞俄比亚总统穆拉图》，《人民日报》2014年5月7日。
[2] 魏翠平编著：《乌干达》，社会科学文献出版社，2012年版，第520页。
[3] 魏翠平编著：《乌干达》，社会科学文献出版社，2012年版，第521页。
[4] 魏翠平编著：《乌干达》，社会科学文献出版社，2012年版，第520页。

达绝大部分到期债务，2007年免除了乌干达1700万美元的债务。①

中共中央政治局常委、国务院总理李克强2013年7月3日下午在人民大会堂会见了乌干达全国抵抗运动总书记、政府总理姆巴巴齐。李克强说，中乌传统友谊深厚，双边关系发展势头良好。习近平主席在金砖峰会期间同穆塞韦尼总统就发展两国关系达成新的共识。中方愿与乌方推进两党两国关系发展，深化基础设施建设、能源、农业等领域合作，通过创新方式不断培育合作新亮点，造福两国人民。李克强指出，发展同非洲国家的团结合作是中国对外政策的重要基础，也是中方长期、坚定的战略选择。中方愿一如既往地支持非洲国家增强自我发展能力，推动国际社会加大对非洲的关注和投入，共同促进非洲和平、发展与繁荣。姆巴巴齐祝贺中国取得的巨大成就，愿深化同中国的伙伴关系，加强政党交流对话，拓展各领域务实合作，推动双边关系取得更大发展。②

七、中国与索马里

索马里联邦共和国简称索马里，位于非洲大陆最东部的索马里半岛，拥有非洲最长的海岸线。索马里拥有丰富的自然资源、优越的地理位置。但索马里是世界上最不发达的国家之一。官方语言为索马里语和阿拉伯语，经济以畜牧业为主，工业基础薄弱。源远流长的索中友谊可以追溯到15世纪。郑和的船队在非洲停靠的第一处海岸就在今天的索马里。

1960年12月14日，索马里与新中国建交，是较早与我国建交的撒哈拉以南非洲国家之一。中国在经济上支持索马里政府发展民族经济，并向其提供了力所能及的援助。③索马里共和国政府均对中国友好，两国高层互访频繁。自1961年起，索马里在历届联合国大会上均投票赞成恢复中国在联合国的合法权利。1963年8月4日至10日，应周恩来总理的邀请，舍马克总理对中国进行了友好访问。9日，两国总理签署《中华人民共和

---

① 魏翠平编著：《乌干达》，社会科学文献出版社，2012年版，第522—523页。
② 《李克强会见乌干达全国抵抗运动总书记、政府总理姆巴巴齐时强调深化中乌友好合作推动中非关系发展》，《人民日报》2013年7月4日。
③ 顾章义、付吉军、周海泓：《索马里 吉布提》，社会科学文献出版社，2006年版，第205页。

国与索马里共和国经济技术合作协定》。1964年2月2日至4日，应舍马克总理的邀请，周恩来总理率中国政府代表团访问索马里。[①]

首都摩加迪沙的中国使馆也是中国在东非国家建立的第一个使馆。这处使馆成了索中政府、人民联系的纽带，成为索中长期友谊的见证。不幸的是，因索马里爆发内战，中国驻索使馆、医疗队和工程技术人员于1991年被迫撤离。然而，索中之间的往来并未中断：自1992年起，中国政府和红十字会每年均向索马里灾民捐赠一定数额的药品和物资；2011年8月，为帮助索马里应对旱灾，中国政府向索提供1600万美元的粮援现汇。中国一贯支持并积极推动索马里和平进程，向亚丁湾和索马里海域派遣了军舰护航，为维护世界的和平与稳定做出了积极贡献。索马里的安全形势日趋好转后，2014年10月12日，中国驻索马里使馆正式复馆。在复馆之际，总统哈桑·谢赫·马哈茂德表示，中国大使馆的正式恢复，不仅标志着两国关系进入一个新阶段，同时也表明索马里当前的形势已经改善，我们已经度过了艰难时刻，欢迎中国外交官的到来，欢迎中国企业和机构到索马里来帮助国家重建。[②] 习近平主席提出建设"21世纪海上丝绸之路"，为中索提供了新的合作契机。

第四节 首脑外交视阈下的中国与北部非洲

长期以来，北部非洲始终是非洲发展的较快较好的地区。与非洲其他地区相比，北部非洲既属于非洲地区，也属于阿拉伯地区。中国与北部非洲国家的关系发展的历史比较悠久。中国在支持北部非洲国家民族独立的斗争中给予了道义上和物质上的支持。中国对北部非洲的首脑外交始终是中国与北部非洲交往的最重要的内容之一。

[①] 顾章义、付吉军、周海泓：《索马里 吉布提》，社会科学文献出版社，2006年版，第207—208页。

[②] 《不了情缘》，《人民日报》2014年11月12日。

一、中国与埃及

埃及是非洲人口第二大国，也是非洲的五大产油国之一。埃及是非洲工业较为发达的国家之一。官方语言为阿拉伯语，中上层通用英语，法语次之。中国和埃及都是举世瞩目的文明古国，都有悠久历史和灿烂文化，都对人类文明做出过不可磨灭的贡献。

据史料记载，中国与埃及的联系可追溯到2000多年前，而最早与中国进行交往的埃及海滨地域是亚历山大。据记载，亚历山大是中国史籍上最早出现的一个非洲地名。在中国古书上，亚历山大被称为"黎轩""黎鞬""乌迟散"等。① 在《史记·大宛列传》中，有公元前120年汉武帝派使臣到黎轩的记载。② 据记载，中国古代的四大发明都是先传到埃及，然后再传到欧洲。③

中国与埃及都是文明古国，双方有类似的国情，都需要捍卫国家主权与独立，发展对外贸易和友好往来。近年来中埃两国各领域关系健康发展得益于双方开展的首脑外交。穆巴拉克总统第七次访华确立了中埃建立面向21世纪的战略合作关系，它对当今两国关系的发展具有深远的战略意义。④

新中国成立后，在1955年万隆会议上周恩来总理结识了埃及总统纳赛尔，就发展关系进行了广泛交谈，增进了彼此的了解和信任。1956年5月30日中国与埃及建立外交关系，埃及成为第一个承认中华人民共和国并与其建交的阿拉伯国家和非洲国家。

两国建交后，随着两国友好合作关系的不断发展，中埃两国高层频繁互访。

1963年底到1964年初，周恩来总理访问非洲十国，把阿联也就是现在的埃及作为出访非洲的第一站。在访问阿联时，周总理与纳赛尔总统在

---

① 时延春：《中国驻中东大使话中东——埃及》，世界知识出版社，2012年版，第162页。
② 时延春：《中国驻中东大使话中东——埃及》，世界知识出版社，2012年版，第162页。
③ 时延春：《中国驻中东大使话中东——埃及》，世界知识出版社，2012年版，第162页。
④ 安惠侯：《中埃首脑外交的成功典范——从穆巴拉克总统的第七次访华谈起》，《阿拉伯世界研究》2006年第5期，第10—13页。

诚挚、友好、坦率、相互信任和谅解的气氛中，就共同关心的重大问题和双边关系进行了三次正式会谈和一次单独会谈。会谈中，周总理郑重宣布了关于中国政府处理同阿拉伯国家关系的五项原则。周总理在访问阿尔及利亚时，又将这五项原则发展成为中国同非洲和阿拉伯国家相互关系的五项原则。

纳赛尔总统与周总理共同奠定了中埃友好合作关系的基石，为两国友好合作奠定了基础。但由于种种原因，纳赛尔未能访华。萨达特执政期间，重视发展对华关系，中埃关系得以巩固和发展。他表示，访问中国是他的夙愿，原打算于1981年底访华，但他于同年10月6日遇袭身亡，未能实现访华愿望。①

穆巴拉克执政后，中埃友好合作关系进入稳定和全面发展的新阶段。他多次表示，他对中国怀有特殊的感情，埃及与中国存在特殊友好关系。他十分重视发展对华关系。他先后九次访华，与中国几代领导人结下了深厚的友谊。他执政以来，中埃关系有了长足和全面的发展。②

应中国国家主席江泽民的邀请，穆巴拉克总统于1999年4月5日至9日对中国进行国事访问，这是他第七次访华。访华期间，江泽民主席与穆巴拉克总统进行了会谈。穆巴拉克与江泽民的会谈的最重要成果是签署了《中华人民共和国和阿拉伯埃及共和国关于建立战略合作关系的联合公报》，宣布中埃两国建立面向21世纪的战略合作关系。两国元首还主持签署了中埃两国外交部、两国政府经济技术合作协定，海运协定，旅游合作协定，以及两国农业部农业合作议定书。③ 埃及是第一个同中国建立战略合作关系的发展中国家。中埃建立面向21世纪的战略合作关系是两国关系中的一件大事，既表明中埃关系的良好发展现状，更表明中埃关系对两国来说日益重要。当时我国与之建立战略合作关系的国家屈指可数。

埃及是最早与新中国建交的阿拉伯和非洲国家，也是最早与中国建立战略合作关系的发展中国家之一。中埃关系发展顺利，高层交往频繁，政治互信不断加深，两国经贸和投资合作发展较快。

---

① 时延春：《中国驻中东大使话中东——埃及》，世界知识出版社，2012年版，第177页。
② 时延春：《中国驻中东大使话中东——埃及》，世界知识出版社，2012年版，第177页。
③ 时延春：《中国驻中东大使话中东——埃及》，世界知识出版社，2012年版，第187页。

埃及作为非洲和中东大国,在本地区和阿拉伯世界具有重要影响,是最早与新中国建交,也是最早与中国建立战略合作关系的非洲和阿拉伯国家。中埃同为发展中大国,拥有广泛的共同利益和相近的诉求主张。

埃及是第一个与新中国建交的阿拉伯和非洲国家,建交58年来,两国关系始终健康稳定发展。双方政治互信牢固,经贸合作密切,人文交流活跃,在国际和地区事务中保持了良好协调和合作。2002年中方在开罗设立中国文化中心。应穆巴拉克总统的邀请,中国国家主席胡锦涛于2004年1月29日乘专机抵达开罗,对埃及进行国事访问。

两国自1999年建立战略合作关系和2006年制定《中埃关于深化战略合作关系的实施纲要》以后,中埃关系进入了一个新的发展阶段。主要表现是,政治互信更加坚实,经贸合作更加发展,文化教育交流更加活跃。埃及和中国都是具有古老文明的国家,埃及是非洲和阿拉伯国家中第一个承认新中国的国家,也是第一个同中国建立战略合作关系的国家。巩固和发展中埃友好合作关系,不仅有利于两国人民,而且会促进中国同非洲和阿拉伯国家的关系。

2006年是新中国与非洲国家开启外交关系50周年,而埃及是与中国建交的第一个非洲国家。在这一具有特殊纪念意义的年份里,为深化传统友谊,加强友好合作,中非双方商定召开中非合作论坛北京峰会。2006年11月4日至5日,中非合作论坛北京峰会隆重举行。穆巴拉克总统出席中非合作论坛北京峰会并对中国进行国事访问,这是他第九次访华。峰会期间,穆巴拉克总统出席了开幕式、圆桌会议、中非领导人宣读《中非合作论坛北京峰会宣言》、集体合影等重要活动。峰会期间,召开了第二届中非企业家大会,埃及等七国宣布承认中国完全市场经济地位。[1]

2009年,温家宝总理访问埃及,与穆巴拉克总统举行了会谈,双方就中埃关系、中非合作、国际及地区形势等问题交换了看法。2009年11月6日至8日,温家宝总理对埃及进行正式访问并出席在沙姆沙伊赫举行的中非合作论坛第四届部长级会议开幕式。

温总理分别与穆巴拉克总统和纳齐夫总理会见、会谈,双方领导人回顾和总结了中埃建立战略合作关系十年来的历程,就今后两国关系发

---

[1] 时延春:《中国驻中东大使话中东——埃及》,世界知识出版社,2012年版,第190页。

展深入交换意见。温总理肯定埃及在促进中非、中阿关系方面的重要作用，表示中方从战略上重视同埃及的友好合作关系。双方一致同意，保持高层交往，继续办好苏伊士经贸合作区，扩大双边贸易和投资规模，加强基础设施、能源、金融领域的合作，推动人文和青少年交流，加强在应对国际金融危机、气候变化等重大问题上的沟通与协调，不断充实两国战略合作内涵，为促进世界和谐和可持续发展做出新的贡献。强调中方愿与埃方加强全方位合作，丰富战略合作内涵，两国总理还共同见证了经贸、文化、海关双边合作文件的签署，并为中埃苏伊士经贸合作区项目揭牌。[1]

国家主席习近平 2013 年 3 月 27 日在德班会见埃及总统穆尔西。习近平表示，中方十分看重埃及作为阿拉伯、非洲、伊斯兰和发展中大国的地位和影响，珍视两国人民传统友谊。我们对埃及过渡进程取得的积极进展感到高兴，充分理解埃及目前面临的一些暂时性困难，中方愿继续向埃方提供力所能及的帮助。双方应该重点推进贸易、投资、人文等领域合作，搞好苏伊士经贸合作区项目。金砖国家领导人同非洲国家领导人对话会 27 日下午在南非德班举行。[2] 2014 年 12 月，两国建立全面战略伙伴关系。2016 年 1 月 20 日，国家主席习近平在开罗阿比丁宫会见埃及总统塞西。

在埃及和中国领导人的关怀和努力下，中埃两国一直保持着良好的政治关系。两国高层交往密切，其他层次的代表团互访频繁。两国的文化交流成为两国关系的一个重要方面，在增强两国人民相互了解、促进文化交流、促进友谊和合作方面发挥了重要作用。两国文艺团体经常赴对方参加文化艺术展。中埃两国文化部联合在开罗和亚历山大举办"中国文化周"。2004 年和 2005 年在北京和上海分别举办了"埃及文化周"。[3]

---

[1] 《推进文明对话 发展友好合作——杨洁篪谈温家宝总理访问埃及并出席中非合作论坛第四届部长级会议开幕式》，《人民日报》2009 年 11 月 10 日。
[2] 《习近平会见埃及总统穆尔西 两国元首同意深化中埃战略合作关系》，《人民日报》2013 年 3 月 29 日。
[3] 时延春：《中国驻中东大使话中东——埃及》，世界知识出版社，2012 年版，第 201 页。

二、中国与阿尔及利亚

阿尔及利亚是非洲北部马格里布的一个国家，阿尔及利亚是非洲面积第一的大国，人口3000多万，是世界第十二大石油出口国，第三大液化气出口国，经济总量在非洲名列第二。这里山清水秀，碧海蓝天，气候怡人，景色万千，然而20世纪90年代的"黑色十年"恐怖袭击，让这个美丽国度变得一蹶不振，用百废待兴来描述眼下的阿尔及利亚再恰当不过了。

中国与阿尔及利亚有着传统友好关系。1958年9月阿尔及利亚临时政府成立后，中国即予承认，成为第一个承认阿尔及利亚的非阿拉伯国家。同年12月20日，两国建交。

中阿有着深厚的传统友谊。两国自1958年12月20日建交后，友好合作关系不断发展。在对阿援助方面，中阿建交伊始，中国即向阿派出医疗队。这也是中国向外国派出的第一支医疗队。从1963年已派出共22期约2700人，缓解了阿国就医难的问题。[1] 周恩来总理（1963年、1965年）、江泽民主席（1999年）、李鹏委员长（2001年）、朱镕基总理（2002年）、胡锦涛主席（2004年）等国家领导人先后访阿；阿尔及利亚多位国家元首、政府首脑及外长、参谋长访华，其中布特弗利卡总统先后于1971年、1974年（作为外长）和2000年、2006年（作为总统）四次访华。[2]

2004年2月，胡锦涛主席对阿进行国事访问期间，两国宣布建立战略合作关系。2006年11月布特弗利卡来华出席中非合作论坛北京峰会期间，与胡锦涛主席共同签署了《中阿关于发展两国战略合作关系的声明》。

2014年2月，习近平主席同布特弗利卡总统共同宣布两国建立全面战略伙伴关系，中阿关系进入了一个新的历史阶段。中方高度重视同阿尔及

---

[1] 魏雪梅：《冷战后中美对非洲援助比较研究》，中国社会科学出版社，2013年版，第94页。

[2] 《阿尔及利亚》，http：//baike. baidu. com/link？url = k0g1f2ZyTjush3bBc5RtpkJkVi8zsUYjFBteXazn5qKhbBgSuSgVcfsII45SPkpR9SMdP0DFn2EI8t7mWRvI9yOuNg7zn9jqWKKADIcDfU618rcxYMh1miDRIOOrFQI_ Ebn49umQicymRbcc1TgThK，访问日期：2016年12月21日。

利亚的友好合作关系，始终视阿为好兄弟、好朋友、好伙伴。

三、中国与摩洛哥

摩洛哥是非洲西北部的一个沿海阿拉伯国家，除阿拉伯语外，在摩洛哥境内还有许多地方语言，而法语和西班牙语也被同时使用。中摩友好交往历史悠久，摩洛哥是最早同中国建交的非洲和阿拉伯国家之一，1958年11月1日中国和摩洛哥建交。建交以来，两国保持良好关系，政治、经贸、人文等领域的交流合作进展顺利。摩洛哥区域地位重要，是中国在非洲和阿拉伯世界的重要合作伙伴。

1975年以来，中国开始向摩洛哥派遣医疗援助队，迄今为止，已有1300多名中国医生在摩洛哥工作过。大部分中国医疗队都在摩洛哥偏远贫困地区。中国人挽救了居民区大量的生命，为改善当地居民的卫生状况做出了贡献。[1]

新世纪以来，两国高层互访频繁，政治互信进一步增强。2006年4月24日，刚刚抵达拉巴特开始对摩洛哥进行国事访问的中国国家主席胡锦涛同穆罕默德六世国王举行了会谈。双方表示，中摩关系已进入新的发展阶段，将共同努力推动两国各领域友好合作继续深入发展。胡锦涛首先感谢摩洛哥政府和人民的热情欢迎。他指出，中国高度重视发展中摩关系。中摩两国虽然相距遥远，但两国人民的友谊源远流长。在近代争取民族独立和解放的斗争中，两国人民相互同情、相互支持。摩洛哥是最早同新中国建交的非洲国家之一。建交48年来，两国关系一直健康顺利发展，双方交往频繁，政治互信不断增强，经贸合作发展迅速，在重大国际和地区问题上配合密切。我们赞赏摩洛哥始终坚持一个中国政策，支持中国统一大业。胡锦涛说，当前，中摩两国都处在改革发展的重要时期，双边合作也进入了新的发展阶段。为了推动两国各领域友好合作继续深入发展，我们愿在以下几个方面同摩方一起做出努力：一，继续保持高层往来，扩大两国政府、议会及政党之间的交流，加强在国际和地区事务中的磋商和配

---

[1] 齐建华主编：《发展中国与非洲新型全面合作关系》，世界知识出版社，2014年版，第151页。

合，全面推进两国友好合作。二，采取措施扩大双方贸易规模，不断拓宽合作领域，重点加强科技、通信、农业、油气资源开发、劳务承包及人力资源培训领域的合作，鼓励双方企业相互投资。三，进一步推进两国教育、文化、卫生、旅游等领域的合作。更多地举办文化周、艺术节、展览会等活动，加快落实两国旅游合作协议，积极推动地方、民间机构的交往。①穆罕默德六世热烈欢迎胡锦涛的到访，表示此访必将为双边关系发展注入新的活力。他感谢中方长期以来向摩洛哥提供的帮助和支持，高度评价中国在经济社会发展过程中所取得的重大成就。穆罕默德六世赞成胡锦涛提出的关于进一步发展中摩关系的建议，强调摩洛哥愿在渔业、旅游、文化、基础设施建设等领域深化同中方的交流合作。双方还就中非关系等共同关心的国际和地区问题交换了意见，同意在中非合作论坛框架内进一步加强合作。会谈后，胡锦涛和穆罕默德六世出席了双方经贸、科技、文化、卫生、旅游等领域合作协议的签字仪式。②

---

① 《结束沙特之行开始对摩洛哥进行国事访问 胡锦涛主席同穆罕默德六世国王会谈 双方表示中摩关系已进入新的发展阶段，将共同努力推动两国各领域友好合作继续深入发展》，《人民日报》2006年4月25日。

② 肯尼思·卡翁达：《谁都不能对非中友好说三道四》，《人民日报》2014年10月24日。

第五章／中西对非首脑外交比较

非洲，作为世界第二大洲，不仅拥有石油、黄金等丰富的资源，而且拥有苏伊士运河、好望角等战略要地。但自15世纪西方殖民主义者侵入非洲后，400多年的殖民统治给非洲人民带来了深重的灾难。从16世纪至19世纪，西方殖民者将2000多万非洲黑人贩运到美洲当奴隶。西方列强还用武力完全瓜分非洲，第一次世界大战前，非洲除埃塞俄比亚和利比里亚之外均沦为西方殖民地。第二次世界大战结束后，非洲民族解放运动蓬勃发展，大多数非洲殖民地先后获得了独立。但由于非殖民化的不稳定、冷战、贪污和专制统治，非洲如今依然是全球最贫穷的大洲。近年来，非洲大陆经济发展迅猛，世界银行的报告指出，撒哈拉以南非洲国家的经济增长速度已追得上全球经济增长的比率。在经济发展最快的非洲国家甚至出现了大大高于全球平均水平的情况。正是因为以上的原因，美、英、法等西方主要大国均与非洲有着较深的渊源，且在近年逐渐加强了对非洲的影响力。其重要的方式之一即是运用首脑外交，开拓或深化其与非洲的关系。

比较而言，英法等国作为不少非洲国家的前宗主国，一向视非洲为自己的传统"领地"。英国对非洲的首脑外交沿袭着"领地"型的特点，女王与英联邦会议成为其独特的标识，而援助则是必不可少的首脑外交重要内容。与英国类似，法国是传统的殖民主义国家，至今仍然通过各种政治、经济和文化联系保持着与非洲国家的特殊关系，法非关系"领地"型首脑外交的痕迹依然很重，但在去"法兰西非洲"①的过程中，法国一方面强调其"非洲警察"的道义形象，另一方面不断加大对非洲的援助，使其对非首脑外交表现出"援助—领地"型的特点。在与非洲的关系方面，美国后来居上，由于没有历史包袱，美国对非首脑外交一方面挥金如土，投入大量援助；另一方面，采用实用主义外交，将非洲视为"后备油库"和反恐重点之一；同时，"民主化"目标的渗透也是美国对非首脑外交的重要内容之一，这些使美国对非首脑外交呈现出"援助—干预"型的特点。

第一节 美国的"援助—干预"型首脑外交

第二次世界大战以后，美国一跃成为超级大国。通过巨额援助，美国开始了对非洲的外交。尽管迄今为止美国仍是向非洲提供绝对援助额最大的国家，但美国也是对非洲提出援助附加条件最多的国家，因此美国对非洲外交具有"援助—干预"型的明显特征。

20世纪以后，随着两次世界大战对非洲的波及，作为两次世界大战的胜利国，美国也逐渐参与到非洲事务中。二战前美国与非洲的关系主要限于同埃塞俄比亚等少数国家进行短期的奴隶贸易，直到1955年，美国与撒哈拉沙漠以南非洲之间并无直接关系。②

美国与非洲相对紧密的联系主要起始于二战之后的冷战时代。冷战的爆发使得美国开始将世界上的任何一个区域都看作抵御苏联共产主义阵营向外投射影响力的前沿，防止"多米诺骨牌"效应发生的思想主导了美国全球外交战略，而这一时期，恰恰是非洲民族解放运动蓬勃发展时期，非洲国家纷纷独立，非洲也成为美苏争夺的一个重要地区。③

---

① "Françafrique"一词由"France"（法国）和"Afrique"（非洲）组合而成，亦可译作"法国非洲"，通常指法国与非洲的特殊关系，含义多为贬义，往往涵盖法国与其前殖民地国家间各种遭人非议的事端，以及法国利用其人际关系网对这些国家内政的干预及控制。近年来，由于中国与非洲合作紧密，法语中又出现了由"Chine"（中国）和"Afrique"（非洲）相结合表达类似含义的"Chinafrique"（中国非洲）一词，同样多为贬义。
② 陈积敏、魏雪梅：《美国对非洲外交研究》，世界知识出版社，2015年版，第20页。
③ 陈积敏、魏雪梅：《美国对非洲外交研究》，世界知识出版社，2015年版，第19页。

对于新生的非洲国家,美国采取了灵活政策,希望将这些新独立的国家纳入美国的阵营。1958年8月20日,国务院非洲事务局正式成立。美国还通过签订双边条约的方式加强同非洲新独立国家的双边关系。美国同中非共和国、加蓬、马里、卢旺达等独立的国家都签署了双边条约。

除了冷战因素外,非洲资源对美国至关重要。非洲蕴藏着丰富的自然资源,尤其是能源资源,这对于能源消耗大国——美国来说具有巨大的吸引力。[1] 20世纪70年代,美国面临着较大的能源缺口,加大与尼日利亚、安哥拉等非洲国家的合作便成为重要的政策优先。实际上,当时美国在非洲的投资主要集中于石油与矿产资源,其中50%的美国投资放在了阿尔及利亚、安哥拉、尼日利亚、利比亚等非洲七个产油国家。[2]

尽管在20世纪中期美国曾对非洲进行了大量援助,并派出"和平队"进行渗透,但与英法等老牌殖民国家相比,美国对非洲的重视程度和在非洲的影响力均还较弱。援助成为美国与非洲合作与其他大国博弈的一个重要领域。美国是对非洲援助绝对数量最大的国家,也是对非洲受援国和其他援助国有很大影响的国家。虽然美国外援占国民生产总值的比例远未达到经合组织规定的0.7%,但是美国在对非洲47个国家进行每年近60亿美元的援助,这种规模是任何其他国家不能比拟的。

1960年美国国会通过了《对外援助法》(Foreign Assistance Act),成为对外援助的法律依据,并建立了对外援助的管理执行机构。美国国际开发署(USAID)是美国对外援助的主要实施机构。对外援助是美国实现其对非洲战略目标的重要工具,同时也是其推广"民主"的重要手段。从援助渠道上来看,美国对非洲援助可分为双边援助和多边援助。

在肯尼迪政府的大力支持下,美国对外援助额从1960年的不足30亿美元增加到1964年的40多亿美元,[3] 到1985年达到最高点。

20世纪70年代后期,卡特政府将人权与对外援助挂钩,人权原则被纳入1974年、1975年及1978年的《对外援助法》的修正案中,使对外援

---

[1] 陈积敏、魏雪梅:《美国对非洲外交研究》,世界知识出版社,2015年版,第12页。

[2] George W. Shepherd, "Comment", in Frederick S. Arkhurst ed., U. S. Policy Toward Africa, New York: Praeger Publishers, 1975, pp. 48 – 49. 转引自陈积敏、魏雪梅:《美国对非洲外交研究》,世界知识出版社,2015年版,第23页。

[3] 陈积敏、魏雪梅:《美国对非洲外交研究》,世界知识出版社,2015年版,第191页。

助成为美国在国外促进人权的合法工具。① 卡特也是第一个正式访问撒哈拉沙漠以南非洲的美国总统,美国也增加了对非洲一些国家的援助。

里根政府时期,由于认为非洲对美国是重要的,保持非洲的稳定符合美国的利益,美国将苏联集团在非洲部署的军队和基地视为对美国国家利益的重大威胁,为此美国继续加强在非洲的军事力量,如扩大在非洲的军事设施建设和部署,加强同非洲国家的军事合作,增加对非洲国家的军事援助等。从1962年到1980年,美国对整个非洲的军事援助共25亿多美元;而从1981年到1985年,里根政府就给予非洲军援67亿多美元,后五年比前19年的总和还多1.6倍。②

20世纪80年代后期,削减财政赤字成为美国考虑的优先事务,对非援助遭到大幅削减。③ 冷战后初期,非洲战略地位急剧下降,美国也大幅削减了对非洲的援助。

冷战后,美国为维护其超级大国的地位,重新调整了全球战略,并根据其对外战略的侧重点不同,相应地调整了其对非洲的政策。克林顿政府时期,美国在外交上将美非关系定义为"新型伙伴关系",重新重视非洲。美国越来越认识到了非洲的重要性,援助重新成为美国对非洲政策的重要方面。美国政要相继访问非洲并出台各种对非政策,致力于向非洲各国推广美国式的民主制度和价值观。1993年5月,国务卿克里斯托弗在非美协会讲话时就曾表明,"美非新关系的核心是促进民主和人权,推行非洲战略的重要实现手段就是传播美国式的民主价值观。"④ 同时,美国对非政策的重心逐步由政治转向经济,在发展与非洲国家双边关系时,注重以贸易和投资为主,对非援助为辅;在安全方面,强调与非洲国家开展多边合作。1995年8月,美国政府出台《撒哈拉以南非洲安全报告》,这是冷战

---

① 陈积敏、魏雪梅:《美国对非洲外交研究》,世界知识出版社,2015年版,第191页。
② 梁根成:《美国与非洲——第二次世界大战结束至80年代后期美国对非洲的政策》,1991年版,第310页。
③ 魏雪梅:《冷战后中美对非洲援助比较研究》,中国社会科学出版社,2013年版,第2页。
④ 克里斯托弗:《美国与非洲:一种新的关系》,1993年5月21日在第23次美国非美协会会议上的讲话,转引自卢徽:《冷战后美国和法国对非洲外交政策的比较》,清华学术期刊网中国优秀硕士论文文库,第3页。

后首次提出对非洲政策报告。① 报告指出，在新形势下，美国在非洲的主要政策目标包括：（1）通过防止、管控或解决冲突来促进和平；（2）提供人道主义援助以减少苦难与饥饿；（3）加强民主与尊重人权；（4）支持经济增长与可持续发展。该报告从政治、安全、经济、社会诸方面确立了新的非洲战略，标志着美国非洲政策全面调整的开始。与此同时，美国政府在外交实践中也增加了对非洲地区的投入。从20世纪90年代中期开始，克林顿政府高官相继出访非洲。②

1996年2月，克林顿政府向国会递交了《美国对非洲贸易和发展援助的综合政策》的报告，报告认为美国应以积极的态度占有非洲市场，美国的对外政策必须有助于促进美国企业向非洲地区发展。此报告标志着克林顿政府对非洲政策的调整，重点明确了美国对非洲经贸政策，强调通过扩大对非洲的投资和贸易来取代援助的做法，通过发展双边经贸来巩固和发展同非洲国家的关系。美国虽然不再把民主和人权作为发展美非关系的唯一条件，但也为那些享受美国优惠政策的非洲国家附加诸如要致力于民主化和经济自由化改革等一系列政治条件，其最终目的还是推销西方式民主和价值观。该政策文件彻底改变了过去那种主要靠援助来维系同非洲国家关系的做法，而把贸易和投资摆在了美国对非政策的基础地位，并以此为重要的纽带巩固和加强与非洲国家的关系。1997年6月17日，克林顿又提出了内容更为具体、着眼于21世纪的美非"新伙伴关系"计划。出台美非"新伙伴关系"计划时，还附加了苛刻的政治条件：只有那些致力于政治民主化和经济自由化改革、尊重人权、对美商品开放市场并最大限度降低关税的非洲国家才能享受这些待遇。美国希望在非洲不仅追逐经济上的利益，而且还有以经济好处为诱饵对非洲进行全面"塑造"的政治图谋。这一年出炉的《促进非洲经济增长和机会伙伴关系法案》（Patnership for Economic Growth and Opportunity in Africa）后来发展成为《非洲增长与机会法案》（African Growth and Opportunity Act，AGOA）。根据该法案，美国将在一定条件下取消从撒哈拉以南非洲国家进口纺织品的关税和配额，给予近1800种非洲国家产品免税进入美国的待遇，设立两项总额达615亿

---

① 张忠祥：《中非合作论坛研究》，世界知识出版社，2012年版，第242页。
② 陈积敏、魏雪梅：《美国对非洲外交研究》，世界知识出版社，2015年版，第41页。

美元的非洲投资保证基金,以鼓励美国国内企业界向非洲投资,以及建立美非贸易合作论坛和美非自由贸易区等。① 其宗旨就是"以贸易代替援助",这表明克林顿政府在经济上对于非洲地区的高度重视。② 美国全面调整对非政策后,虽将非洲置于其全球战略考虑中较为重要的位置,但非洲毕竟不是其全球战略中的重点。因此,美国在非洲采取的是"虚实结合"的政策,其最终战略目标是将非洲纳入自己主宰的世界政治和经济体系之中。根据该法案,截至2005年底,此法案所面对的撒哈拉沙漠以南非洲的48个国家中有37个合格,美方的要求是如果非洲国家推行市场经济和奉行民主化,美国就向其免税、免配额开放市场,那就意味着仍有11个国家未达标。所以说美国对非经贸政策是以政治门槛来衡量的,是有条件的。

1998年3月至4月,克林顿携同政府官员、外交官、商人和记者在内多达800人的代表团对加纳、乌干达、卢旺达、南非、博茨瓦纳和塞内加尔非洲六国进行了正式访问。这是自卡特总统1978年访问非洲之后,美国总统第一次访问非洲。在访问中,克林顿宣布免除非洲16亿美元的债务,宣布美国对非洲新政策是促进民放和经济发展,强调要建立面向21世纪的美国与非洲的新型伙伴关系。③ 这次访问,除了战略考虑、安全考虑和经济利益考虑外,也增加了情感考虑,比如乌干达是美国在非洲地区的关键性战略伙伴之一,穆塞韦尼总统分别于1987年、1990年、1992年、1994年、1997年五次访美。克林顿这次也特地访问了乌干达。2000年10月,乌干达成为美国《促进非洲经济增长和机会伙伴关系法案》优惠贸易条件首批受益国之一。④ 2000年8月26日至29日,克林顿任期内的第二次非洲之行访问了尼日利亚、坦桑尼亚和埃及等国家,会见了十多个非洲国家的首脑。克林顿总统两次大范围地走访非洲国家,是极为罕见的,此举也向世人表示美国对非洲的重视。

进入21世纪以来,非洲已经成为全球经济增长极之一,即使国际金融

---

① 贺文萍:《布什与克林顿访问非洲比较分析》,《西亚与非洲》2003年第5期,第12页。
② Public Law. 106-200 retrieved from the United States Government Printing Office website August 23, 2010e.
③ 陈积敏、魏雪梅:《美国对非外交研究》,世界知识出版社,2015年版,第42页。
④ 魏雪梅:《冷战后中美对非洲援助比较研究》,中国社会科学出版社,2013年版,第111页。

危机也未能打断这一高增长态势。2000年至2014年，撒哈拉沙漠以南非洲GDP翻了一倍，2015年经济增长预计将高达5.8%，显示出非洲已经成为一片肥沃的处女地。撒哈拉以南非洲国家经济的迅速发展，证明非洲拥有巨大的潜力和机遇，已经成为世界各国重视和争取的对象。① 正是因为如此，小布什政府在政治上加大了对非洲的关注力度。2003年7月，小布什访问了塞内加尔、南非、博茨瓦纳、乌干达和尼日利亚五国，此次访非标志着小布什政府从上台初期对非洲事务的冷漠态度到对重新重视非洲的政策转折。

输出民主一直是美国外交战略目标之一。2005年1月20日，小布什总统在第二任总统就职演讲中开宗明义地宣布，美国将对包括非洲在内的世界所有国家追求民主和人权的努力提供帮助和支持。小布什总统说："寻求民主运动和民主制度在各个国家和各种文化下的发展成为美国的政策，其最终目标是结束我们这个世界的暴政。"② 2008年2月，小布什到访非洲五国贝宁、坦桑尼亚、卢旺达、加纳和利比里亚五国，充分表现了对非洲外交的重视。访问期间，小布什强调，现在不只是非洲需要美国，美国更需要非洲。从小布什两次访非精心选择的出访国不难看出美国目前的对非政策重点，这些国家一是近年来经济发展迅速的国家，二是非洲有影响力的国家，三是美国重要的非洲能源进口国，四是因濒临大西洋而居于显要战略位置，五是因临近非洲的"热点"地区。小布什政府在与非洲的政治交往中，还不忘在非洲推销民主价值观。在2006年的《美国国家安全战略报告》中有10处涉及非洲的问题，而在这10处中有5处都从不同侧面提及了非洲的民主改革及其相关问题，并制定了在非洲推行民主制度的政策。2006年，美国国际开发署发表了"非洲战略性框架"，这是美国对非洲援助政策的最新安排。该文件提出了美国对非洲外交政策的主要目标：(1) 改善非洲人权和推行良治；(2) 通过私营部门扩大贸易和投资；(3) 反恐；(4) 预防和减缓冲突；(5) 艾滋病防治；(6)

---

① 韩哲：《奥巴马高调重返非洲》，《北京商报》2014年8月6日。
② George W. Bush, "President Bush's Second Inaugural Address", January 20, 2005, http://www.nbcnews.com/id/6848112/ns/politics-george_w_bush_the_second_inaugural/t/george-w-bush-nd-inaugural-address/，访问日期：2016年12月20日。

自然资源保护。①

2007年10月,小布什批准建立美军"非洲司令部"。经济上,小布什政府除注重经贸合作外,继续对非洲进行援助和减债。小布什不仅延长了《非洲增长与机遇法案》,而且在2002年首创"千年挑战账户"(The Millennium Challenge Account),允诺每年拿出50亿美元用于发展中国家的发展;允诺在未来5年内提供150亿美元的防治艾滋病援助资金,主要用于非洲和加勒比地区14个受艾滋病危害最严重的国家(其中非洲占12个国家);承诺5年内拿出总计6亿美元的资金来改善非洲落后的教育状况,其中2亿美元用于为非洲培训42万名教师和提供25万名非洲学生奖学金,4亿美元用于课本等教具。② 美国以提供巨额"胡萝卜"的方式鼓励更多非洲国家走上良治道路。相对其前任,小布什政府的对非政策突出了两个重点:反恐和能源。另外小布什政府也关注非洲的跨国犯罪、医疗健康和教育。美国在对非洲展开经贸联系的同时,十分注重开发对经济发展有着重要作用的石油资源,从非洲大量进口石油,进行"石油外交",多元化贮备石油战略资源,维护美国利益。从美国高层访问的非洲国家来看,就可以很明显地了解美国的用意。小布什在2002年参加联合国大会期间,集体召见喀麦隆、赤道几内亚、乍得、刚果(布)、圣多美和普林西比、尼日利亚、加蓬、科特迪瓦等10个非洲石油生产国领导人,被外界称为一个不平常举动。2003年发表的《美国国家安全战略》将强化与非洲能源生产国的合作确定为"加强美国自身能源安全"的重要途径。归纳这一时期的美国对非政策的实质有三:争夺非洲的资源与市场,长期控制非洲并服务于美国全球战略,全面利用的实用主义。这一时期美国政府的非洲政策的发展演变对冷战后美非关系的发展、非洲本身和中国,以及中国与非洲关系的发展都产生了一定的影响。

2009年1月,美国新任总统奥巴马上台。作为历史上第一位身为非洲后裔的美国总统,奥巴马对于非洲大陆的每一分关注,以及整个政府对于本地区的每一个决策都受到了非洲国家的重视,甚至掀起了一阵非洲国家

---

① Strategic Framework for Africa, 24 February 2006, p. 4.
② 贺文萍:《布什与克林顿访问非洲比较分析》,《西亚非洲》2003年第5期,第14页。

内部的美国热，而他也在最短的时间内有所行动。2009年7月10日，也就是奥巴马上任不到半年，即出访非洲，对西非小国加纳进行为期两天的访问。在加纳议会的演讲中他提到了非洲国家的治理、部落制、能源环境、气候变化、恐怖主义、人口贩卖以及美国与非洲的合作等问题。[1] 从这次演讲可以看出，在推行所谓"民主"与"法制"的进程中，相比起克林顿和小布什时期仅仅停留在口号层面的关注，奥巴马在对非洲国家治理方面更加推进了一步。奥巴马反复提到非洲国家在治理方面存在的具体问题，而这些针对国家具体问题的探讨是克林顿和小布什在访问非洲时曾经极力避免的。作为美国政府对外政策的重要组成部分，在推行美国式"民主""良政"与"法治"的道路上，奥巴马政府在继承发扬的同时，开始缓步向前推进。但与非洲国家对奥巴马的期盼相反，奥巴马第一任期对非洲采取了忽视态度，这使得原本对他寄予厚望的非洲各国和美国国内非裔居民失望。为了扭转局势，在2012年6月，奥巴马竞选连任前，美国政府公布了对撒哈拉以南非洲的新战略。这一战略从内容上看主要包括四个主要方面：一是加强非洲的民主建设，二是促进非洲经济增长和贸易投资发展，三是推动非洲的和平与安全，四是促进非洲的机遇和发展，并表示将在美非关系中采取更加积极的姿态。[2] 为了深入推进非洲"民主"建设，美国政府还提出了着眼于非洲年轻领袖的培养与关系建设，推出了年轻非洲领袖计划，为非洲地区培养未来的接班人，并在这一领域开展了多项活动。2012年6月，奥巴马政府公布了"美国对撒哈拉以南非洲战略"，[3] 这也是奥巴马上台以来首次出台明确美国对撒哈拉以南非洲国家的战略部署。在前言中，奥巴马说，非洲对美国而言比任何时候都更重要，抓住机遇、迎接挑战需要美国有一个积极、前瞻性、兼顾眼前和长远利益的综合对非战略。他还指出了美国未来对非政策的重点是帮助非洲加强民主机构和基础广泛的经济增长。美国认为非洲将成为下一个经济成功的

---

[1] Obama President Address the Ghana Parliament in Accra, http://www.america.gov/st/textttrany/20090711110050abretnuh0.1079783.html/，访问日期：2016年3月20日。

[2] The White House, U.S. Strategy toward Sub-Saharan Africa, June 2012, https://obamawhitehouse.archives.gov/sites/default/files/docs/africa_strategy_2.pdf，访问日期：2017年3月10日。

[3] The White House, U.S. Strategy toward Sub-Saharan Africa, June 2012, https://obamawhitehouse.archives.gov/sites/default/files/docs/africa_strategy_2.pdf，访问日期：2017年3月10日。

典范。奥巴马还强调了做非洲未来青年领导人的工作。除此之外,奥巴马承诺延长克林顿总统时期便开始执行的《非洲增长和机遇法案》。这一法案允许非洲产品以更加低廉的价格顺利地进入美国。华盛顿奖学金计划(Washington Fellowship)也在此次访问中被介绍给非洲,以扩大2010年发起的青年非洲领导人计划(the Young African Leaders Initiative)。这一计划每年将为超过500名非洲年轻人提供在美国学习的机会。

对非洲的访问是奥巴马第二任期间对非首脑外交的一次重要亮相。2013年6月,奥巴马对非洲的塞内加尔、南非和坦桑尼亚进行了为期一周的访问。此行包括总统及夫人,两个女儿、岳母和一个侄女。一行人还参观了位于塞内加尔的当年黑奴贸易起点站——奴隶屋,以及南非前总统曼德拉在罗本岛上曾被关押的监狱。这是奥巴马第二任期内的首次非洲之旅,也是他执政期间一次重要的政治活动。此次访问奥巴马挑选的这三个国家具有代表性,分别位于非洲的西部、南部和东部,而且均为区域内政治稳定,民主建设较为成功的国家。可见为了展开美国擅长的"民主""自由"和"人权"等价值观作为引导的外交政策,奥巴马在挑选非洲出访国时也把"民主"和"良政"标准列为首选。在访问期间,奥巴马称塞内加尔是非洲民主进程的标杆和美国在非洲最坚定的伙伴,整个非洲大陆都应该向塞内加尔学习。在南非,奥巴马访问了曾关押南非前总统曼德拉的罗本岛监狱,随后到开普敦大学发表演讲,将美国黑人民权运动和南非黑人争取民族解放的历史联系起来,向年轻人大谈理想与公正。[1]访问期间,奥巴马提出了"电力非洲""贸易非洲"和"增长伙伴计划",在推动美国私人投资非洲方面给出了一定保障。"电力非洲"这一项目是美国政府将耗资70亿美元致力于使撒哈拉沙漠以南非洲国家的通电覆盖率翻倍的五年计划,包括增加电力生产和运输的基础设施,以及扩展电网。该项目的最初伙伴国包括埃塞俄比亚、加纳、肯尼亚、利比里亚、尼日利亚和坦桑尼亚。资金预期将从多种渠道筹得,其中包括美国政府的70亿美元直接投资,和私人部门承诺提供的90亿美元。[2]"贸易非洲"计划则主要强调非洲内部的贸易,首先关注的是东非地区的国家,包括布隆迪、肯尼

---

[1] 贺文萍:《奥巴马非洲行看美中对非政策异同》,《经济》2013年第8期,第65—67页。
[2] 张琪:《奥巴马借美非峰会拓展能源合作》,《中国能源报》2014年8月11日。

亚、卢旺达、坦桑尼亚和乌干达。在促进区域内部贸易发展的同时旨在增加其对美国的出口量，这一计划也有助于推动区域一体化进程，促进跨越边界的贸易发展，并且通过政府部门和私营部门的合作来促进贸易竞争的开展。2015年7月，奥巴马又出访肯尼亚。在7月25日的全球企业家峰会上，奥巴马宣布美国政府以及美国银行、基金会和慈善家将再向非洲提供逾10亿美元，其中半数资金将用来扶持妇女和年轻人，奥巴马表示，妇女和年轻人在创业时面临的障碍更大。

美国对撒哈拉以南非洲及部国家的发展援助（2000—2013年）[①]

（单位：百万美元）

年份	金额	年度	金额
2000	4908	2007	6099
2001	4809	2008	7037
2002	5227	2009	8242
2003	4713	2010	8111
2004	5489	2011	7915
2005	5334	2012	7075
2006	6054	2013	6368

奥巴马第二任期间的另一件重要的对非首脑外交大事件是于2014年8月在美国首都华盛顿召开了首届美非峰会。约50位非洲国家元首与政府代表参加了此次峰会。会议的主题为"投资下一代"，这一议题与奥巴马推出的培养非洲"青年领袖"活动遥相呼应。除此之外，奥巴马在峰会中还提出了在贸易、投资、安全与公共卫生等方面展开未来美非双方合作的目标和方案。此次峰会引起了全世界各方面的关注，可谓是在奥巴马任期中美非关系领域影响力和国际关注度最大的事件之一。也是奥巴马本人参与的美非外交活动特色的集中体现。此次美非首脑峰会中

[①] 数据来源：Congressional Budget Justification for Foreign Operations, US Department of State, http://www.state.gov/s/d/rm/rls/cbj/; US Overseas Loans & Grants [Greenbook], USAID, http://qesdb.usaid.gov/gbk/query_historical.html。转引自张春：《中非关系的国际贡献论》，上海人民出版社，2013年版，第61页。

进一步明确了美国对美非贸易合作的支持政策,美国决定启动对非 330 亿美元投资,其中包括美国企业对非 140 亿美元投资项目、新增 120 亿美元的"电力非洲"项目及美非企业论坛上承诺的 70 亿美元融资。① 这可以说是奥巴马政府对非洲关系的"最大手笔"。美国还形成了一整套包括政府、企业和民间力量立体参与的对非贸易体系:通过《非洲增长和机遇法案》,对撒哈拉以南非洲地区出口美国的近 6000 种产品免关税等政策。促进非洲民主、改善人权也是美非峰会重点议题。奥巴马政府高举的"民主"大旗、输出美式价值观的政策有政府直接领导,有干预其内政之嫌。

总的来看,美国对非的首脑外交形式主要是以点对点的旋风式访问为主,出访频繁,出访国家也多。从内容上看,主要是在经济上进行援助,政治上干预政权更迭,关注的国家多为发生热点问题的国家。美国对非洲的经济援助突出强调经济和安全上的利益,实用主义倾向严重。美国加强与非洲国家双边关系时强调选择性。美国重点发展关系的国家,在西非是非洲第一大产油国尼日利亚,东非是埃塞俄比亚和肯尼亚,南部非洲是在非洲有重要影响力的南非,北非是埃及和阿尔及利亚,中非是刚果(金)。这些国家均是具有经济潜力的地区和丰富能源的国家。美国一方面出台有利于非洲经济发展的贸易计划,另一方面却附加了苛刻的条件,只有按照美国的要求加以改造,实行民主化和市场经济体制的国家才能够享受优惠待遇。在援助上,美国维持双边援助,减少多边援助,将援助重点放在推行民主和自由市场经济的国家。② 可见,美国开展对非首脑外交,不仅是为了经济利益,更为重要的是,要达到以经促政的目的,以美国式的民主价值观控制非洲。美国对非外交政策,是国际形势变化使然,是国家利益使然,其实质是为了长期控制非洲,争夺非洲资源和市场,将非洲纳入美国的全球战略轨道和价值体系,维护美国在该地区的安全和战略利益。

几十年来,美国对非政策不断调整,但其总的对非政策已日益呈现出

---

① 张琪:《奥巴马借美非峰会拓展能源合作》,《中国能源报》2014 年 8 月 11 日。
② 李碧建:《试析美国对非洲政策的重大调整》,《国际问题研究》1998 年第 3 期,第 31 页。

自己的特点:

第一,美国对非政策始终居于美国外交政策的边缘地位,始终服从其全球战略。在现代美国对外战略中,非洲,特别是撒哈拉以南非洲,一向不占优先或主导地位,始终处于边缘地位,美国战略重点不在非洲,但被重视的程度却不断呈现上升之势。与中国同非洲所有国家发展全方位的外交关系不同,美国选择重点国家作为其推进对非政策的基石。例如选取了非洲北部的埃及、南部的南非、东部的肯尼亚、尼日利亚和西部的塞内加尔作为重点,与它们建立了密切的政治、经济关系,这些国家均是非洲对地区事务有一定影响力的大国,具有重要的战略位置,有些还有丰富的战略资源——石油。与美国不同,非洲国家始终是中国对外战略的基础。非洲国家是发展中国家,是基础中的基础。不管国际环境如何变化,对非政策始终是中国国家战略的基础。中国坚持不分大小、贫富、强弱,不管政治制度如何,一律平等。中国多次在双边关系中和多边国际组织中强调中非关系是完全平等的关系。尊重非洲国家的主权,强调不干涉非洲国家的内部事务,积极寻求同所有非洲国家发展全方位的关系。同时,中国对非国家的援助不附加任何条件。

第二,主要方向从反恐主导到能源、民主优先。"9·11"事件发生后,美国在全球开展反恐行动,从而使非洲的地缘政治地位有所提高。2006年《美国国家安全战略报告》的亚非战略中就专门指出了非洲地缘地位。报告明确指出:"非洲在美国国家战略中处于战略上升期,非洲在地缘战略方面越来越重要。"[1] 美国在非洲组成了庞大的反恐网络,甚至建立了非洲司令部。同时,石油是美国对非洲政策的一个重要考虑。巩固和扩大美国在非洲的石油投资、确保来自非洲的石油供应,是美国对非政策的一项重要内容。自奥巴马执政以来,美国又改变了对非洲政策的优先次序,重点考虑非洲的民主和善治。[2]

---

[1] The White Mouse, National Security Strategy of the United Etates, http://www.whitehouse.gor/nsc/nss/2006/intro.html,访问日期:2015年5月3日。
[2] 苗吉:《利益与价值:中美非洲政策的历史考察》,世界知识出版社,2015年版,第142—143页。

第二节 法国的"援助—领地"型首脑外交

作为欧洲大陆的法国与非洲隔地中海相望。法国曾经是仅次于英国的世界第二大殖民帝国。法国一直称非洲为其后院,非洲历来是法国传统的势力范围。法国与非洲关系特殊,在殖民帝国时期,在非洲有许多殖民地,历史上法国在非洲原有21块殖民地,占非洲总面积37%,相当于法国本土的19倍。法国和英国是较早的殖民国家,当这两个国家开始瓜分世界时,当时的老牌殖民国家西班牙、葡萄牙、荷兰已经没落,而德国、俄国、奥地利、日本、美国这些国家还没有发展出发达的资本主义,军事力量还不够强大。所以18—19世纪中叶,对非洲的瓜分也主要在英法间展开,法国进入非洲较早,摩洛哥、阿尔及利亚是最早的一批非洲殖民地。拿破仑战争之后,英国成了海上霸主,法属印度的大部分都被英国占领,在这种情况下,法国开始进军非洲,建立大片殖民地。法国迫切需要在非洲建立大片殖民地弥补失去印度带来的损失,并且法国和英国在殖民地占领问题上方针不同:英国主要占领人口稠密、经济发达的沿海地区,而法国则注重领土面积的大小,因此,法国占领的非洲面积还略大于英国。此外,在奴隶贸易被全面禁止前,从撒哈拉以南非洲贩卖奴隶是获利颇多的活动,法国国王路易十四在位时期,法国推行重商主义政策,政府支持奴隶贸易,并从中获利。

在第一次世界大战后,整个非洲大陆基本为英法两大殖民帝国均分,法国的势力范围主要在北非、西非和部分中部非洲地区。北非的阿尔及利亚位于非洲西北部,北临地中海,西与摩洛哥、西撒哈拉交界。阿尔及利亚历来被视为法国本土的南部屏障,也是法国控制北非、地中海以至事个法属非洲的基地,其战略地位十分重要。突尼斯和摩洛哥位于非洲的北部、地中海南岸,隔海与法国相望,非洲大陆与法国仅有地中海之隔。

从语言文化视角看,法国与非洲,尤其是与非洲法语地区的关系历史非常悠久,许多非洲法语国家历史上都曾经是法国殖民地。如今,法国仍有大量的非洲移民,而非洲则有非常多的国家官方语言为法语,世界上说法语的国家大部分在非洲。虽然这些国家从20世纪50年代后期起相继独立,但法国在非洲法语地区政治、经济和军事等领域仍然保持着相当重要的影响力。除了法语发源地法国和法语流行地区(比利时和瑞士)以外,大部分说法语的人口分布在法国前殖民地。法国在非洲特别是非洲法语区的影响随处可见。[①]

关于法非关系,法国除了与所有前殖民地宗主国一样与非洲保持着强大的政治、经济以及文化联系之外,法国着力恢复和加强法国在非洲的政治、经济和文化影响力,取得了很大的成效。二战以后,法国历届政府不断调整对非洲的关系。维持法国与前殖民地国家的特殊关系,重视非洲,是法国外交的重心之一。[②] 非洲在法国外交政策中始终占有极其重要的位置。2003年2月20日,法国总统希拉克在巴黎举行的第22届法非首脑会议上称,法国把非洲置于外交战略优先地位。[③]

在外交上,二战以后,随着非洲国家的纷纷独立,法国仍以对外援助国和受援国之间的新关系延续前宗主国和殖民地之间的各种特殊关系。[④] 科特迪瓦独立之父、首任总统博瓦尼创造了"法兰西非洲"的称法,从某种意义上道出了法非关系的特殊性。[⑤] 这一特性使得英国及葡萄牙等前宗主国与非洲的关系同法非关系比较起来远不在同一水平线上。事实上也的确如此,许多法语非洲国家不但在政治、经济上被法国殖民,而且在文化上也被深深地打上了法兰西的烙印,至今仍有20多个非洲国家的官方语言仍是法语,就是一个明显的标志。[⑥] 法国领导人没考虑过要切断法非之间既存的关系,他们试图通过建立一种可以将法国及其原殖民地和保护国融为一体的新模式。随着1958年法兰西第五共和国宪法颁布,法兰西共同体

---

① 曹德明、戴启秀主编:《欧盟及其成员国对非洲关系研究》,上海外语教育出版社,2015年版,第302页。
② 曹德明:《从历史文化的视角看法国与非洲的特殊关系》,《国际观察》2010年第1期,第29—34页。
③ 《新华每日电讯》2003年2月23日。
④ 曹德明、戴启秀主编:《欧盟及其成员国对非洲关系研究》,上海外语教育出版社,2015年版,第300页。
⑤ 游滔:《21世纪中法对非洲战略比较研究》,中国社会科学出版社,2015年版,第7页。
⑥ 游滔:《21世纪中法对非洲战略比较研究》,中国社会科学出版社,2015年版,第7—8页。

(Communauté Française）取代了原有的法兰西联盟（Union Française)。①1961年，仅仅成立了18个月的法兰西共同体名存实亡。但是，它的存在使非殖民化以和平方式推进，从而推动法非关系在合作协议框架下有序发展，法国实施的野心勃勃、细心谨慎的对外政策维护了自己在非洲大陆的影响力。②新独立的国家选择与法国继续保持经济和文化领域的联系，它们迅速地接受了法国各种形式的资助。法国出于实用主义的考虑，选择与它们签订双边合作协定。③

法国政府设立专门的对外合作与援助的决策机构——国际合作与发展部际委员会，该机构由总理牵头，12个部参与，共同就对外援助事务进行决策。

如今，法国仍有大量的非洲移民。在经济上，法郎在非洲数十个国家正常流通。对非洲的援助是法国对外"发展援助"政策的主要内容之一，是法国通过对非洲的发展援助在其前殖民地国家维持自身影响力的重要手段。法国对非援助的形式也是多种多样的。④

在政治上，世界法语国家首脑会议定期在巴黎与非洲国家召开。法国以"法非首脑会议""法语国家首脑会议"作为法非之间的重要纽带。

法非首脑会议是重要的法国与非洲对话的平台之一，它是1973年搭建起来的。30多年来，会议的规模不断扩大。从1996年起扩大到所有非洲国家；议题也日益多样化。20世纪60年代，非洲国家纷纷实现民族解放和国家独立。为了加强同前殖民地国家的联系，根据法国倡议，1973年首届法非首脑会议在巴黎举行。此后，虽然参加国不断增加，但仅限于非洲法语国家。冷战结束后，为了回应美国势力向非洲扩张，法非首脑会议不仅面向非洲的法语国家，也面向非洲的英语、葡萄牙语和西班牙语国家开

---

① 多米尼克·马亚尔：《从历史角度看法国在非洲的军事存在》，《国际观察》2013年第3期，第49页。
② 多米尼克·马亚尔：《从历史角度看法国在非洲的军事存在》，《国际观察》2013年第3期，第49—50页。
③ 多米尼克·马亚尔：《从历史角度看法国在非洲的军事存在》，《国际观察》2013年第3期，第50页。
④ 曹德明、戴启秀主编：《欧盟及其成员国对非洲关系研究》，上海外语教育出版社，2015年版，第304页。

放。自 1996 年起，法非首脑会议就成为法国同所有非洲国家联系的平台。①

世界法语国家首脑会议，定期在法国与非洲法属国家轮流召开。1986年，法国总统密特朗倡议召开了第一届法语国家首脑会议，此后基本上每两年举行一次，以维护法语的世界地位为中心议题，重点探讨在法语国家、地区之间加强语言、文化、科技的交流与合作。现在已经逐步向经济、政治等领域扩展。②

自 1973 以来法非首脑会议每隔两年即逢双的年份轮流在法国与各非洲举行一次，参加国不仅限于法语国家而是包含整个非洲大陆。而逢单的年份法国则忙于开法语国家首脑会议，非洲大陆 50 余国中超过一半为法语国家。通过频繁地交流与沟通，法国与非洲领导人形成了良好的个人关系，并很容易达成政治上的默契。

对非洲的援助是法国对外"发展援助"政策的主要内容之一，是法国通过对非洲的发展援助在其前殖民地国家维持自身影响力的重要手段。法国对非援助的形式也是多种多样的。法国与非洲的合作都是在"发展援助"的框架内进行。法国对非洲的援助是法国对外"发展援助"政策中的主要内容之一，是法国通过对非洲的发展援助在其前殖民地国家维持自身影响力的重要手段。③ 在法国双边援助中，对非洲援助的部分占 60%。④ 法国在非洲的投资和援助受其传统关系的影响深刻，大多集中在其前殖民地国家。北非是法国投资援助的重点地区，其次是非洲法朗区。突尼斯和摩洛哥是法国在非洲投资最多的国家。

在军事上，法国是在非洲驻军最多的西方国家，法国在中非、东非以及西非分别驻扎有军队。法国的大多数基地仍都在非洲，其中最大的军事基地位于吉布提。这个基地让法国可以控制波斯湾到欧洲的最重要

---

① 曹德明：《从历史文化的视角看法国与非洲的特殊关系》，《国际观察》2010 年第 1 期，第 29—34 页。
② 曹德明、戴启秀主编：《欧盟及其成员国对非洲关系研究》，上海外语教育出版社，2015 年版，第 303 页。
③ 曹德明、戴启秀主编：《欧盟及其成员国对非洲关系研究》，上海外语教育出版社，2015 年版，第 304 页。
④ 曹德明、戴启秀主编：《欧盟及其成员国对非洲关系研究》，上海外语教育出版社，2015 年版，第 305 页。

航路，包括控制石油运输。法国还在尝试与非洲国家联合起来。法国军人训练当地安全人员，并向他们提供军事和技术援助。法国第二重要的军事基地位于几内亚湾。通过这个基地，法国可以保护其在非洲大陆东西海岸的利益。可以说，作为传统的殖民主义国家，尽管现在法国在非洲的殖民统治已经结束，但在其传统的殖民势力范围内，法国仍具有极大的影响力。法国通过与非洲法语国家的密切合作保持它的大国地位。法国很重视对非关系，法国对非的首脑外交更加强调对传统领地的交往和援助。

在非洲各国独立之后，法国是前殖民列强中唯一一个通过法非之间各种特殊协定或条款、领导人之间的个人关系、法非峰会、对非提供援助等手段，一直维持着与非洲，特别是与法语非洲在政治、经济、军事、文化、金融等方面特殊关系的国家。[①]

戴高乐时期，法国对大部分已经独立的非洲国家一直保持着强大的，甚至是绝对的影响力。这一时期加蓬前总统奥马尔邦戈将法非关系总结为"没有法国的非洲就像是失去了驾驶员的汽车，而失去了非洲的法国就像没有了汽油的汽车"。[②]

密特朗任内，非洲仍是法国海外利益最集中、经营时间最长和影响最深的地区，对非政策仍是法国外交政策的两大支柱之一（另一个是欧洲）。着眼于全非，进一步拓展法国在非洲的势力范围。密特朗在1990年6月举行的法非首脑会议上声称，"将援助与非洲国家的自由民主努力联系起来"，视各国的民主化程度确定援助数额。将民主也援助相结合，推行"民主外交"成为密特朗执政后期对非政策的一大重要变化。[③]

希拉克总统于1995年5月执政后，就已提出了"法国新非洲政策"，把法国与非洲传统的"托管式"关系定位为"新型合作伙伴关系"。在不断地饱尝武力干涉非洲的苦果以及受到美国的政策挤压之后，希拉克政府

[①] 齐建华主编：《发展中国与非洲新型全面合作关系》，世界知识出版社，2014年版，第12页。

[②] Omar Bongo, "Africa without France is like a car without a driver. But without Africa is like a car without petrol." BBC news, June 13, 2009. 转引自游滔：《21世纪中法对非洲战略比较研究》，中国社会科学出版社，2015年版，第10—11页。

[③] 游滔：《21世纪中法对非洲战略比较研究》，中国社会科学出版社，2015年版，第11—12页。

将法非的"父子关系"调整为"兄弟关系",强调不干涉政策。另外,"法国新非洲政策"还包括法国走出法语非洲,在维持法国同非洲大陆传统关系基础上,不仅仅局限于法语非洲国家,还要对南部非洲进行拓展,在非洲扩大"合作范围",加强与整个非洲大陆建立全面合作关系。① 希拉克政府时期,其政府一直保留着一个名为"非洲小组"②、实为多重关系网的中枢机构。希拉克对非洲的民主进程并不看好:20世纪90年代,他在阿比让与科特迪瓦"独立之父"费利克斯·乌弗埃—博瓦尼长谈后,就发表过著名言论:"多党制对于发展中国家来说是一种没钱享受的奢侈。"③ 在此心态下,希拉克在第一任期初始访非的形象多少有点像"旧时来巡视的殖民部长"④,法国则认为非洲是"法兰西非洲"。第二任期中,希拉克与非洲首脑的个人接触逐渐减少,主要交由"非洲小组"的顾问负责。这一时期,法非关系被认为是处于一个充满了私人关系、黑钱、秘密融资、法国企业不法行为的时代。

进入21世纪以来,长期被边缘化的非洲所显示出来的活力和潜力引起了全世界的关注,大国在非洲的角逐随之开始。在法国看来,非洲历来是法国传统的势力范围,特别是西非、北非,法国的政治、经济、文化影响尤为突出。多年以来,一直是法国外交的重点之一。在外交上,二战以来,随着非洲国家的纷纷独立,法国仍以对外援助和受援国之间的新关系延续前宗主国和殖民地之间的各种特殊关系。⑤

2007年5月16日法国新总统尼古拉·萨科齐上任。上任伊始,他就于同月会见了利比里亚总统埃伦·约翰逊·瑟利夫。这位非洲首任经民主

---

① 曹德明、戴启秀主编:《欧盟及其成员国对非洲关系研究》,上海外语教育出版社,2015年版,第308页。
② 非洲小组(法文:cellule africaine),指由法兰西共和国总统身边的人士组成的专门负责维护法国在非洲利益的团队,成立于1960年,非洲各殖民地独立时期。这一团队掌握包括法非政治、外交人员及商业人士在内的巨大关系网。萨科齐上任后取消了这一设置。
③ 原文:Le multipartisme est une sorte de luxe que les pays en développement n'ont pas les moyens de s'offrir.
④ 原文:l'allure des tournées d'inspection du ministre des Colonies d'autrefois. 引自《La fin d'une époque》(《一个时代的终结》),http://www.jeuneafrique.com/Article/LIN11027lafineuqope0/Actualite-Afrique--la-fin-d-une-epoque..html#,访问日期:2015年7月30日。
⑤ 曹德明、戴启秀主编:《欧盟及其成员国对非洲关系研究》,上海外语教育出版社,2015年版,第300页。

选举产生的女总统成为法国新任首脑在爱丽舍宫接见的第一位非洲国家领导人。毕竟,"帮助诸多发展中国家的一个好学生好过支持一个石油王朝的大王。特别是,这个好学生由一位经验丰富的政治人物领导着……"①同年7月,萨科齐访问塞内加尔及加蓬,并在塞内加尔达喀尔大学发表了长达50分钟的演讲,演讲被称为"达喀尔讲话"。演讲中,萨科齐以高高在上的态度,明目张胆地为法国曾经的殖民行为洗脱罪名,甚至毫不掩饰地表达了对非洲的歧视,一时舆论哗然,萨科齐遭到了各方批评。其中最著名的语句莫过于:"非洲的悲剧,正是在于非洲人并没有完全进入人类历史。"② 2009年3月,萨科齐出访刚果(金)、刚果(布)和尼日尔三国。这样的出访选择有些特别,却反映出了法国经济及地缘政治上的迫切需要。法企阿海珐集团作为核电企业的世界头把交椅,失去了在尼日尔铀金属的独家开采权,中国和加拿大为代表的各国企业竞争激烈。萨科齐的访问正值阿海珐亟需更多合作伙伴的关键时刻。而对于局势不稳的刚果(金),法国则希望承担"维稳"的角色,值得注意的是刚果(金)东部地区矿产丰富。在石油资源丰富的刚果(布),萨科齐则采取了较为传统的"法兰西非洲"态度。事实上,不仅是石油政策,萨科齐任总统期间,基本延续了前任的非洲政策,即转换法国的"非洲宪兵"角色,发展与非洲国家的新型伙伴关系。一方面萨科齐政府提出了削减在非法国军人数量,另一方面尽力减少干涉非洲国家内部事务。和其他历届法国总统一样,萨科齐就任总统后将法国与非洲关系置于优先的位置。"地中海联盟"就是法国总统萨科齐于2007年5月竞选总统时提出的一个构想,即建立一个涵盖南欧、北非和部分中东国家的联盟。2008年7月13日,"地中海联

---

① 原文:"Aider le bon élève des pays en dévelopement vaut mieux que soutenir le chef d'une dynastie pétrolière. Et, surtout, si ce bon élève est dirigé par une personnalité politique d'expérience",引自《Nous ne décevrons pas》(《我们不会让人失望》),http://www.jeuneafrique.com/Article/LIN03067nousnsapsno0/actualite – afrique – – – nous – ne – d – cevrons – pas. html,访问日期:2015年7月30日。

② 原文:"Le drame de l'Afrique, c'est que l'homme africain n'est pas assez entré dans l'Histoire."引自《France-Sénégal:extraits du discours de Dakar prononcé par Nicolas Sarkozy en 2007》(《法国—塞内加尔:2007尼古拉·萨科齐达喀尔演讲节选》),http://www.jeuneafrique.com/Article/ARTJAWEB20121012123056/,访问日期:2015年7月30日。

盟"峰会在巴黎开幕,由此,正式启动了"地中海联盟"计划。①

对非洲的援助是法国对外"发展援助"政策的主要内容之一,是法国通过对非洲的发展援助在其前殖民地国家维持自身影响力的重要手段。法国对非援助的形式也是多种多样的。法国与非洲的合作都是在"发展援助"的框架内进行。法国对非洲的援助是法国对外"发展援助"政策中的主要内容之一,是法国通过对非洲的发展援助在其前殖民地国家维持自身影响力的重要手段。② 在法国双边援助中,对非洲援助的部分占60%。③ 萨科齐在2009年驻外大使会议上宣布,法国对外援助的总额将从2008年国内生产总值的0.38%提高到2009年的0.44%。其中60%为对非援助。④

法国在非洲的投资和援助受其传统关系的影响深刻,大多集中在其前殖民地国家。北非是法国投资援助的重点地区,其次是非洲法朗区。突尼斯和摩洛哥是法国在非洲投资最多的国家,约占法国对非投资总额的40%。⑤

2010年2月,萨科齐出访卢旺达,这是自2009年11月两国声明重新恢复外交关系后的首次领导人接触。自2006年法国向卢旺达总统身边的九位官员发出逮捕令后,两国经历了长达三年的断交,卢方表现出强烈意愿恢复两国双边经济合作,特别是在基础建设以及对银行业和私人企业的援助领域。

萨科齐政府时期,基本上继承了希拉克总统的对非洲政策,但显露出较强的在非洲推广民主的欲望。法非首脑外交最辉煌的一页是2010年法非领导人在尼斯召开的第25届非洲—法国峰会。法非峰会于1973年首次举办,是法国进入后殖民时代后,不愿放弃对以前的殖民地控制而采取的措施。这次峰会,非洲大陆共有38位国家领导人出席。峰会主题以经济问题

---

① 谢栋风、尚绪谦:《地中海峰会在巴黎开幕》,新华网,http://news.xinhuanet.com/news-center/2008-07/13/content_8539777.htm,访问日期:2008年07月14日。
② 曹德明、戴启秀主编:《欧盟及其成员国对非洲关系研究》,上海外语教育出版社,2015年版,第304页。
③ 曹德明、戴启秀主编:《欧盟及其成员国对非洲关系研究》,上海外语教育出版社,2015年版,第305页。
④ 曹德明、戴启秀主编:《欧盟及其成员国对非洲关系研究》,上海外语教育出版社,2015年版,第305页。
⑤ 曹德明、戴启秀主编:《欧盟及其成员国对非洲关系研究》,上海外语教育出版社,2015年版,第305—306页。

为主，讨论涉及"发展与气候""加强和平安全"及"世界管理中非洲应处于何种地位"等方面。法国及非洲外交官员均承认，会议中辩论是"友好"而"激动"的，商讨"激烈"，有时"非常艰难"①。这是萨科齐上任后首次参与的非洲—法国峰会，他希望一洗法国长久以来作为"非洲宪兵"的形象，也曾多次声明要脱离旧时法国对非洲的影响关系网，以此改善法国在非洲的利益。然而，法国在非利益的诱惑远大于与"法兰西非洲"决绝的信念。法国需要非洲国家的支持以对抗中美，并且非常需要以其对非洲大陆的影响力来彰显自己的大国地位；而想要获得非洲的政治支持，法国必须担任起非洲诸国在国际货币基金组织、世界银行等国际组织中的"律师"，以此形成了交换式的"双予"②关系。法国否认这是新殖民主义，而强调一切都是为了达到更加"实际的结果"。正如几内亚外交部长巴克里·福法纳所言："感情用事少一点，实用主义多一点，更务实一些。"③此次峰会过程中，萨科齐为本国企业负责人创造了一些难得的机会，让他们得以与有贸易关系的非洲国家领导人当面交谈：法国电力集团负责人受邀与总统共进咖啡，"在座的自然还会有萨科齐的亲密伙伴南非总统雅各布·祖马"④。此时，萨科齐逐渐认识到了非洲的重要性，且其所针对的国家已逐渐从法语国家转向整个非洲大陆。为了既不得罪"老交情"的非洲法语国家，又重点优待原英国势力覆盖下的某些"有分量的"、更有购买力的国家，峰会正式开幕前，萨科齐特别安排和南非总统雅各布·祖马单独共进午餐，第二日早间又和尼日尔总统古德勒克·乔纳森进

---

① 原文："un débat 'fraternel' mais 'agité'. La discussion a été 'houleuse', parfois 'très dure'"引自：《Sommet Afrique-France：38 dirigeants africains attendus à Nice》(《非洲—法国峰会：38位非洲国家领导人齐候尼斯》)，http：//www.ladepeche.fr/article/2010/05/31/845307-sommet-afrique-france-38-dirigeants-africains-attendus-a-nice.html，访问日期：2015年6月20日。

② 原文：c'est donnant-donnant，引自：《France-Afrique：rupture ou continuité》(《法国—非洲：断裂还是延续》)，http：//www.rfi.fr/contenu/20100531-france-afrique-rupture-continuite/，访问日期：2016年5月3日。

③ 原文：Il y a moins de sentiment et plus de pragmatisme, plus de sens pratique，引自：《France-Afrique：rupture ou continuité》(《法国—非洲：断裂还是延续》)，http：//www.rfi.fr/contenu/20100531-france-afrique-rupture-continuite/，访问日期：2016年5月3日。

④ 参见：《Sommet de Nice：Sarkozy and friends》(《尼斯峰会：萨科齐 and friends》)，http：//www.jeuneafrique.com/Article/ARTJAJA2578p022-025.xml0/，访问日期：2016年6月2日。

行密谈。① 除此之外，法国还将以往习惯性称作的"法国—非洲"峰会改为"非洲—法国"峰会，以示法国为改变"法兰西非洲"这一概念做出的姿态。

萨科齐在"非洲—法国"峰会的表现赢得了非洲的认同。2011年1月末，萨科齐作为荣誉嘉宾受邀参加第16届非洲联盟峰会，在发言中他对同时在座的联合国秘书长潘基文提出当年即着手进行安理会改革的要求，以此给予非洲国家应有的地位。在之后同非洲联盟国家和政府领导人的讲话中，萨科齐还赞美了非洲大陆的价值和品质。他表示，在他看来，非洲代表了世界的未来。②

进入萨科齐时期以来，法国基本延续了前任的非洲政策，即转换法国的"非洲宪兵"角色，发展与非洲国家的新型伙伴关系。萨科齐政府一方面提出了削减在非法国军人数量，另一方面尽力减少干涉非洲国家内部事务。③

2012年4月法国进行总统大选，左派社会党候选人弗朗索瓦·奥朗德在竞选过程中提出其主张的对非政策，即"建立新型客观可持续"④的双边关系，并做出种种承诺。

奥朗德上任40天后，和非洲领导人已有四五次电话会谈、三次工作招待会。接见时间由萨科齐时代的十几分钟加长至一小时左右。每次交流前都有充分准备，之后亦会发布官方公报。6月底，数十位非洲法语国家领导人途经巴黎时，奥朗德在爱丽舍宫全数接见，未有例外。同年10月12日至14日，第十四届法语国家与地区首脑峰会在刚果（金）首都金沙萨

---

① 参见：《Sommet Afrique-France：38 dirigeants africains attendus à Nice》《非洲—法国峰会：38位非洲国家领导人齐候尼斯》)，引自《France-Sénégal: extraits du discours de Dakar prononcé par Nicolas Sarkozy en 2007》(《法国—塞内加尔：2007尼古拉·萨科齐达喀尔演讲节选》)，http://www.jeuneafrique.com/Article/ARTJAWEB20121012123056/，访问日期：2016年6月2日。

② 参见：《Géopolitique Africaine au 16ᵉ sommet de l'Union africaine》(《第十六届非洲联盟峰会上的非洲地缘政治》)，http://www.geopolitique-africaine.com/evenements/geopolitique-africaine-16e-sommet-union-africaine，访问日期：2016年6月20日。

③ 游滔：《新世纪中国与法国对非关系回顾与展望》，《法国研究》2014年第3期，第14—19页。

④ 原文：une relation《nouvelle, dépassionnée et durable》引自：《François Hollande peut-il rompre avec la Françafrique?》(《弗朗索瓦·奥朗德能和"法兰西非洲"断绝吗?》)，http://www.jeuneafrique.com/Article/JA2674p068-074.xml1/，访问日期：2016年6月20日。

举行。犹豫许久的法国总统奥朗德最终还是参加了这次峰会。这也是奥朗德第一次访问非洲，此行的目的是加强法国在非洲的影响力，平衡中国等国家的存在，可以看出，非洲在法国外交政策中始终占有极其重要的位置。① 在访问前夕奥朗德阐述了法国对非新政策。他表示法国谋求与非洲国家建立"相互尊重和透明"的新型关系。②

刚果（金）原为比利时殖民地，作为除法国外世界最大的法语国家，是非洲最富有的国家之一。原本态度应更加谨慎的奥朗德在出发前几日，就先批判了刚果（金）前任总统洛朗·卡比拉政治腐败、缺乏民主；峰会开幕式上，又特意表现冷淡，与现任总统约瑟夫·卡比拉见面时，笑容僵硬、草草握手，转身与其他领导人则热情相拥。③ 14日上午，奥朗德与刚果（金）总统进行了会谈，气氛冰冷，奥朗德当面指责卡比拉的治国方式，认为他不尊重人权；晚间，奥朗德在住所又会见了反对派领导人，会谈时间反而比上午更久。但是反对党亦不接受由法国出面帮助其成为国家合法领导者，反对法国干涉。④ 法媒认为奥朗德此举"既输又赢"，一方面损失了与刚果（金）、加蓬等国的合同，另一方面则在非洲加强了法国外交政策的信任度。法国已没有能力如从前一样随意推翻或者组建非洲某国政府，如今更愿意按照清楚简单的标准来选择自己支持的国家。

奥朗德执政后，一方面试图与法国前殖民地国家实现关系正常化，一方面积极在非洲加大军事投入，并再次明确了法国在非洲的战略目标。仅在2013年，法国就在马里、中非共和国进行了两次军事干预。2013年初，

---

① 曹德明、戴启秀主编：《欧盟及其成员国对非洲关系研究》，上海外语教育出版社，2015年版，第300页。

② 曹德明、戴启秀主编：《欧盟及其成员国对非洲关系研究》，上海外语教育出版社，2015年版，第308页。

③ 参见：《François Hollande a rencontré l'opposant congolais Etienne Tshisekedi》（《弗朗索瓦·奥朗德会见刚果反对党领导人艾蒂安·齐塞凯迪》），http://www.rfi.fr/afrique/20121014 - francois - hollande - rencontre - opposant - congolais - etienne - tshisekedi/，访问日期：2016年4月3日。

④ 原文：《La légitimité au Congo ne peut venir du peuple congolais... En France, je ne sais pas si quelqu'un d'autre peut venir d'dehors pour légitimer qui que ce coit en France. C'est exactement la même chose que chez nous.》（"在刚果的合法性只能来自刚果人民。在法国，我不知道是不是从外面来的人可以决定谁在法国合不合法。我们这里也完全一样。"）《François Hollande a rencontré l'opposant congolais Etienne Tshisekedi》（《弗朗索瓦·奥朗德会见刚果反对党领导人艾蒂安·齐塞凯迪》），http://www.rfi.fr/afrique/20121014 - francois - hollande - rencontre - opposant - congolais - etienne - tshisekedi/，访问日期：2015年7月20日。

法国"应马里政府与国际社会的请求"出兵马里,展开"薮猫行动"。①

2013 年 5 月,非洲联盟成立 50 周年纪念活动上,奥朗德作为唯一受邀的欧洲国家领导人参与了庆典。法国总统认为这是非洲对法非关系新局面的肯定,感到非常高兴。2013 年 12 月在巴黎举办的"非洲—法国"峰会主题鲜明,按惯例本应该是"第 26 届法非峰会",这次则被称作"为非洲和平安全而举办的峰会";这是奥朗德为了摆脱"法兰西非洲"这一概念而采取的办法。法国作为"非洲宪兵"的时代已经过去,奥朗德一再强调今后"应由非洲人自己来维护他们大陆的安全"②。此次峰会共有 53 个非洲国家的领导人出席,只有津巴布韦总统拒绝了邀请。法国国防部长表示将尽快组建非洲联盟应急武装,由法国提供武器、后勤及信息支持;法国外长则表示具体措施已经拟定。此次峰会还就"经济合作和发展"以及"气候变化"等问题进行了讨论。

2014 年 7 月 17 日,奥朗德访问非洲科特迪瓦、尼日尔和乍得三国。科特迪瓦总统阿拉萨内·德拉马内·瓦塔拉与萨科齐关系亲密,但这是奥朗德首次踏上科特迪瓦的土地。目的很明确:经济上,维持两国紧密关系:在科的法企子公司有 200 家,由法国人经营的中小企业至少有 400 家;军事上,阿比让有着法国重要的军事基地;政治上,奥朗德作为调解人,不仅在中午后会见了四个非政府组织的领导人,并且在傍晚时分临时约见了反对党领导。法国为了"帮助"科特迪瓦在司法进程上取得进展,决定和科签署一项 250 万欧元的合同,用于培养法律人才,建造相关硬件设施。值得一提的是,在科特迪瓦访问结束后,奥朗德在乍得和尼日尔都访问了法国军事基地。在安全问题日益严重的时候,这一举动意义深长。同年 11 月 28 日,奥朗德在前往塞内加尔首都达喀尔参加法语国家与地区峰会之前,先用六个小时访问了几内亚的科纳克里。奥朗德是 1999 年希拉克之后首位访问几内亚的法国总统,更是"埃博拉"疫情爆发后首位亲自到达疫区国家的西方领导人。奥朗德希望"在此艰难时刻"带来法国"团结互助

---

① 陈积敏、魏雪梅:《美国对非洲外交研究》,世界知识出版社,2015 年版,第 6 页。
② 原文:[c'estaux Africains] d'assurer la sécurité de leur continent. 参见:《Sommets France-Afrique: des ruptures dans la continuité》(《法国—非洲峰会:断裂在延续中》),http://www.rfi.fr/mfi/20131204 - sommets - france - afrique - ruptures - continuite/,访问日期:2015 年 7 月 22 日。

之音"。① 在与几内亚总统阿尔法·孔戴会谈后,奥朗德决定延长债期,以此帮助几内亚度过接下来的经济苦难时期。这次访问有助于改善两国自1958年几内亚独立后一直以来的不稳定关系。

总的来看,"法兰西非洲"是法国对非洲殖民统治带来的历史包袱,"非洲警察"的形象使法国长期在领地型首脑外交和援助型首脑外交之间徘徊,但随着中美等国对非首脑外交的加强,法国也在不断强化对非的首脑外交。由于法非关系的绵长历史,以及法国在非洲的广泛影响,法国对非的首脑外交作用越来越大。

第三节 英国的"领地"型首脑外交

相对而言,英国同非洲的关系不如法国同非洲的关系密切;英国对非洲的重视程度也逊于法国;法国把非洲视作其外交优先地区并公开如此宣布。英国从未如此看待非洲,但不等于说英国一点不重视非洲。无论从传统关系还是从实际政治和经济利益考虑,英国都不能不重视非洲。②

在非洲现有的54个国家和地区中,把英语作为官方语言或者通用语言的一共有20多个,英国在东非仍拥有政治、经济和军事影响。其中东非就有埃塞俄比亚、厄立特里亚、肯尼亚、乌干达、坦桑尼亚、赞比亚、津巴布韦、塞舌尔共8个国家通用英语。

公元16世纪,欧洲工业化刚刚开始,随着新航路的开辟,欧洲掀起了殖民狂潮。英国继葡萄牙、西班牙后,开始参与对非洲的瓜分。通过邪恶的三角贸易,英国在非洲大量掠夺黑奴,瓜分土地,从而奠定了其"日不落帝国"的全球统治地位。而18—19世纪英国人在非洲的地理探察和传教活动,更是使英国的文化渗透到非洲的各个角落。在其后与列强的争夺中,英国逐步确立了其"非洲帝国"的统治地位。这种统治地位,直到第

---

① 原文:apporter un《message de solidarité》 de la France《en ces moments difficiles》,引自:《Ebola:François Hollande en visite en Guinée avant Dakar》(《埃博拉:弗朗索瓦·奥朗德去往达喀尔前访问几内亚》), http://www.rfi.fr/afrique/20141127 - francois - hollande - ebola - guinee - conakry - dakar - francophonie - alpha - conde/,访问日期:2015年7月23日。

② 高晋元:《英国—非洲关系史略》,中国社会科学出版社,2008年版,第275页。

二次世界大战后才逐渐没落。特别是在20世纪60年代初期，随着"非洲的觉醒"，英国在非洲的殖民体系土崩瓦解，非洲大部分原英国殖民地纷纷独立，它们几乎都加入英联邦。迄今为止，英国的大国地位仍然以英联邦为依托，而众多的非洲英语国家大都是英联邦的成员，彼此有着密切的政治、经济、文化，甚至军事联系。当代非洲有20多个国家曾经是英国的殖民地保护国或自治领。至今这些国家仍与英国保持着密切关系，其中19个国家是英联邦成员。正是因为如此，英国与非洲的首脑外交仍沿袭着领地型首脑外交的方式。

英国对非洲领地型首脑外交的独特表现形式是英国女王对非洲的首脑外交。英国女王至今仍是英国及英国海外领地的国家元首，这一制度可追源溯本至盎格鲁—萨克逊人时期。尽管实际上英国女王的权力比理论上的小得多，但其对英联邦的作用仍不可小觑。1947年伊丽莎白首次外访，她与她的父母到了南非。在21岁生日那天，她对英联邦和帝国做了广播，宣誓将终身投入到对英联邦和帝国人民的服务中。任女王后，她经常出席英联邦首脑会议，至今她仍是英联邦16个国家的元首。考虑到英国女王在英联邦中更多的是象征性意义，本书不拟更多地考察英国女王对非洲的首脑外交作用。

二战之后的20世纪60年代，英国对包括博茨瓦纳、斯威士兰、莱索托、马拉维和冈比亚等在内的英联邦非洲国家所实施的援助较多，主要是由于这些国家刚刚独立，政府收入少甚至有些非洲国家政府的日常开支无以为继，急需外援支持。[①]

20世纪70年代初至80年代末，英国对非政策发生了较大变化，表现在普遍改善英非关系。最突出的表现是大大增加与非洲国家高层的交往与协商，以解决共同关心的问题。单是1973年一年，英国就邀请了三位非洲国家领导人（扎伊尔总统蒙博托、苏丹总统尼迈里和尼日利亚国家元首戈翁）访问了英国。1975年坦桑尼亚总统尼雷尔到英国进行国事访问并受到隆重接待。[②]

---

① 张广荣：《英国对非援助：概况、特点及影响因素》，《非洲经贸研究》2011年第5期，第38—42页。

② 高晋元：《英国—非洲关系史略》，中国社会科学出版社，2008年版，第283页。

在后来 10 多年中英国继续重视与非洲国家进行高层交往。据统计，1973—1980 年的 8 年中，有 6 个非洲国家的政府高层包括总统和外长访英，而英国政府高官包括首相或外交大臣访问了约 13 个非洲国家，其中对坦桑尼亚、赞比亚、莫桑比克、科特迪瓦等国的访问不止一次。1981—1990 年 10 年中互访更加频繁：有 15 个非洲国家的国家元首或政府总理访问英国达 35 次，而英国政府首相或大臣访问了非洲 23 国共 57 次，访问次数最多的是津巴布韦（8 次），其次是肯尼亚和尼日利亚（各 5 次）、博茨瓦纳（4 次）、坦桑尼亚和和赞比亚（各 3 次）。[1]

从高层互访的次数看来，英国的外交重点在北非，依次是埃及、苏丹、摩洛哥，在东非是肯尼亚、坦桑尼亚，在南部非洲是津巴布韦、赞比亚、莫桑比克，在西非是尼日利亚。[2]

到了 20 世纪 90 年代，英国对非洲的援助额迅速增长，由 6 亿多英镑增至 1998 年到 1999 年的 8 亿多英镑。其中，1994 年到 1999 年间英国对非援助 42.104 亿美元，约占英国对外援助总额的 36.2%。[3]

1991 年 10 月举行的第 28 届英联邦首脑会议上，英国向 15 个英联邦非洲成员国施加压力，把民主和人权作为中心议题，明确表示英国的经济援助也要同受援国的"人权、民主、自由市场经济的政策相联系"。[4] 英国海外发展部在 1993 年 10 月拟定了一个题为《把良治估计在内》的文件，用以指导英国的对外援助。也就是说，非洲国家要获得英国经济援助就必须在非洲推行西方思维中的政治改革，最初只讲多党民主，后来又加上了人权、良治等内容。[5]

除了原则声明外，英国政府及其官员还对非洲国家内政进行具体干预。1991 年 11 月英国与其他援助国和国际机构一起迫使肯尼亚改行多党制。[6]

自 1991—2000 年的十年中，英国与非洲国家上层的交往明显减少。主

---

[1] 高晋元：《英国—非洲关系史略》，中国社会科学出版社，2008 年版，第 284 页。
[2] 高晋元：《英国—非洲关系史略》，中国社会科学出版社，2008 年版，第 284 页。
[3] 张广荣：《英国对非援助：概况、特点及影响因素》，《非洲经贸研究》2011 年第 5 期，第 38—42 页。
[4] 贺文萍：《非洲国家民主化研究》，时事出版社，2005 年版，第 99 页。
[5] 高晋元：《英国—非洲关系史略》，中国社会科学出版社，2008 年版，第 292—293 页。
[6] 高晋元：《英国—非洲关系史略》，中国社会科学出版社，2008 年版，第 293 页。

要原因是这十年内非洲国家实行多元化政治改革而政治混乱或不稳定,有些国家发生了军事政变或内战或地区冲突。[1]

20世纪90年代非洲许多国家爆发内乱和冲突。为了解决和预防非洲的冲突,英国的总政策是尽量少出兵,向非洲地区组织提供资金和训练,以帮助它们加强维和能力并通过联合国实施经济制裁。塞拉利昂陷入内战后,2000年5月起英国向塞拉利昂派兵。

值得注意的是,虽然非洲独立运动以后历届英国政府都对非洲进行过援助,但布莱尔政府是使英国政府成为"有道德的政府"和"捐助"政府的推动者。自1997年工党领袖托尼·布莱尔上台以来,英国的对非政策发生了重大变化,从1997年布莱尔就任英国首相后,英国在对非政策上更加注重非洲事务,力图提高非洲在英国对外经贸合作中的地位,布莱尔政府建立了"国际发展部"和"非洲委员会"来管理英国对发展中国家的援助项目,其中最主要的援助对象就是非洲。[2] 2004年,英国首相布莱尔倡议设立了"非洲委员会",[3] 旨在帮助非洲国家结束冲突、实现"良政"、减轻债务,并为非洲可持续发展提供政策建议和实际支持。

进入21世纪,英国对非援助数额继续加大,一直保持着国际重要援非国家的地位。[4]

英国负责对外援助的部门是国际发展部,该部门统筹对非洲的援助。英国首相是代表英国王室和民众执掌国家行政权力的最高官员,英国政府首脑。我们考察英国对非的首脑外交更多地是研究英国首相在对非首脑外交中的作用。

《2005年英国年鉴》指出,支持非洲地区预防和制止冲突已成为英国政府对非洲援助要考虑的第一位优先政策。2003—2004年,英国负担了联

---

[1] 高晋元:《英国—非洲关系史略》,中国社会科学出版社,2008年版,第293页。
[2] 曹德明、戴启秀主编:《欧盟及其成员国对非洲关系研究》,上海外语教育出版社,第2015年版,第282页。
[3] 张广荣:《英国对非援助:概况、特点及影响因素》,《非洲经贸研究》2011年第5期,第38—42页。
[4] 张广荣:《英国对非援助:概况、特点及影响因素》,《非洲经贸研究》2011年第5期,第38—42页。

合国约 7.4% 的维和费用，积极参与针对非洲国家的维和与人道主义救援。①

除了援非金额不断增加、援非方式多样化外，英国政府还通过多种行动高调表明援助非洲在其外交政策中的重要地位。2005 年，英国财政大臣戈登·布朗启动"非洲马歇尔计划"，明确指出英国将帮助包括非洲国家在内的发展中国家负担 10% 的外债款额，还积极倡议国际社会要全方位地对非洲实施援助，为非洲提供更多的债务减免、更高的援助额和更好的贸易环境。② 2005 年，英国首相布莱尔利用其担任欧盟轮值主席和八国首脑会议主席的身份积极推动国际社会实施对非援助。2005 年的八国集团首脑会议由英国主办，布莱尔力主将 2005 年定为"非洲年"，并把促进非洲发展列为会议主题之一。峰会期间，八国集团领导人同南非、尼日利亚、阿尔及利亚、埃塞俄比亚、加纳、塞内加尔、坦桑尼亚七个非洲国家的领导人探讨了非洲债务、援助、发展、贸易及地区安全等问题，并通过了援助非洲的全面计划。③

英国十分注重对与其有着较大经济利益的非洲国家提供援助，以在实施援助的同时兼顾本国利益。2011 年，卡梅伦在"窃听门"事件不断发酵的时候仍坚持对非洲地区进行为期两天的访问，这次出访有 25 位商业人士陪同。行前，卡梅伦表示，将继续对撒哈拉以南的非洲提供援助④，以赶超中国在非洲的"重要地位"。在访问尼日利亚的时候，他抨击中国在非洲的援助是"专制资本主义"，并强烈反对中国"侵略"非洲。在抨击完中国后，卡梅伦又敦促非洲实行民主改革，表示渴望与非洲快速发展的经济体建立更加强大的贸易关系。2012 年 8 月，埃塞俄比亚总理梅莱斯·泽纳维病逝，卡梅伦第一时间发表评论，热情称赞泽纳维是非洲的发言人，帮助数百万人脱离贫困。2013 年曼德拉去世，卡梅伦发表评论说："世界失去了一盏明灯。纳尔逊·曼德拉是我们这个时代的英雄。"唐宁街 10 号

---

① 张广荣：《英国对非援助：概况、特点及影响因素》，《非洲经贸研究》2011 年第 5 期，第 38—42 页。

② 张广荣：《英国对非援助：概况、特点及影响因素》，《非洲经贸研究》2011 年第 5 期，第 38—42 页。

③ 李喜英、黄军英：《英国对非援助政策的调整》，《国际经济合作》2012 年第 4 期，第 82—86 页。

④ 英国《卫报》，2011 年 7 月 18 日。

的首相府还特地降半旗以示哀悼。同年，卡梅伦在访华期间不仅与中国领导人商谈了双边关系，还专辟中英非洲国家基础设施合作论坛，将合作延伸到多边领域。英国还提出中英联合开拓非洲国家等第三方新兴市场的主张，认为"中国在基建上非常有实力，能够提供融资，而英国几个世纪以来一直有最佳实践、工程、创意与设计的经历，英国的创意与中国的基建合作，能为非洲创造最有利的条件"。2014年非洲爆发埃博拉病毒后，卡梅伦又明确表示，"需要采取措施应对非洲的埃博拉疫情。"可以说，对非外交始终是卡梅伦任期内外交活动的内容之一，而其所面对的非洲国家则往往是当年的英属殖民地。

与其他大国不同，英国与非洲之间的首脑外交更多地是依靠英联邦会议展开的。英联邦地方政府会议每两年举行一次，2015年英联邦会议即是在原来英国的殖民地博茨瓦纳召开的。根据议事规则，英联邦的所有国家一律平等，英国与英联邦的其他非洲国家平起平坐，许多非洲国家非常重视在英联邦中发挥作用。因此，尽管某些人批评英联邦只是一个"清谈馆"，是穷国喜欢的议论场所。但对前殖民地而言，它是非美国主导的最重要的国际组织，是为数不多的穷富国家、大国小国平等的国际机构之一。因此，虽然英国首相在英联邦首脑会议上经常无法发挥主导作用，但利用领地型首脑外交，英国依然可以发挥潜移默化的重要作用。这种作用不仅表现在政治、经济、军事、文化等方面，甚至影响着许多非洲国家的社会生活。

英国对非首脑外交比较侧重于对非援助。进入21世纪后，英国受国际社会和国内形势影响，调整了对非洲的援助政策，既提高了援助额，也增加了援助对象。从援助内容来看，近年来英国对非洲的援助增加了预防冲突和人道主义援助等部分。2004年，时任英国首相的布莱尔成立"非洲事务委员会"，积极支持"非洲发展新伙伴行动计划"，旨在帮助非洲国家结束冲突、实现"良政"、减轻债务，并为非洲可持续发展提供政策建议和实际支持。2005年的八国集团首脑会议由英国主办，布莱尔力主将2005年定为"非洲年"，并把促进非洲发展列为会议主题之一。在英国非洲事务委员会关于《我们共同的利益——非洲委员会执行报告》的新闻发布会上，英国提出了所谓的"非洲马歇尔计划"，呼吁发达国家在此后几年到2010年止每年给予非洲250亿美元的援助，提议全部免除撒哈拉以南非洲国家的债务、建立更加公平的国际贸易体系，等等。在军事方面，英国在2004年提议建立一支1.5万人的欧盟作战部队，以备干预非洲的战乱和冲突之需，并考虑在其后5年内为非洲培训2万名维和士兵。2011年，英国国际发展署发布了《2011—2015年非洲行动计划》，新的行动计划调整了对非援助政策，主要表现为增加对非洲的援助金额和改变在非洲的具体援助对象。英国对非洲国家的援助既有区域援助，也有双边援助，两种援助方式同时进行。区域援助主要表现在通过一系列方式支持非洲区域一体化，并出台针对整个非洲地区或非洲区域联盟——如东南非共同市场（COMESA）、东非共同体（EAC）和南部非洲发展共同体（SADC）——的援助方案和计划。双边援助则是英国对具体受援国家的援助协议或计划。这个计划还设立了四个独立团队专门解决区域发展问题，包括财富创造小组、气候变化小组、健康教育与人道主义小组及治理与安全小组。英国在非洲的双边援助对象既有英联邦国家，又有非英联邦国家。英国对非洲国家的双边援助以英联邦国家为主，特别是与英国有频繁贸易往来和投资利益关系的国家。[1] 这个计划为英国在非洲的援助行动提供了指导和方向，又因为非洲地缘和政治因素，而其实质目的依然是秉承英国的实用主义外交理念，即在帮助非洲摆脱贫困的同时兼顾本国发展利益。

大多数援助国和国际组织逐步开始将民主改革作为发展援助的条件。英国政府从20世纪90年代中期开始采取这一立场。[2] 英国对非洲国家提供的援助附加了大量政治条件，这些政治条件包括多党制、民主以及政府是否实行"良政"等。布莱尔政府上台后，明确提出对外进行"新干涉主义"的做法，表明了要借助一切手段（包括武力在内）在世界范围内推行"民主体制"与"人权观念"，这使英国在援非事务上也进一步加强了政治条件性。[3]

---

[1] 李喜英、黄军英：《英国对非援助政策的调整》，《国际经济合作》2012年第4期，第82—86页。

[2] 李鹏涛、翟珣：《英国工党政府的非洲政策浅析（1997—2010）》，《非洲研究》2013年第1期。

[3] 张广荣：《英国对非援助：概况、特点及影响因素》，《非洲经贸研究》2011年第5期，第38—42页。

第四节 中外对非首脑外交比较

对非外交政策是各国外交政策的试金石。是实用主义还是道义至上原则？是真援助还是假援助？是干涉非洲内政还是尊重其发展道路？通过对比，可以一目了然。从对非首脑外交的内容层面看，美国在重视安全利益和经济利益的同时，把意识形态方面的利益摆在一个很高的地位；英国在强调历史认同的同时，希望加强贸易往来；法国在不断推动对非援助的同时，着力塑造自身"非洲警察"的道义形象；中国则提出"命运共同体"，"主权平等"和"不干涉内政"是中国对非首脑外交的传统内涵，重义轻利、合作共赢是中非首脑外交的新时代特质。

通过比较可以看出，英法对非的首脑外交长期呈现出"领地"型的特点，一方面承担"领导"的责任，另一方面又常常发号施令，干预非洲各国的内部事务。而美国对非外交政策则始终以利益至上、安全第一和人权要求为特点。如希拉里2009年访问南非时，希望南非政府向邻国津巴布韦施压，以建立一个符合美国标准的"自由民主的津巴布韦"。[①]

与英法两国的"领地"型首脑外交不同，中国对非首脑外交强调"命运共同体"，体现出政治上的"患难与共"，外交上的"平等待人"的特点。在非洲民族解放运动兴起之时，中国从道义上给予了全力的支持，长期支持非洲反帝、反殖和反种族主义斗争，并力所能及地给予了非洲国家大量无私援助。这种从历史上就有的深厚友谊，成为中非信任的基础。同时，中国自与非洲国家建立外交关系时起便始终坚持"主权平等"和"不干涉内政"的原则。这首先表现在中国积极地与所有非洲国家发展伙伴关系（除了那些与台湾当局保持关系的国家以外），不干涉非洲国家的政治、经济自主权，相信非洲国家有自己选择发展道路的能力。中国一贯主张，国家不分大小、贫富、强弱，都是国际大家庭平等的一员，坚决反对以富压贫、以强凌弱。而西方国家大都是有选择地与非洲国家发展

---

① "Hillary Clinton Pushes South Africa to Press Zimbabwe Reform", http://huffingtonpost.com/2009/08/07/hillary-clinton-pushes-so_n_253723.html, 访问日期：2016年7月23日。

关系，或者重点放在巩固与原殖民地国家的关系上，或者注重发展与非洲资源大国或地区大国的关系。

其次，中国尊重非洲国家选择适合自身发展道路的权利。美国本着政治自由主义的理念，强行向非洲国家推销其人权、民主和良治标准，其手段往往是在经济援助上附加干涉性政治条款。1991年7月举行的美英等西方七国首脑会议做出共同规定，向非洲国家提供经济援助和减免债务必须同这些国家是否实行"民主化"相联系。[1]而中国在与非洲交往之初就强调尊重非洲自主选择发展道路的权利。中国的这一态度，始终没有变化。

英法等国对非洲强调良治，这种良治实际上是以价值判断为基础，照搬西方的政治制度，希望把非洲变成"白人式"的非洲；而中国的对非洲政策实际上强调有效治理，是以结果为导向的思维方式，看重的是政府的有效运作和社会管理的有序进行，强调政治的稳定与恰当的经济发展政策。[2]欧美国家对非首脑外交始终希望主导非洲发展，试图按照自身社会发展的标准安排非洲的发展，框定非洲发展的基本路径选择，巩固西方在非洲的利益存在。西方对非洲的援助都附加各种条件。与西方国家对非援助大多带有苛刻的政治和经济条件不同，中国对非援助着眼于推动非洲国家的发展和巩固中非友好合作关系，且不附带任何条件。特别是在援助方式上，中国从不以施舍者身份自居，尽量避免使用"援助者"和"受援国"这样的字眼，而是强调中非合作过程中的团结、互助与共同发展。[3]中国对非洲的援助尽管数量有限，但充分尊重非洲，倾听非洲的声音，把非洲看作平等的合作伙伴，与非洲国家平等相待。这样的援助受到了非洲国家的普遍欢迎。

中国同西方国家的殖民主义政策的根本区别在于中国对非洲没有政治诉求，不企图对非洲进行政治上的统治或垄断。正是由于中国加大了对非洲的经济投入，在援助方面实行了与西方完全不同的政策，才使得非洲能在对外交往中有多种选择。正如肯尼亚内罗毕大学经济学家盖里雄·伊基

---

[1] 贺文萍：《非洲国家民主化研究》，时事出版社，2005年版，第99页。
[2] 方晓：《"中欧非合作：机会与挑战"国际学术研讨会综述》，《国际问题论坛》2008年夏季号，第139—143页。
[3] 罗建波：《中国与西方国家的对非洲外交：在分歧中寻求共识与合作》，《世界经济与政治》2009年第4期，第26—35页。

亚拉指出，与西方公司合作往往比跟中国公司合作复杂得多。他说："中国不会涉足许多当地事务和政治问题"，所以协议的谈判速度相对较快。他表示，除此之外，中国人还能准时完工。① 事实上，在非洲"觉醒"之时，国际政治领域的"平等"对曾经遭受西方列强欺凌的非洲国家具有特殊意义。与此同时，近年来，在面对非洲大陆经济快速发展，"发展"的要求已超过了"平等"的要求之时，如何适时调整政策，从道义上的平等、经济上的援助转向道义上的责任、经济上的合作仍是中国对非首脑外交的重要课题之一。

长期以来，对非援助始终是西方大国打开非洲大门的钥匙，特别是美国对非的首脑外交，始终打着"援助"的烙印。与西方国家对非援助附加政治条件和采用实用主义原则不同，中国对非外交的重要特征之一是强调重义轻利，强调合作共赢。中国长期支持非洲国家的经济建设，特别是通过援建大型基础设施项目来实现非洲的自力更生，这正是非洲迫切需要的，但又是西方许多国家都不愿意去做的事情。以援助推动自力更生，加强非洲自身能力建设成为中国对非援助的重要特点。截至2009年，中国在非洲援建了近900个成套项目，为非洲国家培训培养了3万名各类人才，向43个非洲国家派遣医疗队员累计达1.7万人次。② 1982年中国政府又宣布了对非经济技术合作的"四项原则"，即平等互利、讲求实效、形式多样、共同发展。近年来，中国开始积极探寻新的对非援助方式，鼓励中国企业加大对非洲的投资和技术转让。这种变化如今已经起到了非常积极的效果，自2001年以来，非洲与中国的贸易增加了10倍，于2008年更达到了1000亿美元。2009年中国对非贸易额超过美国。2014年美非贸易额勉强达到700多亿美元，而2011年这一数据为1250亿美元，此后一路下滑。中国与非洲的贸易额正在迅速增长，到2014年达到2220亿美元。③ 随着中非在经济不断的发展，中非首脑外交也注入了合作的新鲜血液。近年来，习近平、李克强访非期间和非洲国家签署动辄几百万欧元、几千万美元的合同即显示了中非经济合作的强劲后劲。如今，"合作共赢"已经成为中

---

① 《外媒评奥巴马访非：主旨是遏制中国影响力》，《参考消息》2015年7月26日。
② 《扩大中非合作提高援助成效》，《人民日报》2009年2月9日。
③ 《专家：促中非发展战略对接交融》，http://www.focac.org/chn/zfgx/zfgxzzjw/t1306988.htm，访问日期：2015年11月9日。

非首脑外交的重要内涵之一。

与中国对非强调重义轻利不同，美国在非洲的直接投资虽然仅占其海外投资总额的1%，但回报率却是海外平均投资回报率的三倍。而在对非援助时，美国的援助的限制性条款条件苛刻，并显得僵化而缺乏诚意。在非洲面临饥荒和旱灾时，美国的粮食援助往往存在重大缺陷，执意要求粮食必须购自美国农场，且必须由美国的船只运输。如果这一援助不是以食物而是以资金的形式进行，就会对非洲的农业生产起到很大的促进作用。灾民可以拿救济资金来购买产自非洲大陆的粮食，这对于促进非洲的农业生产、提高非洲农业生产者的积极性具有重要意义。[1] 在援助的问题上，中国用较少的援助获得了巨大的成功，但随着非洲政治发展重心的转移和中非经济关系的不断深入，如何改变一些中国企业在非洲盲目乱采乱伐、无序扩张等新的问题，将成为中国对非首脑外交的新的课题。

中非同属发展中国家，共同的历史遭遇、共同的发展任务、共同的战略利益把中非塑造成了命运共同体。随着中非全面战略伙伴关系的确立和发展，中非关系进入全面快速发展的"黄金时期"。中国重视同所有非洲国家发展友好关系，无论大小、强弱、贫富，不管是资源富集国还是资源贫瘠国，中国都平等相待，积极开展互利共赢的务实合作。

中非是平等合作的好朋友。中非关系是一种平等相待、相互依存的关系。中国对非合作从不居高临下，从不干涉内政，也从不开空头支票。截至2014年3月，中国为非洲已经援建了1000多个成套项目，没有附加过任何政治条件。仅这一基本事实就可以使任何针对中国的不实之词苍白无力。中非还是共同发展的好伙伴。非洲这些年经济持续增长的一个重要原因，就是中国对非合作的拉动，并且还带动了其他国家纷纷加大对非洲的投入。[2]

同非洲的西方合作伙伴相比，中国真正为非洲的发展、进步着想，真心关注、支持非洲国家的自主发展。农业合作是中非合作的重点领域。"他的'礼物'既实际又慷慨"，当中国国家主席胡锦涛在2007年访问莫

---

[1] 刘中伟：《美国智库眼中的中非关系》，《中国社会科学报》2012年12月12日。
[2] 《王毅在十二届全国人大二次会议举行的记者会上就中国外交政策和对外关系答中外记者问》，《人民日报》2014年3月9日。

桑比克期间签署了几项援助协议之后,南非媒体这样报道。①

英、法、美等西方国家对非援助是有附加条件的。如附有经济条件,如英国对非双边援助的项目要求必须与购买英国的商品和服务挂钩,称挂钩援助(尽管该"挂钩援助"已于2001年4月废止)。英国强调非洲国家要获得援助必须实行多党民主,后来又加上了良治。2002年8月底9月初在联合国举办的约翰内斯堡可持续发展首脑会议上,英国首相布莱尔宣布追加1亿美元对非援助,但同时声称,"不符合良治和负责精神的国家将得不到援助。"②

长期以来,中国在各个领域对非洲国家提供了坚定支持与不附加政治条件的援助。同非洲的西方合作伙伴相比,中国真正为非洲的发展、进步着想,真心关注、支持非洲国家的自主发展。加强非洲民主政治建设是美国政府的一项长期目标。对于当前面临严重治理问题的非洲国家而言,政治发展的主题不仅只是民主化,也包括更为重要的国家建构、基本制度建设和政治稳定问题。正如新加坡国立大学东亚研究所所长郑永年所言:民主转型的顺利推进首先需要存在最低限度的国家制度、政治秩序和政府对领土和社会的有效控制。③

为增强非洲经济自主发展能力,中国注重对非技术援助。让非洲国家自己的技术人员掌握技术。在中国的技术援助下,苏丹由一个石油进口国变为石油出口国,而且拥有了一套集勘探、生产、炼制、运输、销售于一体的现代化石油工业体系。与之相对的是,虽然英荷壳牌石油公司在尼日利亚开采了50多年的石油,但尼日利亚至今仍没有建立起自己的石油生产和加工体系。西方国家不愿意转让技术,而中国却愿意转让。④

塞内加尔总统阿卜杜拉耶·瓦德指出:"与欧洲投资者、捐赠机构及非政府组织缓慢的、有时'居高临下'的后殖民主义方式相比,中国的方式的确更适应我们的需求。事实上,中国刺激经济快速增长的模式很值得

---

① 黛博拉·布罗蒂加姆著,沈晓雷、高明秀译:《龙的礼物:中国在非洲的真实故事》,社会科学文献出版社,2012年版。
② Africa Research Bulletin (Economic Series), October 10th, 2002, p. 15323. 转引自高晋元著:《英国—非洲关系史略》,中国社会科学出版社,2008年版,第342页。
③ 郑永年:《中国模式——经验与困局》,浙江人民出版社,2010年版,第45页。
④ 刘鸿武等:《新时期中非合作关系研究》,经济科学出版社,2016年版,第182页。

非洲借鉴。"①

  比较是认识事物本质的最好途径之一。历史认同、经济援助、政治干预是中西对非首脑外交的重要不同,在新的历史时代,面对非洲总体实力的不断提升,面对与西方各国在对非事务上的不断摩擦,面对西方媒体对中国的污蔑与挑衅,中国有必要更加明确中国对非首脑外交的基本内涵,以便更加巩固中非关系,推动中非关系走向一个更高的层次。

---

① 《塞内加尔总统:西方应该多向中国学习》,http://news.xinhuanet.com/world/2008-04/15/content_7979529.htm,访问日期:2016年11月1日。

第六章/中国对非首脑外交的新理念

"志合者,不以山海为远。"作为世界上重要的国际关系之一,中国与非洲虽然远隔重洋,文化差异巨大,但双边关系却源远流长,中非关系在中非对外关系史中均占有重要地位。党的十八大以来,习近平主席积极倡导和推动对非外交,强调加强同非洲国家的团结合作是中国外交政策的重要基石。他先后三次出访非洲,提出"中非命运共同体""正确的义利观""真、实、亲、诚"等对非外交新理念,为中非全面战略合作伙伴关系提供了清晰的战略指引和思想动力,构建了全新的中国对非话语体系。

第一节 "命运共同体"

2013年初,习近平主席在访非期间首次提出中非是"命运共同体"。他指出,中非关系如同"兄弟情谊",有"共同的历史遭遇、共同的发展任务、共同的战略利益",双方互视对方的发展为自己的机遇,通过加强合作促进共同发展繁荣。他表示,新中国成立以来,中非老一辈政治家共同开启了中非关系新纪元。双方在支持反殖反帝、争取民族独立和解放、实现和平与发展的道路上,"结下了同呼吸、共命运、心连心的兄弟情谊"。[1]

此后,习近平在不同场合多次强调中非是"命运共同体"。他在与塞

---

[1] 《习近平在坦桑尼亚尼雷尔国际会议中心发表演讲 中非永远做可靠朋友和真诚伙伴》,外交部网站,2013年3月25日,http://www.fmprc.gov.cn/mfa_chn/wjdt_611265/gjldrhd_611267/t1024948.shtml。

内加尔总统萨勒的会谈中强调:"中非友好历久弥新,合作潜力巨大,双方是休戚与共的命运共同体。"① 在会见喀麦隆总理菲勒蒙时也强调,中国和非洲国家是休戚与共的"命运共同体",面临共同的发展任务。2015年7月9日,习近平在俄罗斯乌法会见南非总统祖马时再次强调:"中国和非洲历来是命运共同体和利益共同体。"② 2015年中国公布的第二份《中国对非洲政策文件》进一步确认了中非命运共同体的概念内涵,指出:"中非从来都是命运共同体。半个多世纪以来,无论国际风云如何变幻,中非始终是风雨同舟的好朋友、休戚与共的好伙伴、肝胆相照的好兄弟。中非传统友好深得人心,已成为中非双方的宝贵财富。"③ 不仅如此,习近平在博鳌论坛等多边会议以及访问东盟、拉美、欧洲等地区时屡屡提及"命运共同体"理念,并将这一理念提升为"人类命运共同体"的高度,成为中国塑造新型国际秩序的价值观内涵。

"命运共同体"既是对中非传统友谊的总结,又是对当今中非关系的判断,还是对中非关系未来发展的展望。中非"命运共同体"理念的提出,将中非的历史命运与现实命运交织在一起,确认了中非友好的历史传承,点明了双方的价值观认同,拉近了双方关系,成为中国对非话语体系的重要内容和发展中非关系的感情纽带。

第二节 "正确义利观"

党的十八大以来,以习近平同志为总书记的党中央准确把握国内国际两个大局的新特点、新变化,坚持继承与发展相结合、理论与实践相联系,就我国外交战略方针和政策主张做出了一系列重要论述,引领中国外交进入一个新的活跃期、发展期和开拓期,取得一系列重要成果和积极进展。其中,习近平同志提出的在外交工作中要坚持正确义利观的重要思

---

① 《习近平同塞内加尔总统萨勒举行会谈》,《人民日报》2014年2月21日。
② 《习近平会见南非总统祖马》,www.gov.cn/xinwen/2015-07/09/content_2894620.htm,访问日期:2017年3月6日。
③ 《中国对非洲政策文件(全文)》,http://news.xinhuanet.com/world/2015-12/05/c_1117363276.htm,访问日期:2015年12月7日。

想，对于我们进一步做好新时期外交工作尤其是做好周边和发展中国家工作具有重要指导意义。① 党的十八大以来，习近平主席从"正确义利观"的角度对中非相互平等和互利合作进行了阐释。他在2013年访非期间提出，要以正确的义利观为指导，加强与发展中国家的务实合作。他强调，对包括非洲在内的广大发展中国家，一定要坚持正确义利观。只有坚持正确义利观，才能把工作做好、做到人的心里去。政治上要秉持公道正义，坚持平等相待，遵守国际关系基本原则，反对霸权主义和强权政治，反对为一己之私损害他人利益、破坏地区和平稳定。经济上要坚持互利共赢、共同发展。对那些长期对华友好而自身发展任务艰巨的周边和发展中国家，要更多考虑对方利益，不要损人利己、以邻为壑。② 正确义利观是中国对发展中国家外交的一面旗帜，讲求的是义利相兼、以义为先、情义为重，核心要义是把帮助非洲等发展中国家实现自主可持续发展同促进中国自身的发展紧密结合起来，实现合作共赢、共同发展，推动世界更加均衡、包容和可持续发展。

长期以来，中国在尊重主权、平等互利的基础上与非洲国家发展关系，在给非洲提供援助时严格尊重受援国的主权，不把自己的意志强加于人，绝不附带任何政治条件，绝不要求任何特殊权利，绝不干涉内政，在合作中出现的问题通过平等协商解决。这些原则已成为中非友好关系不断发展的重要基石。中方愿与非洲国家一道，以中非友好为"轴承"，经贸和人文两个"轮子"一起驱动，推动中非合作步入快车道，走得更稳、更远。

第三节 "真、实、亲、诚"

在中国外交的整体布局中，发展中国家是基础，非洲是"基础中的基

---

① 《坚持正确义利观 积极发挥负责任大国作用——深刻领会习近平同志关于外交工作的重要讲话精神》，《人民日报》2013年9月10日。
② 《坚持正确义利观 积极发挥负责任大国作用——深刻领会习近平同志关于外交工作的重要讲话精神》，《人民日报》2013年9月10日。

础"。2013年习近平主席访非时，提出了"真、实、亲、诚"的对非外交新理念。"真"，就是在交往上真诚以待，"真朋友最可贵。中非传统友谊弥足珍贵，值得倍加珍惜"。"实"，就是在合作时真心实意，"中国不仅是合作共赢的倡导者，更是积极实践者"。"亲"，就是强调"中国人民和非洲人民有着天然的亲近感"。"诚"，就是在解决合作中出现的问题时，讲求实效，"中方坦诚面对中非关系面临的新情况新问题，对出现的问题，我们应该本着相互尊重、合作共赢的精神加以妥善解决"。[1]"真、实、亲、诚"是习近平对中国对非交往的总结与战略规划，指导和推动了中国对非关系的进一步发展。

总结中国对非外交新理念可以看出，中国对非外交在历史传承、价值观判断、交往原则的定义与定位等方面均推出了新的理念，构建起了新的对非话语体系。多年来，对非话语体系多为西方所主导，西方通过数百年对非洲的殖民，建立了一套强势的话语体系。而随着中非关系的发展，西方媒体利用话语权优势频频抛出"中国威胁论"，大肆宣扬所谓的中国对非洲实行"新殖民主义""掠夺资源"，这些负面论调不仅严重影响了中国的形象，而且也阻碍了南南合作、南北关系的健康发展。长期以来，作为全球最大的发展中国家，中国对西方的主流对非话语体系没有跟上时代的要求和自身发展需求，缺乏有效的话语体系。习近平主席对非外交的理解与思考，构成了中国对非话语的独特内容和独创价值，改变了西方主导对非话语权的状况，实现了东西方话语优势的合理转换，在非洲产生了巨大影响和共鸣。

在以上新理念的指导下，中非首脑外交应牢牢把握以下四项原则。

一是真诚平等相待。中非两大文明相近相通，都有着鲜明的文化特征，都重视乡土情怀，都崇尚平等共享、团结协作，我们是精神上的"近邻"。"非洲之子"曼德拉说："在西方文明的浸染中，我始终没有忘记自己的非洲身份。"他那种百折不挠、追求平等的执着精神令人敬仰。[2] 中非都曾饱受殖民主义、帝国主义的侵略和压迫，都深知独立平等的可贵。双

---

[1] 《习近平谈治国理政》，外文出版社，2014年版，第306—309页。
[2] 《李克强在非盟总部演讲 用埃塞谚语赞非洲团结（全文）》，www.chinanews.com/gn/2014/05-05/6135352.shtml，访问日期：2017年5月8日。

方不把自己的意志强加于人，不干涉对方内政，在合作中出现的问题通过平等协商解决。中方对非援助从来不附加任何政治条件。这些已成为中非友好不断发展的重要基石。

二是增进团结互信。中国古代哲人说："己欲立而立人，己欲达而达人，己所不欲，勿施于人。"相互尊重是政治互信的重要前提，中非始终尊重彼此的核心利益和重大关切。中国坚持为非洲的正义事业和合理诉求仗义执言，非洲也一向坚定支持中国维护自身重大利益。双方加强在国际和地区事务中的协调与配合，有力维护了发展中国家的共同利益。在国际多边舞台上，中非往往具有共同的关切，相同的立场；在维护地区安全稳定上，中非始终保持良好的沟通与对话。中国是安理会常任理事国中参加联合国在非维和行动人员最多的国家，分布在多个热点地区。中非团结互信，有利于双方发展，更有利于世界和平进步。

三是共谋包容发展。中国仍是世界上人口最多、面积最大的发展中国家，非洲是世界上发展中国家最集中的大陆。中国科技有一定的基础，资金相对充裕，非洲市场潜力大，劳动力充足。双方经济的高度互补性和频繁的投资经贸往来，使彼此难以分离，相得益彰。中国愿与非洲国家交流发展经验，分享发展机遇，共促包容性增长。中国开发出的先进适用技术及应用成果，愿毫无保留地与非洲共享。中方也愿将适宜的劳动密集型产业优先转移到非洲，促进非洲的就业，这对中非都有益，可以使双方人民受惠。中方真心支持非洲合作伙伴多元化，乐见国际社会加大对非投入，愿意在非洲开展第三方合作。

四是创新务实合作。非洲处在经济起飞时期，中国将坚定不移推进现代化，中非正在加速融入经济全球化进程。中非合作符合世界潮流，需要立足各自发展阶段，相互考虑对方关切，不断寻找和扩大利益交汇点。双方互通有无，合作不局限于能源资源和基础设施，而应扩展到工业化、城镇化、农业现代化等广泛领域，更加重视绿色低碳发展和生态环境保护，更好发挥市场与政府有效结合的作用，更多激发企业与社会良性互动的活力，通过创新务实合作，使中非合作成为优势互补、务实高效的典范。[1]

---

[1] 《开创中非合作更加美好的未来——在非盟会议中心的演讲》，《人民日报》2014年5月6日。

第七章/中国对非首脑外交的新特点

首脑外交是由国家元首或政府首脑以多种方式直接或间接出面参与和处理对外事务的外交方式。随着国际格局多极化与世界经济全球化的发展，首脑外交因其政治级别高、效果显著、影响重大等特点，作用日益凸显，并且受到国际社会普遍重视。习近平主席积极倡导和推动首脑外交，在四年的时间里，出访非洲、亚洲、欧洲、北美洲、南美洲以及大洋洲的30多个国家以及联合国、欧盟总部等，首脑外交成为中国外交最活跃的外交形式之一。中国对非首脑外交尤其值得关注。在中非关系发展过程中，中非之间频繁的首脑外交不仅在其他国家与非洲国家关系中绝无仅有，在中国与其他大洲的关系中也十分罕见。

在中国外交的整体布局中，发展中国家是基础，非洲是"基础中的基础"。以习近平为代表的新一届中国领导人对非首脑外交活跃而且高效，并呈现出许多新的特点，有力地推动了中非关系的务实发展。

第一节 相互平等和互利合作

从本质上看，中国对非首脑外交强调相互平等和互利合作。中国恪守主权独立和互不干涉内政原则，坚持互利互惠，在经贸等领域与非洲开展形式多样的合作，从不附加任何政治条件。

中国对非首脑外交始终坚持"主权平等"和"不干涉内政"的原则，这一点不但写进"和平共处五项原则"中，也写进了周恩来访问非洲十国时提出的中国对外经济技术援助八项原则中，成为中非首脑外交乃至中国对非外交的重要原则。

中非两大文明相近相通，都有着鲜明的文化特征，都重视乡土情怀，都崇尚平等共享、团结协作，是精神上的"近邻"。中非都曾饱受殖民主义、帝国主义的侵略和压迫，都深知独立平等的可贵。中国与非洲国家开启外交关系50年来，奉行的是和平发展理念，一贯主张国际关系民主化，在尊重主权、平等互利的基础上与非洲国家发展关系。毛泽东同志在1959年接见非洲朋友时就指出："你们需要支持，我们也需要支持。"[1] 胡锦涛主席在2006年中非合作论坛北京峰会上强调指出，中非关系之所以历久弥坚的一个关键因素是"平等相待"，"这是中非互信日益增进的重要保证"。[2] 中国1982年提出的对非经济技术合作"四项原则"，也把"平等互利"放在了首位。[3]

作为最大的发展中国家，中国在与最大的发展中大陆打交道时，始终在尊重主权、平等互利的基础上发展与非洲国家的关系，在给非洲提供援助时严格尊重受援国的主权，不把自己的意志强加于人，绝不附带任何政治条件，绝不干涉内政，在合作中出现的问题通过平等协商解决。同非洲的西方合作伙伴相比，中国真正为非洲的发展、进步着想，真心关注、支持非洲国家的自主发展。习近平多次表示，"中国将继续为非洲发展提供应有的、不附加任何政治条件的帮助。"[4] 这与西方国家对非援助总是附加政治条件形成了鲜明的对比。以美国为例，根据《非洲增长与机会法案》，美国进行对非援助时附加了苛刻的政治条件，如要求非洲国家推行市场经济和奉行民主化改革等。法国总统奥朗德更是在其任上第一次访问非洲期间，指责刚果（金）现任总统瑟夫·卡比拉的治国方式，认为他不尊重人权。[5]

---

[1] 中国外交部、中共中央文献研究室编：《毛泽东外交文选》，中央文献出版社、世界知识出版社，1994年版，第370页。

[2] 《胡锦涛主席在中非合作论坛北京峰会上的讲话》，《人民日报》2006年11月5日。

[3] 刘鸿武、罗建波：《中非发展合作——理论、战略与政策研究》，中国社会科学出版社，2011年版，第307页。

[4] 《习近平在坦桑尼亚尼雷尔国际会议中心发表演讲 中非永远做可靠朋友和真诚伙伴》，《人民日报》2013年3月26日。

[5] "François Hollande a rencontré l'opposant congolais Etienne Tshisekedi"（《弗朗索瓦·奥朗德会见刚果反对党领导人艾蒂安·齐塞凯迪》），http：//www.rfi.fr/afrique/20121014-francois-hollande-rencontre-opposant-congolais-etienne-tshisekedi/，访问日期：2015年5月25日。

中国对外援助所坚持的不干涉内政、不附加任何政治条件的原则得到了发展中国家的广泛赞誉。坦桑尼亚总统尼雷尔在1985年接见李先念主席时曾经说过："无论是在中国给予我国的巨大的经济和技术援助中，还是我们在国际会议的交往中，中国从来没有一丝一毫要左右我们的政策或损害我们国家主权。"①

长期以来，中国在各个领域对非洲国家提供了坚定支持与不附加政治条件的援助。这已成为中非友好不断发展的重要基石。1963年10月，中国政府向阿尔及利亚政府提供了不附带任何条件的2.5亿法郎的长期无息贷款。坦赞铁路和毛里塔尼亚友谊港是中国援助非洲的历史丰碑。20世纪60年代，周恩来总理在访问非洲十国期间，宣布了中国对外经济技术援助的八项原则，其核心是平等互利、不附带条件，受到发展中国家普遍欢迎，并成为中国开展对外援助的基本指导纲领，至今还具有强大生命力。1982年底至1983年初中国政府提出同非洲国家进行经济技术合作的"平等互利、形式多样、讲求实效、共同发展"四项原则，鼓励和推动中国公司到非洲开展工程承包和劳务合作业务，从而为中国与非洲在互利互惠的原则基础上开展经济技术合作注入了新的活力，受到了非洲国家的普遍赞同。1996年5月13日，江泽民主席在非洲统一组织发表演讲时对此进行了新的阐述：一，真诚友好，彼此成为可以信赖的"全天候朋友"。中国和非洲，历史上有过相似的遭遇，今天又面临着共同的任务。非洲需要中国，中国也需要非洲。中非友谊基础深厚、世代相传，经得起历史的考验。它绝不会由于时间的流逝、世事的变迁和国际格局的转换而改变。二，平等相待，相互尊重主权，互不干涉内政。中国将一如既往地尊重非洲国家的民族特点、宗教信仰和文化传统，尊重非洲国家根据本国国情自主选择政治制度和发展道路；支持非洲国家维护国家独立、主权和尊严的正义斗争，支持非洲国家为维护国内稳定和团结、振兴民族经济、促进社会进步所做的努力。对于非洲国家之间的分歧和争端，我们一向主张和支持非洲国家排除外来干涉，通过和平协商方式加以解决。三，互利互惠，谋求共同发展。中国坚定不移地支持非洲国家发展经济的努力，继续提供力所能及、不附加任何政治条件的政府援助；双方积极配合，通过合资、

---

① 石林：《当代中国的对外经济合作》，中国社会科学出版社，1989年版，第17—18页。

合作等方式振兴中国提供的传统援助项目；鼓励双方企业间的合作，特别要推动有一定实力的中国企业、公司到非洲开展不同规模、领域广泛、形式多样的互利合作，在合作中坚持守约、保质、重义等原则；拓宽贸易渠道，增加从非洲的进口，以促进中非贸易均衡、迅速发展。四，加强磋商，在国际事务中密切合作。中国同非洲国家在联合国和其他国际场合，长期以来保持着荣辱与共、相互支持的合作传统，为维护世界和平、争取发展中国家的合法权益做出了积极的贡献。中非领导人之间要加强交往。中国将坚定不移地为非洲国家主持公道、伸张正义；主张非洲国家应平等地参与国际事务；呼吁国际社会认真听取非洲的声音；希望联合国及有关国际机构尊重非洲国家和非洲统一组织的意见；要求国际社会、特别是发达国家，切实帮助非洲减轻债务负担，改善非洲发展的外部条件，以利于整个国际经济与贸易的持续增长。中非友好合作的发展，将为南南合作和国际合作树立一个良好的榜样。五，面向未来，创造一个更加美好的世界。中非携起手来，同世界上一切爱好和平的国家和人民一道，顺应历史的潮流，响应时代的呼唤，为早日建立以和平共处五项原则为基础的公正合理的国际政治经济新秩序，为推进世界和平、发展与进步的崇高事业做出重大的贡献。[①]

新一届中国领导人进一步从义利观的角度对中非相互平等和互利合作进行了阐释。习近平主席在访非期间提出，要以正确的义利观为指导，加强与发展中国家的务实合作。他在一系列重要外交活动中多次强调，我们在同发展中国家和周边国家发展关系时，要树立正确的义利观，政治上坚持正义、秉持公道、道义为先，经济上坚持互利共赢、共同发展。这一重要战略思想秉承了中华文化和新中国外交的优良传统，顺应了中国与非洲关系面临的新形势和新机遇，为开拓中国与非洲的友好合作关系指明了方向。正确处理"义"和"利"的关系既是中国人为人处世的理念，也是中国外交遵循的重要原则。正确义利观是对中国优秀传统文化的继承和发展，它强调重义轻利、舍利取义、以义取利、见利思义。孔子曾说过，"君子喻于义，小人喻于利。"这些每个中国人耳熟能详的道德准则，已经

[①]《为中非友好创立新的历史丰碑——在非洲统一组织的演讲》，《人民日报》1996年5月14日。

成为我们民族的重要文化基因。正确义利观反映了中国特色社会主义的本质属性,新中国成立之初,毛泽东、周恩来等老一辈国家领导人在外交工作中把道义摆在重要的战略位置,无论是在支援亚非拉国家争取民族独立、人民解放的斗争中,还是在开展对发展中国家的对外援助中,中国人民都积极履行国际主义义务,并为此付出了巨大牺牲。正确义利观也是中国在国际上弘扬公平正义、增强凝聚力和感召力的一面鲜明旗帜。改革开放以来,我们在对外合作中始终秉持互利共赢、共同发展的方针,积极向广大发展中国家提供各种力所能及的帮助,不仅授人以鱼,更重视授人以渔。

  对此,习近平在访非时强调指出,"开展对非合作,我们讲一个'实'字。只要是中方做出的承诺,就一定会不折不扣落到实处。中国将继续为非洲发展提供应有的、不附加任何政治条件的帮助。"[1] 李克强也表示:中国的对非援助将坚持不附加任何政治条件,不干涉非洲国家内政,不提强人所难的要求,并在力所能及范围内扩大援助规模,提高援助质量。中方愿与非洲国家一道,以中非友好为"轴承",经贸和人文两个"轮子"一起驱动,推动中非合作步入快车道,走得更稳、更远。[2]

  中国对非的这一态度始终坚定不移,并获得了非洲许多国家领导人的赞许。非洲老一代政治家、赞比亚前总统肯尼思·卡翁达曾由衷地说:"中国的支持对赞比亚等非洲国家争取国家独立和民族解放斗争最终取得成功具有重要的战略意义。"中国对赞比亚和非洲国家的支持是不附加任何条件的。中国这样做,是一种朋友对朋友的方式,这也是我们为什么一直称赞中国是赞比亚和非洲的全天候朋友。[3] 吉布提总统盖莱则表示,感谢中国致力于促进非洲发展,慷慨无私援助贫困国家,并且不附加任何条件,不寻求回报。这表明中国人民很伟大,中非友谊真诚而深厚。中国才

---

[1] 《习近平在坦桑尼亚尼雷尔国际会议中心发表演讲 中非永远做可靠朋友和真诚伙伴》,《人民日报》2013年3月26日。

[2] 吴乐珺、蒋安全、李凉:《李克强在世界经济论坛非洲峰会全会发表特别致辞》,《人民日报》2014年5月9日。

[3] 《握手,全天候朋友——胡锦涛主席同卡翁达畅叙中非友谊》,《人民日报》2007年2月5日。

是非洲真正的朋友,吉布提以及非洲大陆其他国家将继续坚定站在中国一边。[1]

中国倡导并身体力行的平等互利、合作共赢、尊重非洲国家自主选择发展道路、支持非洲国家以非洲方式解决非洲问题、反对动辄制裁、施压和干涉内政,向非洲提供援助不附加政治条件等原则,立场鲜明、独具特色、实事求是、自成体系,完全不同于西方话语体系。它既可以说是中国对现代国际关系理论和实践的贡献,也可以说是中国对非外交提供的"公共产品"。特别值得注意的是近年来,出现一个很有趣的现象,西方一些国家在其对非外交叙事中,也开始使用"尊重非洲""互利共赢"等中国式语汇。甚至奥巴马主持召开的美非峰会也被一些西方学者认为是在"步中非合作论坛北京峰会的后尘"。可以说,中非相互平等和互利合作是中非全面战略伙伴关系的本质要求,这一点西方骨子里不愿意,也学不来,这是中国对非首脑外交中必须坚持的重要内容。

中国在对非援助的过程中,总能说到做到,"有诺必践,诺必行,行必果"。但美国在对非援助的过程中,常常是口惠而实不至。[2] 美国承诺的诸多援助,最后其实没有兑现。这就是中美对非外交的重要不同点。

第二节 大出访及其新的时代特征

从方式上看,中国对非首脑外交延续大出访方式并赋予其新的时代特征。

首脑出访是首脑外交最重要的形式之一。2015年,中国政府发表的第二份《中国对非洲政策文件》指出,推动中非合作全面发展,就要"增强政治互信,密切高层交往,发挥高层交往的政治引领作用,保持中非领导

---

[1]《国际舆论积极评价中非合作论坛成果——中非合作是互利共赢的合作》,《人民日报》2012年7月21日。

[2] 苗吉:《利益与价值:中美非洲政策的历史考察》,世界知识出版社,2015年版,第256页。

人频繁互访和对话势头"。① 首脑互访对于发展两国关系来说至关重要，可以说，"首脑互访是两国关系的晴雨表"。② 近年来，中非领导人互访频繁，并延续了大出访的方式。

大出访是老一辈中国领导人创造出来的外交模式。周恩来曾在20世纪60年代对非洲十国进行了大出访，在非洲引起了轰动效应，中非也掀起了建交高潮。通过大出访，中国国家元首可以在最短时间内访问尽可能多的国家，有效地阐释中国的外交政策，并在地区范围内造成连续的影响。而在出访的同时给受访国带去的"大礼包"则可以让受访国得到真真切切的实惠。

1995年以后，国家主席江泽民、全国人大常委会委员长李鹏、国务院总理朱镕基、政协主席李瑞环、国家副主席胡锦涛等党和国家领导人先后访问了非洲，对在新形势下进一步巩固和加强中非友好合作关系做出了一系列政策性指示，进一步推动了中非友好合作关系的发展。

1996年5月，江泽民访问了非洲六国。在历时15天的行程中，江泽民先后访问了东非的肯尼亚、埃塞俄比亚，北非的埃及，西非的马里，南部非洲的纳米比亚、津巴布韦。特别是他在非洲统一组织总部发表演讲时提出了构筑面向21世纪长期稳定、全面合作的中非关系的五点建议，其核心内容是"真诚友好、平等相待、团结合作、共同发展、面向未来"，全面阐明了中国在新时期发展同非洲国家友好合作关系的政策主张。③

1997年5月，李鹏访问了非洲六国，并对塞舌尔进行了工作访问。其中包括非洲大陆南部的赞比亚、莫桑比克，中部的加蓬和喀麦隆，西部的尼日利亚，东部的坦桑尼亚，并顺访了印度洋上的塞舌尔。④

2002年8月，朱镕基对阿尔及利亚、摩洛哥、喀麦隆进行了正式访问，对南非进行了工作访问，并出席了在南非约翰内斯堡举行的联合国可持续发展世界首脑会议。

---

① "《中国对非洲政策（全文）》"，新华网，http://news.xinhuanet.com/world/2015-12/05/c_1117363276.htm，访问日期：2015年12月7日。
② 张清敏、刘兵：《首脑出访与中国外交》，《国际政治研究》，2008年第2期，第1—20页。
③ 《平等相待　共同发展》，《人民日报》2000年8月10日。
④ 《发展传统友谊　扩大互利合作——祝贺李鹏总理访问非洲圆满成功》，《人民日报》1997年5月16日。

在此期间，江泽民、朱镕基、胡锦涛还曾先后对利比亚、尼日利亚、突尼斯、埃及和肯尼亚、乌干达等非洲国家进行了访问。外国舆论普遍认为，这些访问"显示了中国对该地区的重视"，"是中国近来展开的全方位外交的一部分，旨在表明，中国既重视大国外交，也重视突出自身的发展中国家地位"。[1]

2004年1月29日至2月4日，中国国家主席胡锦涛出访埃及、加蓬和阿尔及利亚。他提出的"坚持传统友好，推动中非关系新发展；坚持互助互利，促进中非共同繁荣；坚持密切合作，维护发展中国家权益"三点倡议，产生深远影响。

2006年4月，胡锦涛又出访摩洛哥、尼日利亚、肯尼亚等非洲三国。6月，温家宝总理访问埃及、加纳、刚果（布）、安哥拉、南非、坦桑尼亚和乌干达等非洲七国。这是一次面向全非的访问，也是继这年初中国政府发表对非洲政策文件、4月胡锦涛功访问非洲三国之后中国对非外交的又一重大行动。此访纵横跨越非洲大陆，遍及东西南北中各个次区域，行程3.5万千米，是近年中国领导人访非国家最多的一次，其中有几个国家是中国总理首次到访。访问日程紧凑，内容丰富，成果丰硕。八天内共举行80余场活动，除与往访国领导人会谈、会见外，多次发表演讲，进行实地考察，广泛接触非洲民众和中国在非各领域工作人员，非洲及国际媒体高度关注此访。[2] 中国与七国共签署71项协议，涉及政治、经贸、基础设施建设、文化、教育、科技等领域。中方承诺将继续向七国的社会发展提供援助，包括建立农业示范中心和乡村小学、派遣医疗队、赠送抗疟疾药品、培训各类人才等。[3]

2007年1月30日至2月10日，胡锦涛对喀麦隆、利比里亚、苏丹、赞比亚、纳米比亚、南非、莫桑比克和塞舌尔八国进行国事访问。访问期间签署的50多个合作协议中，大多数涉及落实北京峰会成果。胡锦涛行程38000千米，共飞行50多小时，同20多位非洲领导人会谈、会见，接触

---

[1] 《加强合作 迎接挑战》，《人民日报》2002年5月1日。
[2] 《真挚友谊，互利合作——李肇星谈温家宝总理访问非洲七国》，《人民日报》2006年6月26日。
[3] 《真挚友谊，互利合作——李肇星谈温家宝总理访问非洲7国》，《人民日报》2006年6月26日。

数百位非方各界高层人士,与数千名非洲民众及中国驻非人员交流互动,频繁出席各种活动90余场,发表30多篇重要讲话。一路上,胡锦涛同非洲领导人及各界人士亲切攀谈,向新闻媒体坦诚寄语,在机场、会场、工地、厂房、医院、住户同非洲普通民众愉快交流,向非洲人民传达中国人民的美好祝福,播撒中非友谊的种子。①李肇星指出,这次友谊之旅、合作之旅达到了巩固中非传统友谊,落实北京峰会成果,扩大务实合作,促进共同发展的目的,是中非关系史册中的重要篇章。②

2009年国际金融危机寒潮未退,2月10日至17日胡锦涛又出访了马里、塞内加尔、坦桑尼亚、毛里求斯等亚非五国。在短短八天时间里,胡锦涛共出席了50多场活动。他呼吁国际社会关注非洲、援助非洲,"这一特殊时刻,来自中国朋友的声音让非洲人民在困境中感受到了温暖和力量"。③

2010年11月14日至24日,国家副主席习近平应邀对南非、安哥拉和博茨瓦纳等亚非四国进行正式访问。

2013年3月24日至30日,中国国家主席习近平在短短七天时间里,访问了非洲三个国家——坦桑尼亚、南非和刚果共和国,并在德班金砖国家领导人会晤期间与埃及、埃塞俄比亚等多个非洲国家和非盟的领导人进行了广泛交流和沟通。在经贸合作领域,此访共签署和宣布了20多项政府间的重要成果,涉及机制建设、投资、民生和发展援助等多个方面。与南非签署了成立中南联合工作组的章程,与坦桑尼亚签署了促进和相互保护投资协定,进一步完善了合作机制,为企业创造了合作环境。与刚果共和国、坦桑尼亚签署了一系列的政府间框架协议与合作文件,包括打井、建设市政道路、升级改造医院、提供海关检测设备等,在力所能及的范围内为这些国家民生改善和经济发展提供帮助。同时,中国的金融机构和企业在此访期间也签署了十余份商业合同,涉及农业、金融、机械设备、电

---

① 《成功的友谊、合作之旅——外交部长李肇星谈胡锦涛主席出访非洲八国》,《人民日报》2007年2月12日。
② 《成功的友谊、合作之旅——外交部长李肇星谈胡锦涛主席出访非洲八国》,《人民日报》2007年2月12日。
③ 《中非合作暖意浓》,《人民日报》2009年12月29日。

力、港口和能源矿产等诸多领域。① 2014 年，李克强总理也成功访问了非洲。2015 年 12 月习近平主席再一次访问非洲。

考察习近平对非洲的出访，可以看出，中国对非首脑外交均在传统形式的大出访基础上体现了新的时代特征。从出访对象看，习近平两次访问南非，显示了南非作为中国在非洲的战略支撑点的作用。而访问坦桑尼亚和津巴布韦体现了中国对非洲传统友好国家的重视。从出访数量上看，几次出访均改变了一次出访过多国家而影响效果的情况，实现了点穴式外交的效果。同时，每一次出访均利用了多边场合，使出访的国家减少，但会见的领导人增多，产生事半功倍的效果。以习近平 2013 年和 2015 年两次访非为例，第一次访非，习近平先后出席 66 场活动，会见了 32 位国家元首及政要，发表了 20 多次演讲；② 第二次访非，习近平先后会见了 43 位非洲国家领导人，并与 50 多位非洲国家的元首、政府首脑或代表以及非盟委员会主席一起参加了中非合作论坛。

第三节　中非首脑外交的机制化

中非首脑外交已经机制化：中非合作论坛等多边机制成为中非交往的重要平台。中非首脑外交除了传统的互访外，在 21 世纪呈现出多元化倾向。特别是 2000 年成立的中非合作论坛，是中非顺应形势变化、进一步加强团结与合作的重要尝试，是中非首脑间开展对话与集体磋商的有效机制。中非合作论坛已成为新时期中国与非洲开展集体对话和务实合作的重要机制，有力推动了中非合作在更大范围、更广领域、更高层次上全面发展。

一、中非合作论坛北京 2000 年部长级会议

2000 年成立的中非合作论坛是中非顺应形势变化、进一步加强团结与

---

① 《习近平主席访问非洲成果丰硕》，《人民日报》2013 年 4 月 11 日。
② 《习近平出访曾持续工作 15 小时 9 天共出席 66 场活动》，http://news.xinhuanet.com/world/2013－04/01/c_124525214_2.htm，访问日期：2016 年 1 月 15 日。

合作的重要尝试，是中非首脑间开展对话与集体磋商的有效机制。中非合作论坛已成为新时期中国与非洲开展集体对话和务实合作的重要机制，有力推动了中非合作在更大范围、更广领域、更高层次上全面发展。

在中非多边外交中，中非合作论坛是中国与非洲友好国家间开展集体磋商与对话的有效机制，为中国与非洲国家在双边渠道之外开展友好交往与务实合作提供了重要平台，中非合作论坛是中国同非洲国家在平等互利、共同发展的基础上开展集体对话、进行务实合作的重要平台和有效机制。而首脑外交则在中非合作论坛中发挥了重要作用，中非合作论坛是在中非首脑的努力下建立的。

1999年10月，江泽民主席致信与中国有外交关系的非洲国家元首及非统秘书长萨利姆，正式发出召开"中非合作论坛——北京2000年部长级会议"的倡议。非洲国家给予热烈的响应。11月，中非合作论坛会议筹备委员会正式成立，由唐家璇外长和石广生部长担任名誉主席，外交部副部长吉佩定、外经贸部副部长孙广相任主席，除外交部和外经贸部两家牵头单位外，还包括18个与中非合作关系密切或与会议筹备有关的部委及单位。①

2000年10月10日，"中非合作论坛——北京2000年部长级会议"在中国和非洲国家共同倡议下在北京开幕。江泽民主席与4位非洲国家元首，以及来自45个非洲国家的近80名主管对外合作或经济事务的部长和有关国际和地区组织的负责人出席了开幕式。这次会议是在非洲国家的提议下，由中国政府倡导举办的，是中非双方在世纪之交开展集体对话、谋求共同发展的一次重要尝试。②

江泽民在开幕式上发表了题为《中非携手合作共迎新的世纪》的主旨讲话。江泽民说，这次会议是中非关系史上的一次创举。他指出，中国是世界上最大的发展中国家，非洲是发展中国家最集中的大陆。千年更替、世纪之交，中国和非洲都面临着争取更大发展的历史机遇，也面临着前所未有的挑战。在这个重要的历史时刻，双方深入探讨如何加强合作、促进共同发展，必将对中非关系的跨世纪发展，对促进南南合作和推动建立公

---

① 张忠祥：《中非合作论坛研究》，世界知识出版社，2012年版，第77页。
② 《中非合作论坛——北京2000年部长级会议开幕》，《人民日报》2000年10月11日。

正合理的国际政治经济新秩序,产生重要而深远的影响。① 在分析了国际形势后,江泽民强调,建立公正合理的国际政治经济新秩序已成为时代发展的要求,是全世界人民的共同呼声。② 他在讲话中高度评价了由中国老一辈领导人和非洲民族解放运动的先驱们共同缔造和培育的伟大的中非友谊以及半个世纪以来中非双方在各个领域的平等互利、富有成效的合作,并提出四点建议:中非双方继续共同努力,加强团结,积极推动南南合作;促进对话,努力改善南北关系;积极进取,平等参与国际事务;面向未来,建立中非长期稳定、平等互利的新型伙伴关系。他表示:"中非之间建立更加密切的友好合作关系符合双方人民的利益,符合世界和平与发展的潮流。我们要通过各种交往,特别是双方高层领导人之间的直接接触,加深相互了解和信任;要采取各种措施,进一步挖掘双方经贸合作的潜力,拓展新的合作方式和领域,逐步形成互利互惠、共同发展的中非经贸关系新格局;要调动各方面的积极性,开展中非之间全方位的友好工作,特别要加强对年轻一代的教育,使中非传统友谊代代相传。"③

江泽民关于推动建立国际政治经济新秩序和发展中非关系合作的建议引起强烈反响,得到了与会者的高度评价和广泛认同。坦桑尼亚总统姆卡帕说,中国是坦桑尼亚乃至整个非洲全天候的朋友,建立新型的中非伙伴关系必将有助于非洲经济和社会的发展。他说,非中将共同建设一种新型伙伴关系,帮助非洲人民同贫困、疾病、饥饿和落后做斗争,并在经济全球化进程中应付各种挑战。中国在未来两年减免非洲最不发达国家外债的慷慨决定更深受非洲人民的欢迎和拥护。④ 马达加斯加外交部长拉齐凡德里亚马纳纳指出,非洲国家应当同中国一道推动建立国际政治经济新秩序。⑤ 赤道几内亚外交和国际合作部长埃富曼认为,这次会议使中非关系

---

① 《中非合作论坛——北京2000年部长级会议开幕》,《人民日报》2000年10月11日。
② 《中非合作论坛——北京2000年部长级会议开幕》,《人民日报》2000年10月11日。
③ 《中非携手合作 共迎新的世纪——江泽民在中非合作论坛开幕上的讲话(全文)》,http://news.xinhuanet.com/ziliao/2003-11/24/content_1195633.htm,访问日期:2016年3月23日。
④ 《中非合作论坛——北京2000年部长级会议开幕》,《人民日报》2000年10月11日。
⑤ 《江主席就发展中非关系等问题提出建议 非洲国家代表予以高度评价》,《人民日报》2000年10月13日。

进入了一个新的阶段，在中非关系史上具有里程碑意义。①

会议通过了《中非合作论坛北京宣言》和《中非经济和社会发展合作纲领》，为中国与非洲国家发展长期稳定、平等互利的新型伙伴关系确定了方向。这次会议被认为是中非关系史上史无前例的会议，堪称亚非两大洲团结合作的新起点与万隆会议精神的发扬光大，它为中非双方在新世纪加强合作确定了蓝图和基本的原则。论坛规定自2000年起每两年举行一次高官会议，每三年举行一次部长级会议，轮流在非洲国家和中国举行，由此确立了中非定期磋商的集体对话机制。这为中非交流与合作提供了一个新的、稳定的平台。② 中非合作论坛首届部长级会议在北京的成功召开宣告中非合作论坛机制正式成立。论坛是中非顺应形势变化、进一步加强团结与合作的重要尝试，论坛为中国与非洲国家加强合作提供了一个崭新的平台，使得中非合作变得更加机制化和经常化，掀开了中非友好的新篇章。

中国政府高度重视论坛的后续行动，减免了31个非洲重债贫穷国和最不发达国家共105亿元人民币的债务。在实践中，论坛机制逐渐成熟，作用日益突出，给中非合作注入了新的动力，为南南合作提供了有益的借鉴和经验。

此后，中非合作论坛部长级会议每三年举行一届。部长级会议召开前一年举行一次高官会议，为部长级会议做准备。对于这样一个多边合作机制，中国积极参与。其中，2004年11月，中国主办中非合作论坛北京峰会暨第三届部长级会议。

二、中非合作论坛2006年北京峰会

2006年11月召开的北京峰会，是新中国自成立以来主办的规模最大、级别最高、出席领导人最多的一次国际盛会，中国和48个非洲国家的领导人欢聚一堂，共商中非关系发展大计，成为中非关系发展史上具有里程碑

---

① 《江主席就发展中非关系等问题提出建议 非洲国家代表予以高度评价》，《人民日报》2000年10月13日。

② 魏雪梅：《冷战后中美对非洲援助比较研究》，中国社会科学出版社，2013年版，第41页。

意义的重大事件。11月4日,中国国家主席胡锦涛在中非合作论坛北京峰会开幕式上发表讲话说,中非友好之所以能够经受住历史岁月和国际风云变幻的考验,关键是我们在发展相互关系中始终坚持真诚友好、平等相待、相互支持、共同发展的正确原则。胡锦涛主席的这番话,揭示出中国对非洲国家政策的根本方针。[1] 在这次峰会上,胡锦涛主席与非洲领导人在论坛北京峰会上通过了《中非合作论坛北京峰会宣言》和《中非合作论坛——北京行动计划(2007—2009年)》两个成果文件,一致同意建立"政治上平等互信、经济上合作共赢、文化上交流互鉴"的新型战略伙伴关系。

《中非合作论坛北京峰会宣言》称:"我们郑重宣示,中非建立政治上平等互信、经济上合作共赢、文化上交流互鉴的新型战略伙伴关系;并为此,加强高层交往,开展战略对话,增进政治互信,推动世代友好;加强互利合作,拓展合作领域,鼓励和促进相互贸易和投资,探索新的合作方式,重点加强在农业、基础设施建设、工业、渔业、信息、医疗卫生和人力资源培训等领域合作,实现优势互补,造福双方人民;加强治国理政和发展经验的交流和借鉴,取长补短,共同提高,增强各自自我发展能力;加强人文对话,促进人民之间,特别是青年一代的联系与互动,增进在文化、科技、教育、体育、环保、旅游等领域以及妇女事务的交流和合作;加强国际合作,共同应对全球性安全威胁和非传统安全挑战,按照互信、互利、平等、协作的精神,维护全体发展中国家的共同利益;促进中非合作论坛建设,加强集体对话,推进论坛行动计划与非洲发展新伙伴计划以及非洲各国社会经济发展计划的协调与合作;从中非友好大局和双方长远利益出发,通过友好协商妥善处理合作中出现的新课题、新挑战。"[2]

新型战略伙伴关系为新时期中非关系发展指明了方向,中非关系层次不断提升、内涵日益丰富,标志着中非关系迈入了一个新的历史阶段。在这次峰会上,胡锦涛主席还代表中国政府宣布了加强对非务实合作、支持非洲国家发展的八项政策措施。

---

[1] 《中国对非政策与时俱进》,《人民日报》2006年11月5日。
[2] 《中非合作论坛北京峰会宣言》,http://news.xinhuanet.com/world/2006-11/05/content_5293014.htm,访问日期:2017年4月10日。

关于中非首脑之间的交往，《中非合作论坛——北京行动计划（2007—2009年）》也指出："希望继续保持高层互访及对话势头，增进传统友谊和相互信任；同意就双边关系和重大国际及地区问题经常交换意见，密切协调和合作，并就治国理政交流经验，谋求共同发展和进步。"①《中非合作论坛北京峰会宣言》和《中非合作论坛——北京行动计划（2007—2009年）》两个文件的发布具有里程碑意义，为新时期中非关系发展指明了方向。

中非合作论坛成立后，中国与非洲国家领导人互访频繁，中非贸易额由105亿美元增至近400亿美元，中方逆差达到24亿美元。在论坛框架下，中国先后减免了31个非洲重债贫困国家105亿元人民币债务，给予29个非洲最不发达国家190个税种商品对华出口零关税待遇，为非洲国家培训各类人才1万多名，给予16个非洲国家中国公民出境旅游目的地国地位，向非洲派出青年志愿者等。②中非关系发展在这个时候已提出了新的要求。

中非合作论坛成立后，中国积极履行各项承诺，即使在遭受国际金融危机冲击、自身面临不少困难的情况下，对非援助规模翻了一番，免除33国168笔债务，总计50亿美元的优惠性质贷款将全部到位，首期10亿美元的中非发展基金如期启动。2007年初，胡锦涛访问非洲八国，亲力亲为推动落实八项举措。他亲自出席了北京峰会后中国在非洲建设的第一个经贸合作区、农业技术示范中心和疟疾防治中心揭牌仪式；考察了援建和合作项目，向非洲人民赠送药品，慰问援非医疗队员和青年志愿者。中非传统友谊和战略互信再次升华，中非新型战略伙伴关系的内涵进一步延伸和丰富。埃及开罗大学政治系教授纳菲阿表示，胡锦涛主席近年来多次造访非洲，充分表明中国对非中友谊的高度珍视。自北京峰会以来，中国政府切实履行承诺，一如既往地对非洲予以高度关注和支持，并不断加大对非援助，其"好兄弟、好伙伴和负责任大国形象"在非洲大陆得到广泛好评。

---

① 《中非合作论坛——北京行动计划（2007—2009年）》, http://www.focac.org/chn/ltda/bjfhbzjhy/hywj32009/t584788.htm，访问日期：2017年4月10日。
② 《好朋友 好伙伴 好兄弟》，《人民日报》2006年6月18日。

2009年11月,中非合作论坛第四届部长级会议在埃及沙姆沙伊赫成功举行,温家宝总理代表中国政府宣布了推进中非务实合作的新八项举措,受到非洲国家的高度关注和热烈欢迎。中非关系能够经受住国际风云变幻的考验,始终保持蓬勃发展的势头,患难与共、相互支持是基础;相互尊重、平等相待是核心;互利合作、共同发展是关键。[1]

中非合作论坛构建起中非双方集体对话与务实合作的有效机制和重要平台,有力推动了中非合作在更大范围、更广领域、更高层次上全面发展。借助这个平台,双方坦诚对话,加强协调,增进互信,发展合作,不断取得新的成果。经过多年的建设和发展,论坛机制更加成熟,作用日益突出,成为引领中非友好的一面旗帜,给中非合作注入了新的动力,为南南合作提供了有益的借鉴和经验。2009年2月17日,非洲著名的智库南非安全研究所的题为《中非合作论坛:一个战略性的机会》研究报告一方面承认中非关系的发展还存在挑战,需要通过对话和协商加以解决;另一方面,肯定中非合作论坛的战略意义,认为它将有助于建立长期双赢的中非关系。[2]

中非合作论坛成立后的十年是中非贸易快速发展的十年。中非贸易额由2000年的106亿美元增加到2008年1068亿美元,2009年尽管受全球金融危机的影响,仍然超过900亿美元,2010年重新超过1000亿美元,为1269亿美元,2011年突破1600亿美元。[3] 在中非合作论坛的引领和推动下,中非关系上了新的台阶。

中非合作论坛不仅为中非政府间联系提供了平台,也为中非首脑的不断接触提供了条件。2010年11月18日,国家副主席习近平在比勒陀利亚出席了纪念中非合作论坛成立十周年研讨会开幕式,发表了题为《共创中非新型战略伙伴关系的美好未来》的演讲。习近平表示,中南关系是中非友好合作关系的缩影。半个多世纪以来,中非关系经受住国际风云变幻的考验,已进入全面发展新阶段。中非合作论坛全方位、实质性推进了中非

---

[1] 《发挥中国企业在对非整体外交中的独特作用》,《人民日报》2010年3月17日。
[2] Garth Shelton and Farhana Paruk, *The Forum on China-Africa Cooperation: A Strategic Opportunity*, Monograph 156, Institute for Security Studies, December 2008. 转引自张忠祥:《中非合作论坛研究》,世界知识出版社,2012年版,第11页。
[3] 张忠祥:《中非合作论坛研究》,世界知识出版社,2012年版,第155页。

新型战略伙伴关系发展。一是政治互信不断增强。论坛成立以来的十年是中非高层交往和人员往来最活跃的十年。论坛搭建的多层次平等对话机制，促进双方增进了解、扩大共识，推动了中非关系稳步提升。二是务实合作全面推进。论坛以共同发展为目标，以深化合作为宗旨，以互利共赢为原则，构筑起全方位立体式合作体系。三是交流互鉴日益密切。论坛尊重中非各自的文化特性，促进了不同文明的和谐共存、交流互鉴，不仅为推动非洲一体化进程做出重要贡献，而且促进了一些国家的对非合作，有力提升了非洲的国际地位。[1] 习近平说，中国仍然是世界上最大的发展中国家，要实现现代化，还要长期努力、艰苦奋斗。中国始终把发展作为执政兴国第一要务，对内坚持科学发展、和谐发展、协调发展，对外坚持和平发展、开放发展、合作发展。中国始终不渝奉行互利共赢的开放战略，在持续"引进来"的同时积极"走出去"，在加快推进各种形式对外投资合作的同时，力所能及地帮助发展中国家特别是非洲国家增强自主发展能力，加强南南合作、缩小南北差距。习近平强调，在21世纪第二个十年，中非合作论坛已站在新的历史起点上。为使中非合作论坛进一步发展壮大，推动中非新型战略伙伴关系更好更快地向前发展，中非双方一要加强战略规划，使论坛成为增进中非政治互信的坚实保障；二要深化务实合作，使论坛成为推动中非共同发展的重要引擎；三要密切人文交流，使论坛成为加深中非传统友谊的感情纽带；四要加强论坛建设，使论坛进一步成为高效成熟的合作平台。习近平表示，中非合作论坛涉及中国和非洲共50个国家、20多亿民众，推动论坛健康稳步顺利发展，是中非双方的共同责任。中方赞赏非洲国家多年来为促进论坛机制不断完善、推动落实论坛成果做出的积极努力，愿同包括南非在内的中非合作论坛各成员国携手努力，共创中非新型战略伙伴关系的美好未来。[2]

2012年7月19日，中非合作论坛第五届部长级会议在人民大会堂隆重开幕。中国国家主席胡锦涛、南非总统祖马、贝宁总统亚伊、赤道几内亚总统奥比昂、吉布提总统盖莱、尼日尔总统伊素福、科特迪瓦总统瓦塔

---

[1] 《习近平出席纪念中非合作论坛成立10周年研讨会开幕式并发表演讲》，《人民日报》2010年11月19日。
[2] 《习近平出席纪念中非合作论坛成立10周年研讨会开幕式并发表演讲》，《人民日报》2010年11月19日。

拉、佛得角总理内韦斯、肯尼亚总理奥廷加、埃及总统特使阿姆鲁、联合国秘书长潘基文以及50个论坛非洲成员国外交部长和主管对外经济合作事务的部长、非洲联盟委员会主席让·平、部分非洲地区和国际组织代表等出席开幕式。胡锦涛发表题为《开创中非新型战略伙伴关系新局面》的讲话。胡锦涛强调，中非新型战略伙伴关系是中非传统友谊薪火相传的结果，符合中非双方根本利益，顺应和平、发展、合作的时代潮流，开启了中非关系新的历史征程。中国同非洲的命运紧紧相连，中非人民始终真诚友好、平等相待、相互支持、共同发展。不管国际风云如何变幻，我们支持非洲和平、稳定、发展、团结的决心不会改变，永远做非洲人民的好朋友、好伙伴、好兄弟。中非应该增强政治互信，拓展务实合作，扩大人文交流，密切在国际事务中的协调和配合，加强合作论坛建设，努力开创中非新型战略伙伴关系新局面。胡锦涛表示，中国始终铭记和衷心感谢广大非洲国家和人民对中国发展给予的大力支持和帮助。中国在坚持自己和平发展的同时，将继续致力于维护世界和平、促进共同发展。今后三年，中国政府将采取措施，在以下五个重点领域支持非洲和平与发展事业，推进中非新型战略伙伴关系。第一，扩大投资和融资领域合作，为非洲可持续发展提供动力。中国将向非洲国家提供200亿美元贷款额度，重点支持非洲基础设施、农业、制造业和中小企业发展。第二，继续扩大对非援助，让发展成果惠及非洲民众。中国将适当增加援非农业技术示范中心；为非洲培训3万名各类人才，提供政府奖学金名额1.8万个；派遣1500名医疗队员；帮助非洲国家加强气象基础设施能力建设和森林保护与管理。第三，支持非洲一体化建设，帮助非洲提高整体发展能力。中国将同非方建立非洲跨国跨区域基础设施建设合作伙伴关系。第四，增进中非民间友好，为中非共同发展奠定坚实民意基础。中国倡议开展"中非民间友好行动"；在华设立"中非新闻交流中心"；继续实施"中非联合研究交流计划"。第五，促进非洲和平稳定，为非洲发展创造安全环境。中国将发起"中非和平安全合作伙伴倡议"，增加为非盟培训和平安全事务官员和维和人员数量。[1]胡锦涛主席还指出，六年来，在中非双方共同努力下，中非

---

[1] 《中非合作论坛第五届部长级会议隆重开幕 胡锦涛出席开幕式并发表重要讲话 宣布中国政府支持非洲和平与发展、推进中非新型战略伙伴关系新举措》，《人民日报》2012年7月20日。

新型战略伙伴关系取得了重大进展。中非在政治上互尊互信、友好关系全面发展，双方高层交往更加密切，对话交流更加深入，相互支持更加坚定，中国同非洲各国和非盟等地区组织关系深入发展，中国同多个非洲国家建立战略伙伴关系和战略对话机制，支持非洲国家自主解决地区热点问题，支持非洲一体化建设。中非在经济上互利互惠、务实合作不断深化，双方携手应对国际金融危机冲击，论坛北京峰会和第四届部长级会议推出的两组务实合作"八项举措"得到有效落实，中非全方位立体式合作体系稳步构筑。中国对非贸易和投资规模不断扩大。2011年中非贸易额达到1663亿美元，比2006年增加2倍。中国累计对非直接投资金额已达150多亿美元，项目遍及非洲50个国家。中国援建的非盟会议中心落成移交。中国对非援助稳步增长，为非洲国家援建了100多所学校、30所医院、30个抗疟中心和20个农业技术示范中心。中国兑现了向非洲提供150亿美元优惠性质贷款的承诺。中非在文化上互学互鉴、人文交流日趋活跃，中非文化聚焦、联合研究交流计划、智库论坛、民间论坛、青年领导人论坛等一系列交流活动相继启动。中国为非洲国家培训各类人员近4万名，向非洲国家提供2万多个政府奖学金名额。中非双方合作在22个非洲国家设立了29所孔子学院或孔子课堂。中非20对知名高校在"中非高校20+20合作计划"框架下结为"一对一"合作关系。中非在国际事务中互帮互助、团结协作更加紧密，双方在联合国改革、应对气候变化、可持续发展、世贸组织多哈回合谈判等重大问题上密切配合，维护发展中国家共同利益，促进国际关系民主化，推动国际秩序朝着更加公正合理的方向发展。[1]

胡锦涛主席的讲话获得与会各方代表的广泛认同，国际社会对此予以高度关注和积极评价。作为非盟轮值主席，贝宁总统亚伊代表非盟各国对于高质量的非中合作和传统友好的非中关系表示满意。[2] 亚伊表示，中非合作论坛已成为非洲国家与中国重要的集体对话平台和有效务实的合作机制。埃及总统穆尔西在致会议的贺词中表示，埃及期待此次会议将开启非中新型战略伙伴关系的新纪元。本次中非合作论坛为建立国际政治、经济

---

[1] 胡锦涛：《开创中非新型战略伙伴关系新局面——在中非合作论坛第五届部长级会议开幕式上的讲话》，《人民日报》2012年7月20日。
[2] 《非洲国家赞誉中非合作新举措 国际舆论积极评价胡锦涛主席讲话》，《人民日报》2012年7月20日。

和金融新秩序打下了坚实的基础。穆尔西认为，自 2000 年初创以来，中非合作论坛为非中关系的发展提供了可靠、具体的渠道。[①] 埃及中国文化研究学者伊斯梅尔教授称赞本届会议为中非关系进程中的又一里程碑。他说中国领导人的讲话为今后中非关系发展确立了增进政治互信、经贸合作、文化交流的新型战略伙伴关系，中非关系将迎来更多更好的发展机遇。[②]

三、中非合作论坛约翰内斯堡峰会

中非合作论坛约翰内斯堡峰会是继北京峰会后的又一次重要会议。正是在这次会议上，中非领导人一起将中非新型战略伙伴关系提升为全面战略合作伙伴关系。会议期间，中国政府发表的第二份《中国对非洲政策文件》在第一份《中国对非洲政策文件》提出的"政治上平等互信、经济上合作共赢、文化上交流互鉴""三大支柱"[③] 基础上又增加了"安全上守望相助、国际事务中团结协作"[④] 的新内容，形成了更加全面的以"五大支柱"为基础的中非全面战略合作伙伴关系。"三大支柱"曾指导了近十年的中国对非政策，面对非洲经济的迅猛发展、非洲国际地位的不断提升、非洲安全与发展的需求日益强烈，"五大支柱"表明中国认识到非洲的安全关乎中国的稳定，中国日益重视非洲在安全方面的诉求；中国更加依赖中非在联合国等国际机构和国际事务中的团结协作。

如今，在中非合作论坛框架下，除了中非首脑峰会，还有中非部长级会议等多层次交往。中非合作论坛的快速发展为中国与非洲国家在双边渠道之外开展多边友好交往与务实合作提供了重要平台，也实现了中非首脑会晤的机制化。中非合作论坛已成为中非双方集体对话的重要平台和务实合作的有效机制，有力提升了中非关系的政治影响力，成为中非各领域务实合作的重要助推器。

---

① 《非洲国家赞誉中非合作新举措 国际舆论积极评价胡锦涛主席讲话》，《人民日报》2012 年 7 月 20 日。
② 《非洲国家赞誉中非合作新举措 国际舆论积极评价胡锦涛主席讲话》，《人民日报》2012 年 7 月 20 日。
③ 《中非构建新型战略伙伴关系》，《人民日报》2006 年 10 月 23 日。
④ 《中国对非洲政策文件（全文）》，新华网，http://news.xinhuanet.com/world/2015-12/05/c_1117363276.htm，访问日期：2015 年 12 月 7 日。

中非合作论坛约翰内斯堡峰会是继北京峰会后的又一次重要会议。正是在这次会议上，中非领导人一起将中非新型战略伙伴关系提升为全面战略合作伙伴关系。如今，在中非合作论坛框架下，除了中非首脑峰会，还有中非部长级会议等多层次交往。中非合作论坛的快速发展为中国与非洲国家在双边渠道之外开展多边友好交往与务实合作提供了重要平台，也实现了中非首脑会晤的机制化。

中国通过中非合作论坛，充分表明了中国政府和人民对中非关系的高度重视以及进一步发展这一关系的真诚愿望和坚定决心。中非从经贸到人文，从政府到民间，从双边到多边，中非全面战略伙伴关系不断深入发展。论坛历届部长级会议均有中国和部分非洲国家领导人与会，为中非开展首脑外交搭建了长效平台，对促进中非高层交往做出了重要贡献。正如2013年8月16日国家主席习近平在人民大会堂会见出席中非部长级卫生合作发展会议的代表时所说："中非友好源远流长，历久弥新，经受了国际风云变幻的考验，收获了比黄金还要宝贵的真情和信任。中非合作论坛成立以来，中非关系进入了新的快速发展轨道。双方政治互信进一步提升，务实合作成果丰硕，在国际事务中密切配合协调，中非全面战略合作伙伴关系内涵进一步充实。中非是命运共同体，有共同的历史遭遇、发展任务和光明前途。中方愿与非洲国家和人民一道，把握难得的历史机遇，坚持平等互利、合作共赢，更好地维护中非乃至世界人民的共同利益。"①

中非合作论坛是南南合作的典范，具有重要的示范作用。中非合作论坛已经成为国际对非合作的成功范例，引起其他国家的极大关注，尤其是西方传统大国对非洲的重视程度大大增强，它们纷纷调整政策，强化对非合作。2007年12月第二届欧非峰会就是在中非北京峰会影响下召开的，印度在2008年4月举办首届与非洲的峰会。此外，韩非峰会、土（耳其）非峰会相继召开，大国政要纷纷访问非洲。②

中非合作论坛是一个纽带，使中国与非洲联结得更加紧密；使中非各层次对话与交流机制化、制度化；让中非双方从各层次合作中受益；论坛

---

① 《习近平会见中非部长级卫生合作发展会议参会代表》，《人民日报》2013年8月17日第1版。

② 张忠祥：《中非合作论坛研究》，世界知识出版社，2012年版，第161页。

是一个引擎，推动中非经贸合作发力前行、遍地开花。论坛日益发展成为中国同非洲国家开展集体对话、交流治国理政经验、增进相互信任、进行务实合作的重要平台和有效机制，国际社会广泛称赞中非合作论坛是南南合作的典范。

南非金山大学国际关系教授加斯·谢尔顿认为，"实际上，中非合作论坛创造了南南合作新模式。就非洲当前的经济条件和现实挑战而言，中非合作论坛和南南合作才是独具价值、灵活而有效的合作方式。良好的中非伙伴关系为双方可持续发展提供了重要的机会。"① "中国与非洲的合作堪称当前国际关系中友好合作、相互依存的典范。"②

四、支持非洲联盟与中国对非洲多边首脑外交

支持非洲联盟是中国与非洲多边首脑外交的另一个特点。1963年5月，32个非洲独立国家的元首汇集埃塞俄比亚首都亚的斯亚贝巴，成立非洲统一组织。虽离"联合国家"还相差甚远，但它在很大程度上可谓是一个非洲"联合国"。它的目标是促进独立国家间的政治、经济合作，加快非洲其他地区的非殖民化。2002年7月，非洲统一组织在南非正式转变为非洲联盟，这是最终迈向非洲大陆经济政治联盟的第一步。③ 2002年成立的非盟是全非性的国家间联盟和世界上最主要的地区组织之一，非盟的成立标志着非洲全方位联合向前迈出了一大步。非盟在非洲地区发挥着团结自强、引领发展的旗帜性作用。随着非盟在非洲的作用越来越重要，中国与非盟的关系也得到进一步提升。

2013年5月25日，庆祝非洲统一组织成立50周年非盟特别峰会在埃塞俄比亚首都亚的斯亚贝巴召开，习近平主席致贺词，向非洲联盟、非洲国家和人民致以热烈的祝贺。习近平表示，50年前的今天，非洲统一组织宣告成立，这是非洲发展史上具有划时代意义的重大事件。非洲统一组织有力推动了非洲人民反帝反殖、反种族主义的正义斗争，为推动非洲大陆

---

① 《中非合作堪称典范》，《人民日报》2015年1月29日。
② 《中非合作堪称典范》，《人民日报》2015年1月29日。
③ 凯文·希林顿著，赵俊译：《非洲史》，中国出版集团，2012年版，第555—557页。

实现政治解放做出了重大贡献。进入21世纪，非洲联盟应运而生，确立了推动实现非洲复兴这一新的历史重任。近年来，非盟积极维护地区和平、发展、稳定，大力倡导非洲一体化进程，取得一系列重要成就，中国政府和人民对此感到由衷的高兴。习近平强调，中非从来都是"命运共同体"。在争取民族独立和解放的斗争中，在谋求和平与发展的征程上，中国人民和非洲人民始终相互支持、紧密合作，结下了同呼吸、共命运、心连心的兄弟情谊。中国一贯坚定支持非洲联合自强和一体化进程，中非合作为非洲发展复兴提供了正能量。中方愿继续深化同非盟及非洲次区域组织的合作，支持非盟在地区合作中发挥重要作用，并同非洲国家共同努力，推动中非新型战略伙伴关系深入发展，为非洲的和平、发展、繁荣、复兴做出积极贡献。①

2014年6月26日，非洲联盟第23届首脑会议在赤道几内亚首都马拉博举行，习近平再次致电对会议的召开向非洲国家和人民表示祝贺。习近平在贺电中高度评价非洲联盟及其前身非洲统一组织为加强非洲国家团结合作、促进非洲经济振兴发展、维护地区和平稳定做出的重大贡献。习近平表示，中方坚定支持非洲联合自强和一体化进程，真心希望看到一个团结的非洲、强大的非盟，衷心祝愿非洲国家和人民在和平与发展的道路上不断取得新成就，非洲复兴的伟大梦想早日实现。习近平强调，中非友好合作事关23亿人口的福祉，也有利于促进发展中国家团结合作。无论国际形势如何变化，中国将永远做非洲的可靠朋友和真诚伙伴。当前，中非合作面临前所未有的机遇。中方将秉承真、实、亲、诚理念，弘扬传统友好，加强同非洲国家和非盟的合作，推动中非新型战略伙伴关系再上新台阶。②

2014年，李克强在非洲会议中心发表演讲时提出"461"中非合作框架，其中包括，坚持平等相待、团结互信、包容发展、创新合作等四项原则，推进产业合作、金融合作、减贫合作、生态环保合作、人文交流合作、和平安全合作等六大工程，完善中非合作论坛这一重要平台，打造中

---

① 《习近平致贺词庆祝非洲统一组织 成立50周年非盟特别峰会召开》，《人民日报》2013年5月27日。
② 《习近平致电祝贺非洲联盟第二十三届首脑会议召开》，《人民日报》2014年6月27日。

非合作升级版,携手共创中非关系发展更加美好的未来。①

2015年6月14日,非洲联盟第25届首脑会议在南非约翰内斯堡举行,习近平向非洲国家和人民热烈祝贺会议的召开。习近平在贺电中高度评价非洲联盟在非洲发展、一体化进程以及国际和地区事务中发挥的重要作用,赞赏非盟出台《2063年议程》,衷心祝愿非洲国家和人民在和平发展与民族振兴的道路上不断取得更大成就。习近平强调,中非合作不仅有利于各自发展,也有力促进了发展中国家的团结合作。当前,中非合作共赢、共同发展迎来了历史性机遇,前景广阔。2015年下半年,中非合作论坛会议将在南非举行。中方将继续秉承"真、实、亲、诚"的理念和正确义利观,推出更多契合中非发展需求的互利合作新举措,推动中非新型战略伙伴关系再上新台阶,更好地造福双方人民。②

2015年,中国首次设立驻非盟使团,这标志着中国对非外交从以双边为主向多边和双边并重转变。通过与非盟的合作,可以打造更多的基于非洲整个大陆的工程,促进非洲一体化和互联互通,进一步发展中国与非洲的关系。通过与非盟的合作,中国可以扩大双方在维和、反恐、打击海盗,抗击埃博拉疫情等方面的合作,继续发展中非农业、减贫等领域的合作。正如习近平在给非盟首脑会议的贺电中所说:"中方将秉承真、实、亲、诚理念,弘扬传统友好,加强同非洲国家和非盟的合作,推动中非新型战略伙伴关系再上新台阶。"③

第四节　不以国家大小、贫富论亲疏

从对象上看,中国与其他一些国家相比,对非首脑外交从不以国家大小、贫富论亲疏。近年来,中非关系的发展不是中国与一两个或者几个非洲国家关系的发展,而是同所有非洲友好国家关系的全面发展。

---

① 吴乐珺、倪涛:《李克强在非盟中心发表演讲时提出"461"中非合作框架 打造中非合作升级版》,《人民日报》2014年5月6日。
② 《习近平致电祝贺非洲联盟第25届首脑会议召开》,http://news.xinhuanet.com/world/2015-06/14/c_1115611437.htm,访问日期:2015年6月15日。
③ 《习近平致电祝贺非洲联盟第二十三届首脑会议召开》,《人民日报》2014年6月27日。

非洲有54个独立国家，拥有联合国近1/3的席位，占不结盟运动成员国的一半，是维护和促进世界和平与发展的一支积极的不可忽视的力量。因为同属于发展中国家，中非在一些重大的国际和地区问题经常持相同或相近的立场。①

中国不以国家大小、贫富论亲疏，不仅仅是同几个非洲大国的交往，不仅仅是同几个资源丰富的国家交往，也不仅仅是同几个具有重要战略意义的国家交往，而是全面发展同所有非洲友好国家的关系，这一点与西方的"利益交往型""战略合作型""后殖民型"等对非首脑外交有着本质的不同，呈现出"平等—合作"型的独特特点。

津巴布韦是非洲最穷的国家之一。在长期的交往中，中津两国高层交往频繁，中方始终支持津方发展经济、改善民生的努力，长期为津方培养建设人才，同津方探讨互惠互利的合作模式和融资途径，传授和转让农业适用技术，帮助津方增加粮食产量和农业收入。中方还参与津方经济特区、工业园区建设，带动基础设施建设、矿业、制造业等领域合作，鼓励中国企业赴津巴布韦投资。在提高津巴布韦农业、工业、矿业和基础设施建设水平，为人民提供更好的教育和卫生条件方面，中国一直与津巴布韦保持着密切合作。正如习近平所指出的："中方支持津方发展经济、改善民生的努力，将继续鼓励中国企业和金融机构同津方探讨互利互惠的融资途径，为津巴布韦国计民生领域基础设施建设提供融资支持，参与津方经济特区建设，推进两国农业、加工制造业、教育、卫生等领域合作。双方要加强在安理会改革、2015年后国际发展议程、气候变化等问题上的协调和合作，维护发展中国家共同权益。"也正如津巴布韦总统穆加贝所说："津巴布韦见证并感谢中方对包括津巴布韦在内广大非洲国家发展的支持和帮助。"② 造福非洲人民是中国对非援助的重要目标。习近平与穆加贝总统多次会晤，中津两国高层交往频繁，中津首脑外交成为中非关系中的佳话。2014年8月，习近平在会见穆加贝时高度评价了中津传统友谊，并表示中方愿同津方加强各领域合作，做平等相待、相互支持、互利共赢、共同发展的好朋友、好伙伴、好兄弟。中津关系是中非政治互信、经济互补

---

① 张哲：《中非经贸关系发展研究》，浙江人民出版社，2014年版，第186页。
② 《习近平会见津巴布韦总统穆加贝》，《人民日报》2010年8月15日。

第七章 中国对非首脑外交的新特点

关系的生动表现,也对中非关系整体发展产生了示范和带动效应。

毛里求斯是非洲岛国,面积只有2000多平方千米。从1972年两国建交以来,一批批中国劳动者在毛里求斯付出、耕耘,收获了尊重和信赖,他们是中毛友好、中非合作不可磨灭的记忆。在毛里求斯,常见头顶骄阳、挥汗如雨、辛勤劳动的中国工人在大街小巷忙碌。20世纪80年代,数千名中国纺织女工,用辛勤劳动、娴熟技术帮助毛里求斯纺织业异军突起,数年内纺织业在就业人数、出口额、国内生产总值占比等方面超过传统制糖业,成为毛里求斯第一大支柱产业,帮助毛里求斯从一个落后的农业国成功升级为出口导向型多元经济体。20世纪90年代,中国首批工程企业在毛里求斯落地生根,中国工人为当地筑起校舍、保障房,改善民生;架起道路、桥梁,造福社会;建起现代化机场、开发区,见证了毛里求斯成为生活小康、经济繁荣的中等收入国家。进入21世纪,毛里求斯正在向高收入国家迈进,信息技术、海洋开发、旅游和金融正在成为新的经济支柱,新一代中国管理和技术人员来到毛里求斯,实施"就地取材"的本地化战略,为当地培养了大批专业人才。700多位中国工人用三年时间为毛里求斯修建了拉姆古兰国际机场,如今这个机场每年吞吐400万人次旅客,毛里求斯总理拉姆古兰称赞道:"只有中国人才能在这么短的时间内,完成这么伟大的工程。"毛里求斯劳工部长沙基尔动情地说:"在毛里求斯,当人们说起什么是勤劳,请看中国工人;什么是忠诚,请看中国工人;什么是诚信,请看中国工人;什么是效率,请看中国工人;什么是创新,还是请看中国工人!"[①] 2009年,国家主席胡锦涛更是亲自访问了毛里求斯,为中毛友谊增添了新的一笔亮色。

不以国家大小、贫富论亲疏是长期以来中国与非洲交往的基本原则。许多非洲首脑第一次访华时都为中国对他们的高度重视而惊讶和感动。近年来,随着中国综合国力的提高和非洲国家的不断发展,中非关系的发展不是中国与一两个或者几个非洲国家关系的发展,而是同所有非洲友好国家关系的全面发展,这种发展如今已成为中非全面战略伙伴关系发展的基础。

---

① 《中国劳动者赢得鲜花与掌声》(大使随笔),《人民日报》2014年8月4日。

第五节 "十大合作计划""五大支柱"

在中非合作论坛约翰内斯堡峰会开幕式上，习近平发表了题为《开启中非合作共赢、共同发展的新时代》的致辞，表示中方愿在未来三年内同非方重点实施"十大合作计划"，涉及工业化、农业现代化、基础设施、金融、绿色发展、贸易和投资便利化、减贫惠民、公共卫生、人文、和平与安全十个方面，将中非合作从2012年胡锦涛在中非合作论坛第五届部长级会议上提出的"融资、援助与民生、非洲一体化、中非民间交往和非洲和平安全"等"五个领域"扩展到"十大合作计划"，这十大计划着眼于解决非洲人民最为关心的就业、温饱和健康三大民生问题，并根据时代的发展增加了新的内容。

会议期间，中国政府发表的第二份《中国对非洲政策文件》在第一份《中国对非洲政策文件》提出的"政治上平等互信、经济上合作共赢、文化上交流互鉴"三大支柱[1]基础上又增加了"安全上守望相助、国际事务中团结协作"[2]的新内容，形成了更加全面的以"五大支柱"为基础的中非全面战略合作伙伴关系。"三大支柱"曾指导了近十年的中国对非政策，面对非洲经济的迅猛发展、非洲国际地位的不断提升、非洲安全与发展的需求日益强烈，"五大支柱"表明中国认识到非洲的安全关乎中国的稳定，中国日益重视非洲在安全方面的诉求；中国更加依赖中非在联合国等国际机构和国际事务中的团结协作。2013年，习近平在会见非盟主席祖马时就曾建议中非加强在非洲和平与安全事务以及重大国际问题上的合作，推动中非关系向更高水平发展。2015年10月，在联合国发展峰会上，习近平宣布，中国决定在未来五年内向非盟提供总额1亿美元的无偿军事援助用于维护地区安全稳定，支持非洲常备军和危机应对快速反应部队建设。[3]

---

[1] 《中非构建新型战略伙伴关系》，《人民日报》，2006年10月23日。

[2] 《中国对非洲政策文件（全文）》，新华网，http://news.xinhuanet.com/world/2015-12/05/c_1117363276.htm，访问日期：2015年12月7日。

[3] 《新角色、新气象——习近平访美显现中国外交新变》，http://www.chinanews.com/gn/2015/10-07/7556818.shtml，访问日期：2015年10月9日。

在首脑外交的推动下，中国积极参与到联合国、非盟在非洲的维和行动中。从2013年起，中国首次派遣武装安全部队到马里和南苏丹。根据联合国2014年5月数据，中国派出维和人员1960余名，参与了当时非洲所有九项维和行动中的七项，是联合国常任理事国中派出维和人员最多的国家。[1] 积极参与非洲和平安全事务，成为中国参与全球安全合作的重要内容之一。

公共卫生是关系非洲民生的重大问题。中国长期坚持向非洲派出医疗队，他们被当地群众称为"民间大使"，起到了推动中非友谊的重要作用。近年来，公共卫生问题仍是中国对非首脑外交的重要内容。以中国援助非洲抗击埃博拉病毒为例，2014年4月西非爆发埃博拉疫情后，中国作为域外大国第一个派出包机将援助物资运抵疫区，向有关非洲国家提供了四轮总计7.5亿元人民币的援助，累计派出医疗人员和专家超过1000人次，创造了新中国历史上应对国际公共卫生危机持续时间最长、覆盖面最广、规模和力度最大的援助纪录。[2] 据统计，中国援助金额仅次于美国的3.46亿美元，在所有新兴经济体当中，是医疗援助的最大贡献国。[3] 其他主要国家和组织的捐助金额如下：世界银行1.05亿美元，欧盟委员会0.76亿美元，非洲发展银行0.45亿美元，加拿大0.51亿美元，英国0.44亿美元，瑞典0.27亿美元，法国0.25亿美元。[4] 在疫情得到控制后，习近平表示，中国政府继续提供新的一揽子援助，支持三国疫后重建，帮助三国加强公共卫生体系和能力建设。[5] 中国的举动赢得了国际赞誉和尊敬，利比里亚总统瑟利夫说，"是中国第一架运送抗疫物资的包机唤醒了世界。"世界卫生组织总干事陈冯富珍也表示，"中国医疗队员的坚守为其他国家做出了

---

[1] 张春：《中国在非洲的负责任行为研究》，《西亚非洲》2014年第5期，第50页。
[2] 《大力弘扬坦赞铁路精神 携手打造中非命运共同体——在〈中非关系史上的丰碑——援建坦赞铁路亲历者的讲述〉发行式上的致辞》，http://www.fmprc.gov.cn/web/wjbz_673089/zyjh_673099/t1283583.shtml，访问日期：2015年11月10日。
[3] Huang Yanzhong, "Domestic Politics and China's Health Aid to Africa", *China: An International Journal*, Volume 12, Number 3, December 2014, pp. 176–198.
[4] Sana Jamal, "Is the World Prepared for Epidemics Like Ebola? International Relations Insights & Analysis" (IRIA) Report No. 3, November, 2014, pp. 16–17.
[5] Sana Jamal, "Is the World Prepared for Epidemics Like Ebola? International Relations Insights & Analysis" (IRIA) Report No. 3, November, 2014, pp. 16–17.

表率。"①

非洲的发展始终是非洲国家最关心的问题之一，也是中非首脑外交的重要内容。2015年10月，在联合国发展峰会上，习近平宣布，中国将设立"南南合作援助基金"，增加对包括大部分非洲国家在内的发展中国家投资，免除包括一些非洲国家在内的最不发达国家、内陆发展中国家等的政府间无息贷款债务。② 同年，习近平在同年12月访非时又宣布中国将向非洲提供总额为600亿美元的资金支持，其中包括：提供50亿美元无偿援助和无息贷款；提供350亿美元优惠性质贷款及出口信贷额度，并提高优惠贷款优惠度；为中非发展基金和非洲中小企业发展专项贷款各增资50亿美元；设立首批资金100亿美元的"中非产能合作基金"。③ 贝宁总统亚伊表示：这显示了中国"历史性的慷慨"。④ 比较而言，600亿美元的资金支持约为美国总统奥巴马在2014年召开的首届美非峰会上宣布的美国对非投资的两倍。当时，美国决定对非投资330亿美元，其中包括140亿美元美国企业对非投资项目、新增120亿美元的"电力非洲"项目及美非企业论坛上承诺的70亿美元融资。⑤ 也比2016年8月日本首相安倍在内罗毕参加第六届非洲发展东京会议时承诺的对非援助多出一倍。安倍对非洲领导人说，日本将提供300亿美元，用于在公共和私人领域支援非洲的基础设施开发。这一援助将从2016年起三年内开展，其中包括用于非洲基础设施项目的100亿美元。此举旨在与积极援助非洲的中国抗衡。⑥

值得注意的是，中非经贸关系已出现中国对非援助领域不断扩大，同时中非贸易大幅发展，开始从单纯援助转向贸易合作，并日益注重民生需求的新特点。除了传统的经济援助外，在第三届中非合作论坛上，中国政府已侧重在农业生产、医疗和教育等民生领域加大了对于非洲国家的援

---

① 《非洲司司长林松添：中国援助西非抗击埃博拉的善举"值"》，http://www.fmprc.gov.cn/mfa_chn/wjbxw_602253/t1224533.shtml，访问日期：2015年11月10日。
② 《新角色、新气象——习近平访美显现中国外交新变》，http://www.chinanews.com/gn/2015/10-07/7556818.shtml，访问日期：2015年10月9日。
③ 《习近平详解对非"十大合作计划"中方决定提供600亿美元支持》，http://it.chinanews.com/gn/2015/12-05/7657047.shtml，访问日期：2015年12月22日。
④ 《外国政要纷纷评价习近平的外交智慧》，http://china.chinadaily.com.cn/2015-12/07/content_22652980.htm，访问日期：2015年12月8日。
⑤ 张琪：《奥巴马借美非峰会拓展能源合作》，《中国能源报》2014年8月11日。
⑥ 《安倍访非承诺援助300亿美元》，《参考消息》2016年8月28日。

助；三年后，中国政府在第四届中非合作论坛上，进一步扩大了有关民生领域的援助，包括在教育、卫生、文化和科学技术、环境保护、清洁能源等领域的援助，而且此类的援助有了明显的增加。温家宝总理在2011年夏季达沃斯年会上表示，"我以为对非援助的方针，最重要的就是要把援助的基础建立在增强非洲人民自我发展的能力上，要把对非援助的重点放在改善民生上，使非洲人民能够从援助当中得到实实在在的利益。"[1] 同时，中非经济互补主要表现在贸易、投资以及技术转让三个方面。中国主要向非洲出口轻纺主品，机电产品；非洲则主要向中国出口原油、矿产品以及一些有特色的农产品。中非贸易不仅有助于非洲国家的经济发展，也有助于克服中国经济高速发展面临的资源瓶颈和缓解产能过剩问题，促进中国国内产业结构的调整和升级。[2]

从"五个领域""三大支柱"到"十大合作计划""五大支柱"，中非首脑外交为中非关系的发展指明了方向，划定了内容。在未来的相当长一段时间内，这也将成为中非首脑会晤的主要话题和需要解决的重要问题。

第六节　中非首脑外交的新议题

新时期，中非首脑外交的议题领域宽，涉及面大，内容丰富。

非洲地区大部分国家的道路、桥梁、机场、码头等公共设施十分落后，成为制约非洲经济发展的关键问题所在，因此大力兴建基础设施是振兴非洲经济的首要任务，也是中非首脑会谈的一个重要内容。[3] 公路交通在非洲占主导地位，承担80%—90%的客货运输任务。同时，也是大多数乡村唯一的交通方式。但非洲的公路网密度远远低于世界其他地区，公路

---

[1] 《温家宝在夏季达沃斯论坛 开幕式和企业家座谈会上答问》，http：//paper. people. com. cn/rmrbhwb/html/2011-09/15/content_ 924044. htm，访问日期：2016年11月1日。
[2] 张哲：《中非经贸关系发展研究》，浙江人民出版社，2014年版，第203页。
[3] 胡永举、邱欣等：《非洲交通基础设施建设及中国参与策略》，浙江人民出版社，2014年版，第274页。

条件低于国际标准。① 非洲各国等级公路加权平均密度为 100 千米/1000 平方千米，全部公路加权平均密度为 149 千米/1000 平方千米。铁路更是如此。在 19 世纪末和 20 世纪初，非洲铁路开始兴建，为开采矿产和其他资源提供运输通道。但大多数铁路是孤立的，相互没有形成连通网络，采用较低的技术标准。同时，运营收入不足以支付采用现代技术的轨道和车辆系统。一些国家没有实施有效的管理，一些设施在殖民统治结束后，遭受内战的破坏。虽然采取了允许私营部门以提高管理效率措施，但铁路仍面临严重的财政资金短缺问题。② 一个多世纪以来，非洲无论是内陆线路还是港口与内陆地区的联通线路，大部分没有联通形成网络。唯一真正的国际铁路运输网络主要集中在南非，向北伸展到津巴布韦、赞比亚和刚果（金）。③ 非洲铁路网总规模大约 7 万千米，其中目前正在使用的约 5.5 万千米。除了部分跨国货运线路外大部分为单线铁路。非洲铁路网密度较低，密度最高的是南非，密度为 17.7 千米/1000 平方千米，其他大多数非洲国家铁路密度范围在 1—6 千米/1000 平方千米。澳大利亚、加拿大、中国和俄罗斯都有大量未开发的和人口稀少的地区，铁路网密度在 5—7 千米/1000 平方千米，而多数欧洲国家铁路密度为 20—100 千米/1000 平方千米。在非洲有 13 个国家没有铁路。相对于人口铁路网密度，密度较高的有加蓬 520 千米/百万人、博茨瓦纳 494 千米/百万人、南非 460 千米/百万人，其他大多数非洲国家密度范围为 30—150 千米/百万人。相比之下，欧洲国家的密度为 200—1000 千米/百万人，在澳大利亚和加拿大为 1500 千米/百万人。④ 可靠性和稳定性都较强的航空运输业对于已经融入全球经济的非洲来说至关重要。然而，在日益开放的世界航运市场体系中，许多原非洲本土的航空公司，特别是一些国有的大型航空公司都面临经营困境。虽然这些地区的空中交通流量呈增长趋势，但非洲的交通网络连通性却很

---

① 胡永举、邱欣等：《非洲交通基础设施建设及中国参与策略》，浙江人民出版社，2014 年版，第 13 页。
② 胡永举、邱欣等：《非洲交通基础设施建设及中国参与策略》，浙江人民出版社，2014 年版，第 67 页。
③ 胡永举、邱欣等：《非洲交通基础设施建设及中国参与策略》，浙江人民出版社，2014 年版，第 67 页。
④ 胡永举、邱欣等：《非洲交通基础设施建设及中国参与策略》，浙江人民出版社，2014 年版，第 72 页。

差，而且航空公司的安全纪录也较差。① 交通建设中一个很重要的资源是资金。铁路基础设施建造成本高，更新维护也需要大量的费用。非洲交通基础设施建设资金严重短缺。资金缺口很大，据世界银行测算，非洲要缩小与世界其他地区的基础设施方面的差距，每年需投入930亿美元，约占非洲GDP总额的15%，超过目前非洲在基础设施领域投资金额约一倍。其次，引资难度大，由于非洲基础设施严重不足，经济发展水平仍然较低，对投资者的吸引力还不强。② 基础设施是产业发展前提。中国有先进的铁路技术，并愿意为非洲的基础设施建设助力。中国将积极参与非洲公路、铁路、电信、电力等项目建设，实现区域互联互通，倡议实施"中非区域航空合作计划"，支持中国企业与非方建立合资航空公司，提供民用支线客机，共同发展非洲区域航空业。为帮助非洲实现建立高速铁路网的梦想，中国将同非方开展工程、装备、标准、规划等合作，并在非设立高铁研发中心，把技术、培训、管理经验与非方分享。

近年来，中非贸易快速增长，贸易增量提质，到2020年中非贸易规模达到4000亿美元左右已成为现实目标，中国对非直接投资存量向1000亿美元迈进也近在咫尺。积极参与非洲工业化进程，加强同非洲的产业合作，促进纺织服装、轻工家电等劳动密集型产业和制造业发展，推动能源资源产业转型升级，增强非洲自我发展能力，实现中非产业战略对接，这些议题都将是中非首脑会谈的重要内容。

中非务实合作离不开资金支持。2008年中国工商银行投资55亿美元收购南非标准银行20%股份，成为当时外国对非洲的最大一笔投资。2015年，中方决定向非洲国家增加100亿美元贷款额度，使已承诺贷款提供额度达到300亿美元，用于双方商定的项目。同时，为中非发展基金增资20亿美元，达到50亿美元规模。中国专门向非洲中小企业提供专项贷款，支持非洲中小企业发展，并与非洲开发银行商谈建立联合融资基金，搭建非洲基础设施建设包括支线航空网、高速铁路网三方合作平台。中国还支持双方加强在跨境本币结算、货币互换、互设金融分支机构等方面进行合

---

① 胡永举、邱欣等：《非洲交通基础设施建设及中国参与策略》，浙江人民出版社，2014年版，第90页。

② 胡永举、邱欣等：《非洲交通基础设施建设及中国参与策略》，浙江人民出版社，2014年版，第196页。

作。美国智库"全球发展中心"高级研究员拉马钱德兰表示，中国在解决非洲资金缺口方面发挥着重要作用。肯尼亚《旗帜报》报道说，中国投资和贸易为非洲自主发展提供了一次历史机遇。[1]

贫困是人类公敌，减贫是民生之首。中国过去20年减贫事业取得重大成就，但按世界银行标准仍有2亿多贫困人口。非洲的减贫事业同样任重道远。中国和非盟发表了《加强中非减贫合作纲要》，中国有责任有义务同非洲国家分享减贫经验。援非医疗队是中国对非洲的一项传统援助品牌，未来中非将进一步加强卫生医疗合作。中国还将努力参与非洲的农业和粮食安全问题，与非盟和非洲国家共同实施"农业优质高产示范工程"，提升非洲国家农业技术水平和农产品产量。中国对非援助将更多向饮用水、传染病防治等民生领域倾斜。

保护生态环境是人类共同的责任。非洲独特的自然生态环境，能唤起人们对远古时代的记忆和对美好家园的向往。为保护非洲野生动物资源，中国政府向非洲提供1000万美元无偿援助[2]，加强与非洲国家的技术合作和经验分享。中国政府还严格执行野生动物保护国际公约，以及同有关国家签署的双边协议，推进在肯尼亚建设"中非联合研究中心"，围绕生物多样性保护、荒漠化防治、现代农业示范等非洲国家关心的问题，不断加强中非生态环保领域合作，积极发展清洁能源和可再生能源，在保护中发展，在发展中保护，让"美丽中国"和"绿色非洲"一路同行。

心心相印才能亲密无间。中国与非洲国家都有悠久的历史和各具特色的民族文化，互相学习对方的优秀文化成果，可以促进各自民族文化的发展与繁荣。2006年，第一份中国对非政策文件中提到中非关系为"政治上平等互信、经济上合作共赢、文化上交流互鉴"的中非全面战略合作伙伴关系。2015年第二份中国对非政策文件中提到中非关系是"政治上平等互信，经济上合作共赢，文明上交流互鉴，安全上守望相助，国际事务中团结协作"的中非全面战略合作伙伴关系。这两份文件中都提到了中非文化上的交流与合作，可见中国对中非文化交流的重视。人文交流是推进新时

---

[1] 《中国投资成非洲发展催化剂》，《人民日报》2013年5月8日。
[2] 《港媒：中国愿帮助非洲人民提高生活水平》，world.chinadaily.com.cn/2014IKqvisited/2014-05/08/content_17494531.htm，访问日期：2017年1月2日。

期中非合作的第三大力量。文化交流有助于拓展新时期南南合作的内涵与形式，巩固新时期中国与非洲国家的战略合作水平。人文交流包括教育、文化与科技合作，也包括接收非洲留学生、开展培训，开办孔子学院等方式，中国不附带任何政治条件。半个世纪以来，中非教育、文化交流的内容不断拓展。非洲各孔子学院积极举办各类文化交流活动，以当地受众喜闻乐见的文化表现形式，展现了中华文化的独特魅力。中国武术、书法、剪纸、国画、电影鉴赏、地方戏曲等成为各孔子学院的常设课程。孔子学院举办的中国春节、元宵、端午、中秋等传统节日活动丰富多彩，深受当地市场的欢迎，为非洲各国民众提供了零距离接触中国文化的机会。

中非文化交流与合作始于20世纪50年代中期。1955年5月，中国同埃及在北京签署了《中华人民共和国政府和阿拉伯埃及共和国政府文化合作会谈纪要》。这是新中国与非洲国家之间签署的第一个文化协定。1956年4月，中国文化艺术团一行76人应邀出访埃及和苏丹等非洲国家。到了60—70年代，非洲大陆人民相继挣脱了殖民者的统治，获得独立。随着众多非洲国家与中国建立外交关系，中非文化交流进入了新的历史时期。2000年4月，江泽民主席访问南非，文化部长孙家正同南非艺术、文化和科技部长恩古贝尼分别代表本国政府签署了《中华人民共和国政府和南非共和国政府文化艺术合作协定》。至此，中国同所有的非洲建交国家都签署了双边政府文化合作协定和年度执行计划。此后，中非在文化艺术、教育、新闻媒体、学者智库和旅游等诸多人文和社会领域开展了丰富多彩的交流与合作，增进了中非人民之间的了解和友谊，为推动中非共同进步和社会经济可持续发展发挥了重要作用。中国和南非互办"国家年"是两国元首就促进两国人文交流达成的重要共识。2014年"南非年"在中国成功举办，2015年"中国年"在南非蓬勃开展。这是中国首次与非洲国家互办"国家年"活动，受到当地人民的热烈欢迎。未来，加强中非人文互动有必要办好"中非文化合作伙伴计划""中非民间友好行动"等品牌项目，在非增设中国文化中心和孔子学院，让中非友好更加深入人心。通过开展科技教育合作、强化职业培训等多种方式，帮助非洲国家提升人力资源素质。中国还鼓励更多中国公民赴非旅游，欢迎更多非洲朋友到中国旅游、留学、投资兴业。2014年12月31日，外交部非洲司司长林松添在接受记者采访时表示："我觉得黑人朋友跟我们是一样的，都是有血有肉，很善良、淳朴的人们。上帝制造了三种人,第一是黄种人,主要是我们中国人;第二就是黑人;还有一种是白人。人类主要由这三种人组成,非洲人生下来就是黑的,可是他们心是红的,特别对于中国人民,他们有着天然的亲近感。我曾经常驻利比里亚、马拉维、赞比亚,在非洲工作了十多年。我跟非洲人是打成一片的,我跟他们一起吃饭、喝酒、喝茶,我见到他们经常拥抱、贴脸。这都是非常友好的。现在见到黑人我有一种很自然的亲近感,黑人是我们的朋友。"[1]

没有和平稳定的环境,发展就无从谈起。中国始终坚定支持非洲以非洲方式解决非洲问题,深入落实"中非和平安全合作伙伴关系倡议",积极向非洲常备军和快速反应部队建设提供帮助,支持非洲集体安全机制建设,与非方共同拓展在人员培训、情报共享、联演联训等方面合作,帮助非方增强维和、反恐、打击海盗等方面的能力。

政治、经济、文化是支撑当今中非合作关系的三大支柱,这三者之间必须形成三足鼎立之势,相互支撑,中非合作关系才会有牢固的基础,才可能获得持续发展。中非文化交流,因其惠及民间,扎根人心,可能更具基础性、长远性的地位和作用,所以积极发展中非文化方面的交往非常重要,中非文化交流已成中非首脑会谈的一项重要议题。总之,中非首脑会谈的议题很多,双方合作的领域很广,未来中非首脑外交大有可为。

---

[1] 《外交部非洲司司长林松添谈有中国特色的大国对非外交》,http://www.focac.org/chn/zfgx/zfgxdfzc/t1224756.htm,访问日期:2014年12月31日。

第八章/中非首脑外交面临的问题与挑战

近年来，随着中非关系的蓬勃发展，中非首脑外交面临着越来越多的新问题与新挑战。但办法总比问题多，希望总比困难大。正视问题与挑战，努力克服一个又一个的困难与挑战，中非首脑外交的作用将越来越大。

第一节 中国对非首脑外交的作用

从作用上看，中国对非首脑外交往往可以迅速拉近两国元首个人关系，展现中国国家元首风采，展示中国国家形象和国际影响力。

加深老朋友的感情是中国对非首脑外交的重要支点。以被称为"独立之父"的卡翁达与中国领导人的交往为例。卡翁达是中国人民的老朋友。他亲历了中赞、中非关系发展的诸多经典时刻：他在1964年10月25日赞比亚独立第二天就宣布同中国建交，29日两国正式建立外交关系并互派大使；他在联合国讲坛上疾呼联合国中没有新中国人民的代表是错误的，为中华人民共和国恢复在联合国的合法席位做出了贡献；他创造性地使用"全天候朋友"这一生动的概念定义中非关系……2007年，胡锦涛主席访问非洲时特地会见了这位赞比亚前总统。双方抚今追昔，畅叙源远流长、历久弥坚的中非友谊。见面时，胡锦涛在会见厅门口热情迎接年近83岁的卡翁达，同这位对中国怀有深厚感情的老人紧紧握手。胡锦涛亲切地对卡翁达说："你是中国人民的老朋友，你和毛泽东主席、周恩来总理、邓小平同志等老一辈中国领导人都结下了深厚友谊，我很高兴今天见到你。"

卡翁达说："能够在这里接待来自中国——我们全天候朋友的领导人真是太好了！中国人民一直是我们的好朋友。"胡锦涛主席动情地对卡翁达说："中国有句老话：吃水不忘掘井人。中国政府和人民不会忘记卡翁达先生为发展中赞、中非友谊做出的杰出贡献。""在你担任赞比亚总统时期，中国、赞比亚、坦桑尼亚合作修建的坦赞铁路，成为中赞、中坦、中非关系史上的一座丰碑。当年，毛泽东主席同你会见时提出的三个世界理论，鼓舞了广大发展中国家人民争取民族解放的斗争。"卡翁达深情地回顾了当年坦赞铁路建设的历程，说："当时，非洲南部民族解放斗争形势非常严峻，坦桑尼亚和赞比亚曾请求西方国家帮助修建坦赞铁路，但遭到拒绝。后来，我们去中国向毛泽东主席提起这件事。毛泽东主席同意援建这条铁路，我们对此非常感激。"他由衷地表示："中国的支持对赞比亚等非洲国家争取国家独立和民族解放斗争最终取得成功具有重要的战略意义。"卡翁达还回忆道，长期以来，中国向我们提供了大量援助，帮助我们修建道路和桥梁，帮助我们发展农业，派来大量医生……这些都是非中友好的重要象征，并表示："中国在我们非常困难的时候帮助了我们，中国是我们的全天候朋友。"听了卡翁达的这番话后，胡锦涛主席说："回顾中非关系发展的历程，我们进一步感受到中赞全天候友谊有着深厚的历史基础和社会基础。这也表明卡翁达先生和中国老一辈领导人共同栽下的中赞友谊之树，经受住了国际风云变幻和各自国内情况变化的考验，根深叶茂，结出了累累硕果。"[①] 在中非关系发展史上，卡翁达见证了中非友谊，也始终维护着中非友谊，历届中国领导人都十分重视与卡翁达等老一辈的非洲领导人的交往。

结识新朋友，不忘老朋友是中国对非首脑外交的重要动力。以习近平与南非总统祖马的交往为例。祖马在白人统治南非时于1958年加入南非非国大，开始投身反种族隔离运动。他曾被监禁十年，后长期流亡国外。担任南非总统后，祖马立刻于2010年到中国进行国事访问并参观上海世博会。时任国家副主席的习近平会见了他。也是在这一年，习近平访问了南非，并与南非副总统莫特兰蒂在开普敦主持了中南国家双边委员会第四次

[①]《握手，全天候朋友——胡锦涛主席同卡翁达畅叙中非友谊》，《人民日报》2007年2月5日。

全会。这次会议中双方没有繁琐的程序、拖沓的文稿，而是在坦诚地交谈、专注地阐述。2013年，新南非首任总统曼德拉不幸去世，习近平主席、李克强总理分别致唁电给南非总统祖马。其中，习近平代表中国政府和人民并以个人名义，对曼德拉逝世表示深切的哀悼，向其亲属表示诚挚慰问。习近平指出，曼德拉是中南关系奠基人之一，其生前两次访华，积极推动中南各领域友好合作。中国人民将永远铭记他为中南关系和人类进步事业做出的卓越贡献。[1] 也是在这一年，习近平担任国家主席后第一次出访就选择了南非，并亲自到祖马出生地夸祖鲁—纳塔尔省所在地首府德班。在这里，习近平在下榻的北方海滩酒店举行早餐会。南非总统祖马、安哥拉总统多斯桑托斯、科特迪瓦总统瓦塔拉、贝宁总统亚伊、莫桑比克总统格布扎、乌干达总统穆塞韦尼、赤道几内亚总统奥比昂、几内亚总统孔戴、乍得总统代比、埃塞俄比亚总理海尔马里亚姆以及阿尔及利亚议长萨拉赫、非盟委员会主席祖马、南非国际关系与合作部长恩科阿纳—马沙巴内、卢旺达外交与合作部长穆希基瓦博等14位非洲贵宾应邀而来，出席习近平专门为他们举行的早餐会。新老朋友共聚一堂，90分钟的早餐会，十多位非洲国家和地区组织领导人先后发言。大家在发言中一致盛赞中非传统友谊。[2] 陪同出访的习近平主席夫人彭丽媛还在南非总统祖马夫人恩盖马的陪同下来到德班音乐学校参观。彭丽媛参观了学校钢琴教室和竖笛教室，欣赏了师生们和当地青年管乐队表演的古典音乐和具有浓郁民族风格的祖鲁族歌曲，并就音乐教育问题同师生们交流。她们还参观了祖鲁文化村，参观了具有祖鲁族特色的圆顶草房，了解祖鲁族文化习俗。当地艺术家表演了独具特色的祖鲁传统歌舞，欢迎中国客人。2014年，获悉祖马再次当选南非总统，习近平致函表示祝贺。7月，双方在巴西参加金砖国家领导人第六次会晤时再次进行了会晤。2015年，习近平和祖马互致贺信，庆祝两国互办国家年活动。两国领导人的频繁互动推动了两国关系的发展，促进了两国友谊。

首脑外交首先是人与人的交往，特别是对首脑在国家政治生活中处于

---

[1]《南非前总统曼德拉不幸逝世 习近平向祖马总统致唁电 李克强向祖马致唁电》，《人民日报》2013年12月7日。
[2]《永远的朋友 真诚的伙伴——记习近平非洲之行》，《人民日报》2013年4月1日。

核心地位的大部分非洲国家而言，首脑外交能迅速拉近元首之间的个人关系，直接推动两国关系的发展，而中国领导人的出访则展现了中国国家元首的风采，展示了中国国家形象和国际影响力，这对于建立和推动中非全面战略合作伙伴关系的发展起到了十分重要的作用。

第二节　中非首脑外交面临的问题

近年来中非关系迅速发展，中非贸易额已由 2000 年的 100 亿美元增至 2014 年的 2200 亿美元。在中非关系总体健康发展的同时，不可避免地出现了一些问题和挑战。如在中资企业特别是个体商户走进非洲的过程中，有一些无序和盲目现象，有时挤压了当地基层商贩的生存空间，个别公司在遵守非洲环保和劳工标准方面做得不够，等等。中企员工的安全也在不少国家面临挑战。① 又如医疗队问题，中国有的医生不愿意去，嫌条件太艰苦，去了也主要是给在非洲的中国人看病等。再如非洲各国欢迎中国没有附加条件的政治策略，这使得非洲国家可以找到一种替代西方那些有附加条件援助的方案，但由于全球大宗商品价格下降以及中国经济由制造业向服务业的转型已经导致中国对非投资下降。就连南非总统祖马也表示，如果中非贸易仍沿着西方所谓"新殖民主义"模式（也就是用非洲原材料换取中国制造产品）发展下去，中非关系将不可持续。②

但与蓬勃发展的中非关系相比，这些问题显然不是中非关系的主流，中非双方正在设法应对和解决。从首脑外交的视角看，中非全面战略合作伙伴关系的确立和发展主要面对的仍是外部压力，即必须面对和克服西方所谓的"新殖民主义"的指责。

一、西方对中国的指责

近年来，面对深度、宽度和广度不断增加，健康、快速、全面发展的

---

① 《谱写中非关系新篇章》，《人民日报》2013 年 3 月 21 日。
② 张春：《中非合作如何化解"成长的烦恼"》，《参考消息》2015 年 12 月 10 日。

中非关系，一些西方媒体掀起一股企图诋毁中非关系的西方非洲版"中国威胁论"，大肆宣扬所谓的"中国对非洲实行新殖民主义""中国在非洲掠夺资源"等，这种此起彼伏、不绝于耳的干扰噪音既缺乏历史依据，也不符合现实情况，其深层次意图在于一些西方人长期把非洲视作其"世袭领地"，认为现今中非扩大合作事实上是在"动他们的奶酪"，因此横竖看不顺眼，攻击中国在非洲搞"新殖民主义"和"掠夺资源"，试图阻挠中国企业进入非洲市场与欧美企业竞争，维护少数西方国家在非洲的既得利益。

事实上，非洲的能源和资源的开采和销售仍然掌握在西方国家手里，"中国从非洲进口的石油只占非洲出口总量的13%，而欧洲和美国都占30%以上。中国在非洲石油领域的投资只占世界在非洲此类投资总额的1/16，美国和欧洲都比我们多得多"[1]。仅美、英、澳、加等西方国家企业在非洲矿业部门吸引外国直接投资中占比就高达70%以上。2011年，美国对非矿业直接投资存量达333亿美元，占其对非直接投资存量的59%，而当年底，中国对非矿业直接投资仅相当于美国的15%，占其对非直接投资存量的25%。

照此逻辑，这顶"新殖民主义"和"掠夺资源"的帽子，究竟应当戴在谁头上，一清二楚。2012年2月9日，卡内基国际和平基金会网站刊文承认，"中国在非洲扮演日益重要的角色"，认为中国对非洲的投资并非像有的西方媒体所说的那样，主要投资于资源和能源领域，以2009年为例，只有29%的中国投资涉及采矿业，半数以上的资金投向制造业、金融业和建筑业。相比之下，美国对非洲的直接投资近60%与采矿业有关。[2]

尼日利亚是非洲第一大产油国、世界第六大原油出口国，但石油日产量的95%被西方石油公司控制。多年来，西方石油公司在尼日利亚主要产油区尼日尔三角洲为了赚取最大利润，基础设施投资严重不足，经常发生管道破裂导致原油溢出自燃起火，将大片农作物和森林化为灰烬，滚滚浓

---

[1] 《杨洁篪：美国和欧洲在非洲石油领域的投资比中国多得多》，http://news.xinhuanet.com/politics/2010－03/07/content_13115518.htm，访问日期：2016年3月23日。

[2] Shimelse Ali, Nida Jafrani, China's Growing Role in Africa: Myths and Facts, February 9, 2012, http://www.carnegieendowment.org. 转引自张忠祥：《中非合作论坛研究》，世界知识出版社，2012年版，第236页。

烟对空气、土壤、河湖造成污染，周围居民甚至连日常生活必需的干净水都无法喝上。西方石油公司的这种只开采、不付出的行为，使当地经常出现暴力活动。这一地区局势动荡已成为国际原油价格一再攀升的重要原因之一。西方跨国公司对非洲资源进行的掠夺性开采，正是西方媒体热炒"对非洲实行经济殖民主义"的真实写照。①

　　同时，有西方媒体炒作中国对非洲的援助和贷款问题，称中国对非洲国家的贷款和援助项目助长了"腐败"，甚至妄称中国在非洲的存在是"新殖民主义"，是对非洲别有用心。与西方国家的援助和贷款大都有苛刻的附加条件不同，中国的援助和贷款没有任何先决条件，目的只是要切实帮助非洲国家摆脱贫困，提高这些国家可持续的自我发展能力。非洲国家在得到贷款时不会牺牲国家主权和民族尊严，因此没有理由不欢迎中国的援助和贷款。② 对来自中国的援助，坦桑尼亚第一任总统尼雷尔评价："无论是中国给予我国的巨大经济和技术援助，还是我们在国际会议的交往中，中国从来没有左右我们的政策或损害我们国家主权和尊严的企图。"③ 莫桑比克前总统希萨诺表示，"事实证明，中国是非洲最可信赖的伙伴之一，它对非洲的投资政策事先都征求过我们的意见。"加纳财政部长也曾说，"来自中国的贷款对于扩大加纳的就业机会发挥了巨大的作用，我们对中国人民感激不尽。"④

　　当非洲遭受自然灾害、疾病和战争时，很多国家的投资者都远而惧之，而中国没有。南非著名的前沿咨询公司首席执行官马丁·戴维斯说，让他印象最深的是国际金融危机中西方在非洲的企业纷纷撤资，而中国政府和企业却不断加大对非洲投资，正是中非这种务实合作的态度，支撑了非洲经济的增长势头。他从自己公司的统计图表中发现，从1999年开始，非洲经济增长走势与中国经济增长走势曲线几乎一致。他说："这就是中非经贸务实合作的很好例证呀！"⑤ 中非的务实合作对非洲的经济产生了巨

---

① 《非洲"新殖民主义者"是谁？》，《人民日报》2006年6月23日。
② 《不值一驳的杂音》，《人民日报》2006年9月26日。
③ 《以无私援助　求共同发展——新中国六十年援外工作纪实》，《人民日报》2010年8月13日。
④ 《不值一驳的杂音》，《人民日报》2006年9月26日。
⑤ 《记者观察》，《人民日报》2013年3月21日。

大影响，2012年中非贸易额已近2000亿美元，中国成为非洲最大的贸易伙伴，也是最大的外来资本投资国。中国政府和企业在非洲实体经济发展上留下了深深的足迹，从基础设施到民生领域，中国有力促进了非洲的工业化进程和振兴步伐。①

谁在搞"新殖民主义"，非洲人最有发言权。中国的真诚帮助赢得了有关国家政府和人民的广泛赞誉和强烈共鸣。中非合作助力非洲发展，非洲国家对此感受深切。尽管外界总是有人怀着这样那样的企图诬蔑中国人搞"新殖民主义"，竭力挑拨中国与非洲国家的关系，但非洲兄弟并不买账。非洲人民自己回应说，非洲人已足够成熟，不需要别人告诉他们应当同谁交朋友。不少非洲国家的领导人公开表示，什么是殖民主义和新殖民主义，非洲人民自己最清楚。中国真心帮助我们，是真正的朋友，非洲国家完全信任中国。②

针对西方国家指责中国在非洲搞"新殖民主义"，坦桑尼亚总统基奎特曾在多个场合予以驳斥。基奎特在习近平主席到访前接受中国媒体联合采访时表示，中国的投资对非洲经济发展起到了非常重要的作用，中国投资通常是与技术支持相配套，这是西方很难做到的。③

坦桑尼亚反对党公民联合阵线主席利蓬巴表示，在相互尊重和互不干涉内政原则基础上，中国帮助非洲国家的经济发展和社会建设，改进基础设施、提升工业化水平，这充分说明中国不是来掠夺资源的。④"我不认同中国对非洲实行新殖民主义的说法。"第六十七届联合国大会主席耶雷米奇表示，中非合作是一个成功故事，中国对非洲的援助是最无私的，中非合作是南南合作的重要驱动力。他对中非合作充满信心，并相信中非关系会继续积极发展。⑤赞比亚前总统卡翁达愤怒批驳所谓中国在非洲搞"新殖民主义"的谬论，他说："这完全是废话，是无稽之谈！可以不予理睬。"他

---

① 《记者观察》，《人民日报》2013年3月21日。
② 《以正确的义利观指导对外合作（国际论坛）——五论新形势下的中国外交》，《人民日报》2013年8月28日。
③ 《中非合作开启新篇章》，《人民日报》2013年4月10日。
④ 《中非合作是一个成功故事》，《人民日报》2013年4月16日。
⑤ 《中非合作是一个成功故事》，《人民日报》2013年4月16日。

说,如今中国强大了,非洲也在快速发展,因此,有些人就"忧心忡忡"。①他明确地表示,中国绝对没有在非洲搞"新殖民主义"。中国曾坚定地支持非洲反对殖民主义、种族主义,我们依靠中国,需要中国。中国是全非洲伟大的朋友,慷慨的朋友,全天候的朋友,中国总是尽一切可能来帮助非洲。赞比亚就获益匪浅,在工业、农业、医疗、投资等各方面,中国给了我们全方位帮助。中国在赞比亚做了很多事情。②

赞比亚穆库尼酋长表示,"赞比亚是一个内陆国家,当年为打破殖民主义者的封锁,中国帮助我们修建了坦赞铁路,因此才有了赞比亚今天的发展。"习近平在访非时同非洲国家领导人举行早餐会指出,"中国发展好了,非洲发展会更顺;非洲发展顺了,中国发展会更好。"穆库尼酋长赞同地说,所谓中国在非洲搞"新殖民主义",纯粹是对非中关系良好发展的妒忌,那些人不愿看到中国发展好了、非洲发展顺了,不愿失去他们昔日在非洲可以颐指气使的特权。③

2013年2月召开的非洲矿业大会上,世界银行前顾问、赞比亚裔的美国著名经济学家丹比萨·莫约发表题为《胜者为王:中国的资源竞赛对世界的意义》的演讲,反驳所谓"中国新殖民主义"论调。莫约认为,中国在非洲的投资是"共生关系",这也得到了非洲人民的认同。她指出,皮尤研究中心在一项针对撒哈拉以南十个非洲国家的调查中发现,大部分非洲人对中国投资表示支持。在塞内加尔,86%的受访者认为中国给他们的国家带来益处,91%的肯尼亚受访者相信中国的影响是积极的。莫约指出,中国对资源的需求给非洲带来了急需的贸易和投资,也为非洲的出口创造了宽广的市场。这对迫切追求经济快速发展的非洲来说,大有益处。④

一位安哥拉外交官说:"中国人来做生意,并且帮助我们建设国家。"另一位非洲学者说:"中国没有对非洲进行说教,而是向非洲提供实实在在的帮助。"一家中国建筑公司的塞内加尔经理表示,西方公司"有点家

---

① 《赞比亚期盼深化与中国合作 卡翁达盛赞"中非命运共同体"论断》,《人民日报》2013年4月11日。
② 肯尼思·卡翁达:《谁都不能对非中友好说三道四》,《人民日报》2014年10月24日。
③ 《赞比亚期盼深化与中国合作 卡翁达盛赞"中非命运共同体"论断》,《人民日报》2013年4月11日。
④ 全国干部培训教材编审指导委员组织编写:《国际形势与中国外交》,人民出版社,2015年版,第95—96页。

长主义作风",中国公司则是"平起平坐的朋友","现在不再是殖民者与殖民地之间的问题,它是一种相互之间的交流"。另一位塞内加尔学者认为:"中国的技术和专业技能更适合非洲,所需资金也更少。中国的文化价值观也与非洲更为接近。"针对西方国家攻击中国在非洲搞"新殖民主义"问题,南非金山大学商务学院研究生院学者科菲·库阿库表示,很多人健忘,很快忘记了过去450年殖民主义给非洲带来了什么。库阿库说,过去数个世纪的殖民主义是欧洲国家的标签,现在却不公平地扣在正在成为全球大国的中国头上。一些人指控中国在非洲搞"新殖民主义"是别有用心,他们真正关注的是中国在非洲大陆上的强大经济竞争力。过去几十年,当西方国家描述和嘲讽非洲是"战略无关紧要之地"时,中国却相反,把非洲看作希望之地。现在非洲出现繁荣迹象,这些从非洲利润丰厚的商品繁荣中获益的国家却担心失去市场份额。轻蔑和失败主义的态度恰恰证明,这些人才是名副其实的非洲新殖民主义者。[1]

南非大学政治学系名誉教授、南非全球对话研究所主任宗地认为,目前有些国家将中国描述成为"新殖民主义",这是一种嫉妒心态,并表示,"我来自巴尔干半岛,我们国家在历史上曾多次遭受外族入侵,知道什么是殖民主义。只有遭受过殖民统治的民族才知道殖民主义的含义。"[2]

南非中国问题研究专家、南非斯坦伦布斯大学中国研究中心主任马丁·戴维斯博士表示,"人们对于突然的变化总是感到不适应。欧洲人看到他们与非洲传统的联系受到来自中国的挑战,当然会不舒服,从战略上也认为是一种挑战。对此,我认为中国应该拍案而起,进行理直气壮地反击:中国在非洲从来都不是殖民者,中国没有占领任何一块非洲的土地,更没有侵略过哪个非洲国家。欧洲人占领非洲大陆几个世纪,但中国从来也没有控制过哪个非洲国家。"[3]

一些西方媒体也开始了较为客观地看待中非之间的经济往来。例如,2006年8月7日德国《经济周刊》发表了名为《新时代》的文章,美国《纽约时报》发表了《中国在非洲大显身手》一文,都比较客观地叙述和

---

[1] 《赋予中非友谊新的时代内涵》,《人民日报》2013年4月9日。
[2] 《赋予中非友谊新的时代内涵》,《人民日报》2013年4月9日。
[3] 《中国从来不是非洲殖民者》,《人民日报》2006年6月23日。

评论了中国在非洲的经济活动。上述文章认为，中国在非洲的经济活动，如贸易往来、基础设施建设、资源开发等，活跃了非洲经济，降低了当地的通货膨胀。文章认为，"中国似乎向非洲提供了一种新的东西，一种建立在互利基础之上、不干涉盟国内部事务的平等伙伴之间的商务关系。"文章指出，由于中非经济合作，"在非洲历史上，以经济投资形式流入的资金首次超过了以发展援助形式流入的资金"。在对非洲当地人士进行了较多的采访后，文章得出了较为客观的结论："在美国和欧洲，中国人进军非洲被诋毁为'新殖民主义'，这是狭隘的论调。""非洲有史以来首次掌握了自己的命运，而为这块大陆创造这一绝佳契机的正是中国人。"[①]

二、建设"三大网络"的挑战

除了必须正面面对一些西方媒体"新殖民主义"的歪曲与丑化，中国的首脑外交还需要面对以下问题：一方面，非洲经济发展的需求增强，中国随着经济实力的增强有责任有义务帮助非洲实现跨越式发展，中非首脑外交担负着推动这一问题解决的重任；另一方面，如何通过首脑外交促进非洲环境保护与资源的合理开发是近年来中国对非首脑外交需要解决的重大问题。

对此，习近平主席给出了明确的答案。他指出，中非全面战略伙伴关系需要通过"三大网络"的合作克服未来发展中可能遇到问题：一是非洲高速铁路网络。非洲面积占世界陆地面积23%，但铁路总长度仅占世界的7%，还有十三国不通铁路。中国在这方面有着技术优势，可以帮助非洲实现"世纪梦想"，就是将非洲所有国家的首都用高速铁路连接起来。二是非洲高速公路网络。目前，非洲普通公路和高速公路的密度，仅为世界平均水平的1/4和1/10，发展潜力巨大。不少非洲国家领导人都提出扩大中非高速公路合作、建设高速公路网的愿望，中非双方合作可以促进非洲高速公路逐步连接成网。三是打造非洲区域航空网络。非洲航空市场需求快速发展，但机场、航线尤其是支线运营等方面供给缺口很大，而中国拥有机场建设和管理等方面的能力与经验，自主研发的支线飞机也能够满足非

---

① 《"非洲的中国机遇论"》，《人民日报》2006年8月29日。

洲市场的需要。中方倡议实施"中非区域航空合作计划",希望通过建立合资航空公司、提供民用支线客机、培训航空专业人才和建设配套保障设施等方式,推动非洲区域航空业发展。此外,中方也愿与非洲共同合作,推进电力、电信等基础设施建设。习近平表示:工欲善其事,必先利其器。为打造非洲基础设施网络,中方愿提供金融、人才和技术支持。中国政府言必信,行必果。中国的先进技术和管理经验,愿毫无保留地与非洲国家分享;中方参与建设及运营的所有项目,都可以采取与非方合资或合作的方式。[1] "三大网络"建设是看得见摸得着的中非合作,通过合作解决问题,通过合作应对挑战,中国对非首脑外交为中非全面战略伙伴关系的确立和发展指明了方向。

三、中国企业在非洲的形象问题

尽管首脑外交是顶层设计,但其中涉及政治、经济、外交等方方面面的内容。在中非关系发展中,随着中国企业大量进入非洲,来自中国企业给中非关系造成的新的困扰逐渐浮出水面。

有学者于2011年12月至2012年7月对非洲各界进行了问卷调查,调查显示:

非洲人对在非中国企业产品质量的评价[2]

评价	评价所占比例%
很好	0
好	1.2
一般般	70.9
差	3.6
很差	3.6
不了解	18

---

[1] 《共同推动非洲发展迈上新台阶——在第二十四届世界经济论坛非洲峰会上的致辞》,《人民日报》2014年5月9日。

[2] 中国外交部非洲司:《中非联合研究交流计划2012—2013年课题研究报告选编》,世界知识出版社,2014年版,第291页。

由此表可知，只有1.2%的被调查者认为中国的产品质量"好"，而70.9%的被调查者认为中国产品质量很一般。看来中国在非企业的产品质量确实不容乐观。

非洲人对在非中国企业环境保护情况的评价①

评价	所占比例%
很好	2.6
好	34.6
一般般	32.1
差	21.3
很差	5.3

据此表可知，认为在非中国企业在环境保护方面做得好的比例不高，为35.2%。事实上，尽管总体上中国企业进入非洲对非洲的发展和中非关系的发展起到了积极的促进作用，但其带来的负面作用的确不容忽视。对部分企业在非洲的不当行为，中国政府也应及时地通过相关法律和政策加以监督和约束，优胜劣汰的纯粹市场法则并不完全适合中非经贸往来。②某些非洲非政府组织对中非关系的责难，源于它们对中国对非政策的不了解，对中非经贸合作的历史与现状缺乏全面认识。中国应积极通过官方渠道加强同它们的对话和沟通，大力宣传中国对非洲政策的实质，尽可能地化解非洲方面对中国的固有认识和偏见。③

四、非洲贫困问题的现实

2000年9月，世界各国首脑齐聚联合国千年峰会，承诺为实现全球和

---

① 中国外交部非洲司：《中非联合研究交流计划2012—2013年课题研究报告选编》，世界知识出版社，2014年版，第291—292页。

② 刘鸿武、罗建波：《中非发展合作——理论、战略与政策研究》，中国社会科学出版社，2011年版，第379页。

③ 刘鸿武、罗建波：《中非发展合作——理论、战略与政策研究》，中国社会科学出版社，2011年版，第380页。

平、人权、民主、治理、环境的可持续发展及消除贫困,加强国际合作,签署了以减贫为要义的《千年宣言》。为保障这些承诺的实现,制定了实现承诺的"路线图",即"千年发展目标"。[1] "千年发展目标"是20世纪90年代以来国际社会诸多国家、地区和国际协商的产物。它不仅为发达国家所认同,也被发展中国家所接受,成为迄今为止有关减贫领域国际发展合作的依托与载体。"千年发展目标"是当今国际社会在发展领域最全面、最权威、最明确的发展目标,也是衡量国际发展合作的重要标尺。[2] 在这一标尺下,中非的减贫合作大有作为。

减贫问题始终是发展中国家的重要目标。发展中国家是当今世界贫困尤其是绝对贫困的主要发生地。占世界人口13%的非洲是世界第二大洲,是人类文明的发祥地之一,拥有丰富的自然资源,但长期以来却为贫困所扰。2014年距"千年发展目标"实施进程已近尾声,非洲大陆减贫取得一定进展,但贫困人口规模依然庞大,且数量呈上升趋势。以日收入不足1.25美元的国际贫困线来测试,撒哈拉以南非洲地区贫困人口数量由1981年的1.57亿增至2005年的2.99亿,2010年又增至4.14亿。[3] 非洲依然是发展中国家最为集中、贫困发生率最高的地区。

2014年是非洲"农业与食品安全年"。尽管非洲农业发展在过去的十年取得了丰富的成果,不过数据显示,非洲大陆目前仅生产了全球10%的农产品,却有全球60%的未开垦的可耕种土地。联合国开发计划署的有关数据显示,撒哈拉沙漠以南非洲国家有1/4的人口营养不良,1/3的儿童因缺乏营养而发育迟缓。非洲蕴藏着巨大的农业潜力是不争的事实,这包括丰富的土地资源、温光资源等,但是这些潜力多年来却一直因为技术、经验、资金不足等种种原因而未被挖掘。虽然近年来国际社会通过各种渠道进行技术转移,但是财政投入不足使得非洲农户无法获取这些对于他们来说非常昂贵的成套技术。此外,非洲各国的农业服务体系也不健全,这包括产前规划组织、产中技术指导和产后的储藏和市场渠道,而非洲国家政府在丰年和灾年的统筹机制的缺乏也直接导致了粮食安全问题一直没有

---

[1] 刘鸿武等:《新时期中非合作关系研究》,经济科学出版社,2016年版,第321页。
[2] 刘鸿武等:《新时期中非合作关系研究》,经济科学出版社,2016年版,第321页。
[3] UN, MDG Report 2013: Assessing Progress in Africa toward the Millennium Development Goals, 2013, p.1.

得到有效解决。

　　作为世界上最大的发展中国家，中国经过数十年的发展，在减贫方面取得了举世瞩目的成绩，这为中非减贫合作提供了前提。中国与非洲国家政府间的减贫合作是在援助框架下进行的。中国对非洲国家的减贫工作主要体现为以下几种形式：

　　首先，中国政府通过向非洲国家提供政府无息贷款或无偿援助援建成套项目，促进当地经济的发展，增加税收和就业，改善当地人民的生活条件，提高自身发展能力。毛泽东曾对非洲朋友说："已经获得革命胜利的人民，应该援助正在争取解放的人民的斗争，这是我们的国际主义义务。"[①] 从 20 世纪 50 年代开始，中国始终努力对非洲国家实施力所能及的援助。具体包括：

　　其一，为非洲国家积极援建各种公共福利设施，包括建设公路、铁路、桥梁、建造住房、打井供水、广播电视和通信设施等公共福利项目。其二，坚持不懈地开展多种农业合作。粮食安全是关乎贫困人口基本生存需要的要事，因此从 20 世纪 60 年代至今，中国政府就一直把农业合作作为中国对非援助的重要内容。中非农业合作的主要领域包括农业基础设施建设、粮食生产、养殖业、农业实用技术交流和转让、农产品加工和储运等。其三，通过援建医院、派遣医疗队、提供药品和医疗物资援助等方式，帮助非洲国家改善医疗卫生条件，做好疾病防控工作。其四，开展人力资源与合作，帮助非洲国家提升人力资源水平，满足国家发展的需求。为非洲留学生提供政府奖学金，开展管理与各类技术培训、派遣志愿者、举办有关减贫与发展的研修班，是中国政府帮助非洲国家培养各类技术人才或提供相关帮助的主要举措。近年来，中国为非洲培训各类人才达 4 万多名。在 2013 年习近平主席首访非洲时，他代表中国做出庄严承诺：中方将积极实施"非洲人才计划"，未来三年将为非洲国家培训 3 万名各类人才，提供 1.8 万个奖学金留学生名额；每年将为非洲培训培养 300 名基础设施领域各类管理和技术人员。其五，减免非洲国家欠华债务，以实际行动推动国际社会对非减债进程。在 2000 年第一届中非合作论坛部长级会议上，中国政府宣布免除非洲重债穷国和最不发达国家 100 亿人民币对华政

[①]《毛泽东主席接见非洲朋友的谈话》，《人民日报》1963 年 8 月 9 日。

府债务。事实上，从2000年至2009年，中国已免除35个非洲国家的312笔债务，总计189.6亿人民币。减免非洲的债务，减轻了其外债负担，从而使非洲能够将更多的资金用于本国经济建设与社会发展事业。[1]

五、非洲的和平与安全等新生问题

非洲国家普遍存在着严重的安全问题。非洲社会不稳定很大程度上源于西方殖民主义对当地种族、部族的分治政策，今天的非洲依旧充满着种族冲突和各种社会动荡。长期以来，和平与安全始终是非洲发展的重要内容。

近年来，非洲大陆的政局总体上趋于稳定，但是局部地区和国家的动乱还是时有出现。据2012年发布的《全球国家风险指南》，综合政治、经济领域的风险，全球有40个存在风险的国家，其中21个国家在非洲，而最具风险的5个国家，则全部在非洲。[2]

近年来，中国以更加积极主动的姿态参与非洲热点问题的解决及和平安全事务。2008年，中国首次派军舰参与商船护航和打击索马里海盗。2012年中非合作论坛第五届部长级会议上，中国发起"中非和平与安全合作伙伴关系倡议"，得到非洲国家的积极响应。2013年，习近平在会见非洲联盟委员会主席祖马时表示，中方愿与非洲国家共同努力，加强在非洲和平与安全事务以及重大国际问题上的合作，不断推动中非关系向更高水平发展。李克强在访问非洲时再次向祖马表示，中国坚定支持非洲和平与安全事业。解决好和平与安全问题需要标本兼治、重在治本。

中国一直大力参与联合国、非盟在非洲的维和行动，是安理会五个常任理事国中派出部队最多的，主要派驻人员为工兵、医疗分队和警察。从2013年起，中国首次向马里派遣武装安全部队，还向南苏丹维和行动派出同样性质的军事力量。中国还加紧探讨向非洲常备军和快速反应部队建设提供帮助，支持非洲集体安全机制建设。中国参与上述活动时，坚持尊重

---

[1] 刘鸿武等：《新时期中非合作关系研究》，经济科学出版社，2016年版，第330—332页。
[2] UNECA, *Economic Report on Africa* 2015, p. 34. 转引自舒运国、张忠祥：《非洲经济发展报告（2014—2015）》，上海社会科学院出版社，2015年版，第11页。

当事国主权，不干涉内政、不寻求扩大势力范围、不为地缘政治利益谋划"政权更迭"，而是致力于劝和促谈，促进国际合作，维护地区安全与稳定，为非洲的和平安全事业做出实实在在的贡献。

从中国参与亚丁湾护航来看，一方面，中国有能力参与在非洲的打击海盗工作；另一方面，随着中非经贸往来的增加和非洲在中国对外贸易运输线上的重要作用，中国也有义务参与打击在非洲的海盗问题。同时，参与打击海盗，也锻炼了人民解放军，扩大了中国在非洲的影响力，可谓一举多得。但是，打击海盗问题，需要非洲各国的认同，也需要国际社会的参与，从这一点来说，首脑外交又一次派上了用场。

没有和平与安全就谈不上合作与发展。没有非洲的和平与稳定，就谈不上世界的持久和平；没有非洲的振兴和发展，也就没有世界的繁荣和发展。一个和平、稳定与安全的非洲将更加符合中非合作与发展的共同利益，也符合全球经济发展的要求。[①]

与和平和安全问题相关连的是打击跨国犯罪问题。近年来，非洲一些地区贩毒和相关的跨国有组织犯罪问题愈演愈烈。西非有 100 多万毒品吸食者，马里北部已成为贩毒通道。据联合国统计，每年从西非及萨赫勒地区国家过境的可卡因价值达 12.5 亿美元。正如利比里亚媒体所言，武器的扩散、非法活动的增多和边境的脆弱使得该地区安全隐患越积越多。尼日尔的媒体则表示，"伊斯兰马格里布基地组织""信仰捍卫者""博科圣地"等多个恐怖组织本身就从事跨境非法活动，成为地区国家安全的严重隐患。非洲地区经济发展的不平衡更加剧了这一问题，为陆地和海上的不法分子从事非法贸易提供了土壤。

事实上，中非在打击走私方面已经开始了实质性的合作。2014 年，中国和肯尼亚有关部门联手行动，在肯尼亚首都内罗毕成功缉捕象牙走私团伙主犯薛某。这次行动源于由中国、美国以及卢萨卡协定书执法特遣队等三个区域性野生动物植物执法机构联合组织，国家部门间濒危野生动植物种国际贸易公约（CITES）、世界海关组织、国际刑警组织等三个国际执法机构共同支持，28 个国家的海关、公安和野生动植物保护机构同时参与的行动。这次行动共查获 350 多起濒危物种非法贸易案件，处理 400 多名违

---

① 张哲:《中非经贸关系发展研究》，浙江人民出版社，2014 年版，第 197 页。

法犯罪人员，出动 10 余万人次执法人员。

有关非洲跨国犯罪问题，需要协调的各方比较多，很多时候需要顶层设计，而这恰恰是首脑外交的优势所在，可以预期，随着中非全面战略伙伴关系的不断发展，跨国犯罪问题将成为中非首脑外交的重要议题之一。

除了以上问题，随着近年来非洲经济的不断发展，环境污染等新的问题也开始困扰着非洲的发展。在坎昆、德班以及多哈举办的联合国气候变化大会上，中国在分享国内节能减排经验的同时，承诺对非洲等国加大环保领域的援助投入，帮助非洲发展清洁能源，提高非洲应对气候变化的能力。为此，中国积极帮助非洲国家提高应对气候变化的能力，加强同非洲在卫星气象监测、新能源开发利用、沙漠化防治、城市环境保护等领域的合作。中国在非洲援建的 105 个清洁能源和供水项目已陆续开工建设或交付使用。2012 年，中国启动为有关非洲国家援建自动气象观测站、高空观测雷达站等设施项目，提供森林保护设备，开展人员培训和交流研讨，支持非洲加强生态环境保护，应对气候变化挑战。在此期间，中国同埃塞俄比亚、马达加斯加、尼日利亚、贝宁、喀麦隆、布隆迪等国签订了《关于应对气候变化物资赠送的谅解备忘录》，并向有关国家赠送了节能灯、节能空调等。2010 年至 2012 年期间，中国还与埃塞俄比亚、布隆迪等国开展技术合作，促进了上述各国太阳能、水力等清洁能源利用及管理水平的提高。在治理环境污染的问题上，中国与非洲各国一样，是走在治理的漫长道路上。中国的经验教训远比西方国家来的更直接，因此，通过首脑外交推动非洲环境污染的治理大有可为。

从总体上看，中非关系在继续保持快速发展的同时，也面临非常多的问题和挑战。随着中非关系总体环境和基础的变化，传统的"中非友好"观念出现淡化趋势，非洲国家对现实利益的追求更加直接。但中非传统友好的基础依然存在，并以新的形式得到发展。相对于中非关系取得的巨大成就，中非关系中的问题属于非对抗、非主流性质的问题，中非关系面临的机遇大于挑战，共识与利益远远大于分歧和差异，中非关系蓬勃发展的势头是任何力量所阻挡不了的。发展中非关系面临新的起点，面对当前新形势、新挑战，中非双方应准确把握中非合作发展的新背景，分析中非全方位合作的机遇和挑战，制定全面而有效的合作发展战略与策略，团结合作，不断创新合作机制，通过友好协商有效解决问题，逐步构建和深化全方位、宽领域、深层次的双边和多边务实合作关系,促进中非在更大范围、更广领域、更高层次的合作向更高水平发展,努力开创中非全面战略合作伙伴关系的新局面。

第三节　中非首脑外交的若干启示

新时期,中国对非首脑外交动作更加频繁,内容更加丰富,特点更加鲜明,影响更加深远,其所带来的启示更具推广价值:

第一,情感外交是中国对非首脑外交的基石。首脑外交归根结底是首脑之间的交往,是人与人之间的交往,而人与人之间的交往就存在感情因素。中非首脑外交的成功得益于双方的感情交流。以习近平与南非总统祖马的交往为例,双方的互动十分频繁,仅 2015 年,双方就会晤四次。7 月,两人在出席金砖国家领导人第七次会晤时在俄罗斯乌法会晤。9月,祖马总统专程来华出席中国人民抗日战争暨世界反法西斯战争胜利70 周年纪念活动并与习近平会晤。11 月,两人又利用金砖国家领导人非正式会议在土耳其安塔利亚进行了会晤。12 月,习近平第二次出访非洲,并与祖马共同主持中非合作论坛约翰内斯堡峰会。首脑之间的高频率会晤显示了中南关系的重要性,也直接增进了双方首脑的感情。92 岁的津巴布韦总统穆加贝作为在非洲有着重要影响的政治家和非盟轮值主席,在中非合作论坛约翰内斯堡峰会上听完习近平的讲话后,表示:"如果当年的殖民者们有耳朵,请他们也听听习主席的讲话。"[1] 一句话引起在场非洲首脑们的强烈共鸣,展现了首脑外交不可替代的作用。首脑的魅力也是首脑外交的重要一环。习近平访问刚果时,布拉柴维尔万人空巷。他在访问坦桑尼亚时,凭吊为修建坦赞铁路而牺牲在非洲的烈士,感人肺腑地诠释了"中国和非洲国家是休戚与共的命运共同体"[2]。在发展

---

[1] 《非盟轮值主席穆加贝:殖民者应该听听习主席的讲话》,http://politics.people.com.cn/n/2015/1205/c1001-27892548.html,访问日期:2016 年 1 月 28 日。

[2] 《习近平会见喀麦隆总理菲勒蒙》,http://www.fmprc.gov.cn/web/wjb_673085/zzjg_673183/fzs_673445/xwlb_673447/t1274634.shtml,访问日期:2016 年 1 月 29 日。

中非高层情感外交的同时,也应对非洲领导人的变化有深刻的认识。时至今日,仅在南部非洲剩有不多的第一代领导人,津巴布韦总统穆加贝已经90多岁的高龄,纳米比亚的努乔马虽然健在,但已经从领导岗位上退了下来。非洲老一代领导者在反对帝国主义和殖民主义者的斗争中与中国领导人结下了深厚的友谊,有的非洲领导人还在中国接受过军事训练,如刚果(金)前总统卡比拉及刚果(金)现任总统小卡比拉。而新一代领导者大都接受西方的教育,在价值上与西方接近,认可西方的多党民主制。中非之间的患难友谊对新一代领导人来说只是一种历史记忆,深化政治互信是一个新的考验。

第二,中国对非首脑外交始终站在道德的至高点上。这是中国区别于西方对非首脑外交的重要特点,也是中国对非首脑外交取得成功的道义因素。历史上,英、法等国对非洲有着长期的殖民统治,法国对非首脑外交在"法兰西非洲"的殖民思想下,长期以"非洲警察"的形象对非采取"领地—干预型"的首脑外交。美国对非首脑外交则体现出经济援助、政治干预的"援助—干预型"的特点。与西方对非首脑外交不同,中国对非首脑外交强调"正确的义利观"和"真实亲诚",强调"不附加任何政治条件的帮助"[1],从而超越了西方殖民主义和实用主义逻辑,尤其摒弃了西方殖民主义者对第三世界国家关系中的巧取豪夺或者同情施舍,[2] 中国对非交往不是遵循西方式的丛林法则和零和游戏,而是强调责任与担当,从而站在了道德的制高点上,使中国对非首脑外交历久弥新,效果显著。

第三,顶层设计是中国对非首脑外交成功的机制保障。中国对非首脑外交从开创阶段就始终强调从战略上加以规划。从对外经济援助八项原则到中非经济技术合作四项原则,从构建面向21世纪长期稳定、全面合作的中非关系到中非新型战略伙伴关系,再到中非全面战略合作伙伴关系,顶层设计和战略谋划是中非首脑外交不断深化的重要动因,也是推动中非关系的重要动力。在新的历史时期,中非首脑外交为中非关系的发展指明了方向,划定了内容。

---

[1] 《习近平在坦桑尼亚尼雷尔国际会议中心发表演讲 中非永远做可靠朋友和真诚伙伴》,《人民日报》,2013年3月26日。

[2] 黄昭宇:《中国对非洲关系的世界性建构意义》,《国际论坛》2009年第4期,第44页。

第四，中国对非首脑外交具有示范作用。首先，由于首脑在国家政治生活中的特殊地位，使得中国对非首脑外交具有自上而下的示范作用。首脑之间的理解与沟通，直接作用于民众的心理，产生很强的心理辐射效应。其次，中国对非首脑外交在非洲有着诸多战略支撑点，传统友好国家首脑与中国的交往起到了以点带面的示范作用。再次，中非合作对中国与其他国家和地区的合作具有示范作用。一方面，中非关系堪称南南合作的典范。通过中非关系，许多国家了解了中国外交的方向与原则，这为中国与其他国家和地区的交往与合作，结交更多的朋友创造了有利条件。另一方面，习近平对非提出的"命运共同体""正确义利观"等理念已经被广泛推广，"命运共同体"更是被提升为"人类命运共同体"的高度，成为中国构建新型国际关系的价值观内涵[1]。

中国对非首脑外交在充分发挥了地位特殊、效果直接、迅速及时等首脑外交的特点外，有着自身鲜明的特点。中非在更大范围、更广领域、更高层次加强了合作。新时期，在中非致力于建设全面战略合作伙伴关系的过程中，首脑外交大有可为。

第四节 对中非首脑外交的政策建议

中非首脑外交所面临的问题主要还是经济问题，但解决这些问题的方法不应只从经济领域探询答案，从提高中非首脑外交的效果看，需要加强以下几方面的工作：

一、继续加强"大出访"这种传统的首脑外交形式

20世纪中期，时任总理的周恩来连续三次大出访，为推动新中国两次外交高潮起到了重要作用。其中1963年至1964年，周恩来总理对非洲十国的出访，不仅在非洲造成了轰动效应，也为中非关系进入一个新的历史

---

[1] 张颖：《中国对非首脑外交及其启示》，《现代国际关系》2016年第2期，第40—46页。

时期创造了条件。在后来的中非交往过程中，这种方式已得到非洲国家的普遍认可，中国国家元首访问非洲不但可以增进中非领导层之间的相互信任，而且可以促进中非民众之间的相互了解。最高层之间达成战略性共识，还为具体政策的执行奠定了重要的政治基础。

21世纪以来，大出访仍是中国领导人经常运用的外交手段，并取得了重要成果。以2014年国家主席习近平的几次大出访为例，这一年，国家主席习近平七次出访，足迹遍布亚洲、欧洲、拉美和大洋洲的18个国家。其中，3月22日至4月1日，习近平出席在荷兰海牙举行的第三届核安全峰会，对荷兰、法国、德国、比利时进行国事访问，并访问联合国教科文组织总部、欧盟总部。这次大出访的重要成果是，在出席核安全峰会期间，习近平系统阐述了中国的核安全观，强调发展和安全并重、权利和义务并重、自主和协作并重、治标和治本并重，中国将继续积极参与核安全国际合作，推动建立以公平促合作、以合作求共赢的国际核安全体系，维护地区和世界和平稳定。7月15日至23日，习近平应邀赴巴西出席金砖国家领导人第六次会晤，对巴西、阿根廷、委内瑞拉、古巴进行国事访问，并出席中国—拉美和加勒比国家领导人会晤。其重要成果是，在金砖会议上习近平倡议打造开放、包容、合作、共赢的金砖精神，建立更紧密、更全面、更牢固的伙伴关系，开展全方位合作，树立并践行新安全观，建设开放型世界经济，推动完善全球经济治理，提高发展中国家的代表性和发言权。会议通过的宣言广泛采纳了这些政策主张，成为指导金砖国家合作的重要原则，体现了中国发挥的引领作用。9月11日至19日，习近平应邀赴杜尚别出席上海合作组织成员国元首理事会第十四次会议，并对塔吉克斯坦、马尔代夫、斯里兰卡、印度进行国事访问。九天的行程中，习近平共出席70余场活动，同各国领导人促膝长谈、亲密互动，与各界人士广泛接触、真诚交流，阐述政策理念，提出倡议举措，促成一批战略性、示范性大项目。11月14日至23日，习近平出席在澳大利亚布里斯班举行的二十国集团（G20）领导人第九次峰会，对澳大利亚、新西兰和斐济进行国事访问并在斐济同太平洋建交岛国领导人举行集体会晤。习近平十天辗转三国七个城市，开展80余场双多边活动，同近40位国家领导人和国际组织负责人以及往访国各界人士广泛接触、交流，提出倡议、推动合作、传递信心，重大利好消息接连推出。国内外媒体竞相报道，评价此访是中国外交新的里程碑,对亚太、对世界的发展将产生重要而深远影响。

以上可以看出,大出访对于中国领导人来说,既是中国传统的首脑外交形式,也是方便快捷的首脑外交方式,在新的历史时期,将点穴式外交与大出访相结合为中国的首脑外交提供了更加丰富的内容。

党的新一届领导集体也十分重视对非洲的大出访。习近平、李克强等先后对非洲进行了大出访,其影响十分广泛。就中非建立和发展全面战略合作伙伴关系而言,中国国家元首对非洲的大出访作用更加独特:

第一,中国国家元首对非洲的大出访是"有例可循",而且是为非洲各国所接受的一种首脑外交方式。

第二,非洲国家众多,中非往来日益密切,在这种情况下,大出访可以用最短的时间出访最多的国家,也能让更多的非洲小国感受到中国的外交礼遇,有益于加强双边关系。

第三,在大出访过程中,受访国元首利用地主之便,经常会主动提出一些要求,有效处理这些要求将更直接地推动两国关系。

第四,大出访可以让更多的非洲民众和媒体关注中国、了解中国、感受中国魅力,倾听中国故事,从而实现"国之交在于民相亲"的中非战略诉求。

第五,大出访对于每一个受访国来说,均高度重视,中非领导人的私人会晤有效地推动了两国领导人的感情,这对于民主制度尚不健全、国家领导人高度集权的一些非洲国家而言,更有利于推动两国关系的发展。

二、继续通过中非合作论坛等多边外交形式推动首脑外交

当今世界,多边外交活动愈来愈多。由于多边外交活动不但可以促进国际关系民主化和法制化,而且是应对共同挑战的有效途径,是解决国际争端的重要手段、是全球化治理的有力保障,是展示发展模式多样性和文化多样性的最佳舞台,也是促进世界和平、发展与合作的重要载体,因此各国也更加重视参与多边活动。

多边外交要求审时度势,要求包容妥协,要求平等沟通,要求敢于负责,而这些恰恰是中国外交的历史传统。近年来中国参加多边活动愈发活跃。其中,有中国国家元首与首脑参加的多边活动,以及中国自己举办的

多边会议就有 G20、APEC、博鳌亚洲论坛、金砖国家会议、上海合作组织峰会、亚非峰会、联合国峰会、东亚峰会、中非合作论坛，等等。

新一届领导人更加重视深入参与和引导多边外交进程。党的十八大到 2015 年初，习近平在短短两年之内，参加了 24 场重要的多边外交活动。他在中央外事工作会议上讲话指出，要切实推进多边外交，推动国际体系和全球治理改革，增进中国和广大发展中国家的代表性和话语权。[1]

通过多边外交推动中非关系是近年来中国对非首脑外交的有效形式。多边搭台，双边唱戏，通过邀请非洲国家元首的集体访华，可以明确阐述中国的外交政策，促进非洲国家对中国政策的理解与支持。同样，通过加强与非盟的关系，可以促进中非的整体合作，有效协调中非关系。

积极参加与推动中非多边外交活动，不仅可以落实顶层设计的战略性跨越，开拓创新脚步，发出中国声音，做出中国贡献，体现中国担当，而且可以切实有效地推动非洲的和平、发展，因此其意义与影响巨大。但在实践过程中仍需注意：

第一，中非合作论坛与切实有效加强与非盟的合作是推动中非全面战略合作伙伴关系的两个抓手，其战略侧重各有不同，需同时发展，同时推进。

第二，首脑外交是中非多边外交的重要形式。只有不断推动高层交往，才能促进多边外交不断取得成果。

第三，循序渐进是中非多边外交的基本原则。非洲地区政治体制复杂，政治理念多元，中非多边关系可循着螺旋式上升，波浪式前进的步伐，进二退一，允许反复，切不可操之过急，造成适得其反的效果。

第四，"真、实、亲、诚"始终是中国对非多边外交的理念，双边交往要真诚互信，援助项目要落到实处，只有这样才能有效地通过中非多边外交推动中非全面战略合作伙伴关系的确立和发展。

三、促进首脑外交议题多元化

1963 年 12 月 13 日至 1964 年 2 月 5 日，周恩来总理访问非洲十国期间

---

[1] 《中央外事工作会议在京举行 习近平发表重要讲话 李克强主持 张德江俞正声刘云山王岐山张高丽出席》，《人民日报》2014 年 11 月 30 日。

提出中国同非洲国家和阿拉伯国家相互关系的五项原则。它们是：一，支持非洲和阿拉伯各国人民反对帝国主义和新老殖民主义、争取和维护民族独立的斗争。二，支持非洲和阿拉伯各国政府奉行和平中立的不结盟政策。三，支持非洲和阿拉伯各国人民用自己选择的方式实现统一和团结的愿望。四，支持非洲和阿拉伯国家通过和平协商解决彼此之间的争端。五，主张非洲国家和阿拉伯国家的主权应当得到一切其他国家的尊重，反对来自任何方面的侵略和干涉。也是在这次出访中，周恩来提出中国政府对外提供经济技术援助的八项原则：第一，中国政府一贯根据平等互利的原则对外提供援助，从来不把这种援助看作单方面的赐予，而认为援助是相互的。第二，中国政府在对外提供援助的时候，严格尊重受援国的主权，绝不附带任何条件，绝不要求任何特权。第三，中国政府以无息或者低息贷款的方式提供经济援助，在需要的时候延长还款期限，以尽量减少受援国的负担。第四，中国政府对外提供援助的目的，不是造成受援国对中国的依赖，而是帮助受援国逐步走上自力更生、经济上独立发展的道路。第五，中国政府帮助受援国建设的项目，力求投资少、收效快，使受援国政府能够增加收入，积累资金。第六，中国政府提供自己所能生产的、质量最好的设备和物资，并且根据国际市场的价格议价。如果中国政府所提供的设备和物资不合乎商定的规格和质量，中国政府保证退换。第七，中国政府对外提供任何一种技术援助的时候，保证做到使受援国的人员充分掌握这种技术。第八，中国政府派到受援国帮助进行建设的专家，同受援国自己的专家享受同样的物质待遇，不容许有任何特殊要求和享受。自此以后，中非首脑外交的基本议题基本上都是围绕着这五项原则和八项原则展开的。其核心内容则是台湾问题和援助问题两个基本问题。

21世纪以来，中非关系发生了重大变化，中非首脑外交设定的议题也逐渐从传统上关注的战争与和平问题、国际战略问题以及经济援助问题向非洲一体化、民间交往、非洲和平与安全等问题上发展，并努力向环境污染、跨国犯罪、打击海盗、社会福利等更广泛领域拓展。近年来，中国政府更是大力促进将中非首脑外交的议程接近公众日常生活密切相关的议题。

四、扩展首脑外交的多样性与灵活性

自20世纪50年代末以来,中非首脑外交始终具有多样性和灵活性的特点。比如,周恩来总理访问非洲时,既有两国首脑会谈、两国宣布建交、召开记者招待会等正式外交方式,也有共同参观金字塔、一起打乒乓球等非正式的交往。同时,在具体的外交形式上,也多次不拘泥于计划,由过境停机加油临时改为正式访问,并最终完成建交;也有体谅对方难处,不在首都会谈。无论是内容上还是形式上的多样性和灵活性,主要的目的是体谅对方的难处,考虑到对方的需求,这种多样性和灵活性的特点给中非关系带来了实实在在的好处,直接促进了中非关系的发展,并给中非首脑外交打下了鲜明的印记。中非首脑外交这种多样性和灵活性的特点到了21世纪有了新的亮点。

(一)公共外交已成为中国对非首脑外交的重要内容

公共外交是相对于传统外交而言的重要外交形式,它是由政府主导,面向社会公众,以传播和交流为主要手段,以增强国家软实力、维护和促进国家利益为根本目标的新型外交形式。它与政府对政府游说和施压的传统外交不同,它是通过对外国民众施加影响,作用国外民众的感性心理,从而改善他们对公共外交实施国的政治态度,赢得他们的理解与支持,进而影响外国政府政策的对外传播方式。

近年来,公共外交已成为中国和平外交的重要方式,党的十八大报告提出"扎实推进公共外交和人文交流"以来,公共外交已成为国内热议的话题。2013年,习近平主席作为国家主席首次出访即选择了非洲,在访问过程中,习近平主席及其夫人彭丽媛充分展示了中国开展公共外交的魅力,掀开了中国公共外交的华丽篇章。

纵观世界,美国是当今推行公共外交最活跃的国家。二战期间,美国的可口可乐和骆驼牌香烟让欧洲国家在抵抗法西斯的同时,记住了"自由世界"的美国。冷战时期,"美国之音"为柏林墙的倒塌立下了汗马功劳。后冷战时代,美国频繁提出"软实力""巧实力"等国家战略,其运用"脸谱"和"推特"等网络交友工具推动"阿拉伯之春"的手段堪称首创。

特别是近年来，越来越多的发达国家发现，通过公共外交，可以更直接、更广泛地面对外国公众，从而更有效地增强本国的文化吸引力和政治影响力，改善国际舆论环境，维护国家的利益，表达真实的国家形象。因此，公共外交的重要性日益凸显，成为各国塑造国家形象、争取国际理解、实现全球战略的有效外交形式。

其实，在历史上，中国也十分重视公共外交的开展。毛泽东、周恩来曾用小球推动大球的"乒乓外交"改变了世界。邓小平首次访美，头戴牛仔帽观看斗牛，让世界了解了中国改革开放的决心。近年来，中国更是通过北京奥运会、上海世博会等平台大力推动公共外交，取得了极大的成功。公共外交不但成为中国对非总体外交的重要组成部分，而且成为中国对非外交工作的重要开拓方向。

与美、英、法等国家对非的公共外交活动不同，中国对非的公共外交从一开始就有着自身独特的方式、特点和效果，以20世纪60年代中美两国对非洲的公共外交为例：

1. 中美对非公共外交的目的不同

中美公共外交的目标与本质是不同的。一言概之，中国对非是合作型公共外交，美国对非洲是争夺型公共外交。

对新中国而言，非洲是"国际统一战线"阵营中的重要盟友，是反对资本主义和反对帝国主义的前沿阵地，是重要的"中间地带"。毛泽东等指出，从历史因素看，中国与非洲国家都曾遭受西方殖民列强的凌辱，沦为殖民地和半殖民地。在经过几代人浴血奋战获得国家独立和民族尊严后，中国和非洲国家自然格外珍惜国家主权和民族尊严。毛泽东表示，"所有非洲的朋友，都受到中国人民的欢迎。"[1] 因为中非有着共同的任务和目标，是真正的朋友。

以苏伊士运河危机为例。中埃建交后不久，1956年7月，埃及政府宣布收回苏伊士运河。毛泽东、周恩来等表示："埃及做了一件非常好的事情，全中国人民都支持埃及。"[2] 英法两国直接出兵苏伊士运河后，在毛泽

---

[1]《毛泽东外交文选》，中央文献出版社，1994年版，第490页。
[2]《毛泽东外交文选》，中央文献出版社、世界知识出版社，1994年版，第247—248页。

东等的指示下，中国红十字会捐赠10万元人民币的医药物资，对埃及表示了道义上的支持。

再以中国对几内亚的公共外交为例。1958年10月，几内亚实现独立，成为当时法属非洲领地中唯一拒绝参加"法兰西共同体"的国家。中国随即予以承认。西方十分惧怕中国与几内亚建交会扩大中国在非洲的影响，西方媒体甚至直言不讳地声称，不能让中国在撒哈拉沙漠以南非洲取得立足点。1959年10月4日，中几建交，几内亚成为与新中国建交的第一个撒哈拉沙漠以南非洲国家。建交后，中国对几内亚提供了不附带任何条件的无息贷款以及成套设备、器材和其他物资，并派遣专家和技术人员帮助几内亚培养技术人员和熟练工人。根据两国协议，中国相继援助几内亚卷烟厂、火柴联合工厂、金康水电站、马桑达茶厂、科纳克里大会堂等。对此，周恩来曾明确指示，几内亚是撒哈拉沙漠以南非洲国家中第一个接受中国经济援助和经济技术合作的国家，搞得好，它会起到示范作用。事实的确如此，在对几内亚的援助过程中，中国的工程技术人员表现出了吃苦耐劳精神和与非洲人民平等交往的真诚，这对整个非洲大陆产生了巨大影响，为中国打开同这一地区国家的关系奠定了重要的基础。

与此相反，美国在非洲的公共外交更多强调的是与苏联的对抗因素。20世纪50年代后期，随着非洲的觉醒，老殖民主义者相继退出非洲，非洲出现了大片真空地带。一些非洲国家希望效仿苏联模式并获得苏联援助，美国开始担心在非洲被孤立。为此，美国采取了一系列重要举措，特别是运用了多种公共外交形式和手段。正如美国前国务卿克里斯托弗所言："冷战时期当我们注意到非洲时，似乎我们选择政策的标准更多的是基于同莫斯科的竞争，而不是政策本身对非洲大陆的影响。"[①] 正是由于美国对非洲的政策包含了太多的功利色彩，决定了美国对非公共外交的效果不是非常理想。

2. 中美对非公共外交的手段不同

公共外交可以通过媒体宣传、教育、科技、体育活动等各种手段获得

---

① 沃伦·克里斯托弗：《美国新外交：经济、防务、民主——美国前国务卿克里斯托弗回忆录》，新华出版社，1999年版，第357页。

实现，20世纪60年代中美对非的公共外交手段也同样十分丰富，且极有特色，这里我们仅以中国在经济援助中的公共外交和美国通过和平队实现公共外交两个案例进行说明。

20世纪60年代中美对非公共外交最主要是通过经济援助实现交往，并在交往中运用公共外交。比较而言，中国对非洲的经济援助并不是最多的，但与西方国家不同，中国对非洲国家的援助始终强调"不附加条件"和"不干涉内政"原则。中国政府在自身经济非常困难的情况下，给予非洲国家大量的无私援助。在1956—1977年间中国向非洲国家提供了超过24.76亿美元的经济援助，占中国对外援助总额的58%。[1] 这些援助项目涉及农业、农产品加工、水利水电、交通运输、文教卫生等领域。特别是周恩来提出的中国对外提供经济技术援助的八项原则，标志着中国对非洲援助政策的正式形成。从60年代中到70年代初，中国援助非洲国家的第一批项目，如援助几内亚、马里、刚果、坦桑尼亚、赞比亚、毛里塔尼亚、索马里等国的纺织厂、卷烟火柴厂、农具厂、农业技术推广站、打井供水工程、公路等迅速建成，并取得良好的经济效益和社会效益，使援外八项原则在第三世界产生了巨大的影响。在博茨瓦纳，"由于中国人的努力，博茨瓦纳获得了有史以来的第一次水稻较大面积的丰收，单产超过国际标准20%。"[2] 在干旱的尼日尔，中国援建的水库解决了其西部泰拉地区1万多人及牛羊的饮水问题。为此，坦桑尼亚总统尼雷尔、毛里塔尼亚总统达达赫曾亲自向不少当时尚未同中国建交的非洲国家领导人介绍中国的援外八项原则，还亲自安排或陪同他们去中国援建项目工地参观，使他们增进了对中国的了解，改变了对华政策，纷纷同中国建交。从20世纪60年代中期到70年代初，中国与25个国家建交，其中包括非洲八国。事实上，经济援助往往同人员的交往密切联系，以中非友好象征的坦赞铁路为例，1970年10月，坦赞铁路正式开工。周恩来表示：我们帮助友好国家的建设项目，不仅要完成，而且一定要使受援国人民学会掌握全套技术和经营管理，训练好技术人员和工人，把项目交给受援国使用，这才算是完

---

[1] 李安山：《论中国对非洲政策的调适与转变》，《西亚非洲》2006年第8期，第11—20页。

[2] 博茨瓦纳农业部：《中国人在博茨瓦纳创造了奇迹》，《现代非洲》。转引自外交部：《当代中国使节外交生涯》第5辑，世界知识出版社，1997年版，第47页。

全做到了援助。① 这以后，5万多名中国工人来到非洲，他们同坦桑尼亚和赞比亚人民一起，在茫茫非洲草原上披荆斩棘，克服千难万险，用汗水和鲜血乃至生命筑成了被誉为"友谊之路""自由之路"的坦赞铁路。修建过程中，中国工人中有60多人为此献出了生命，但坦赞铁路在非洲牢牢树立了中国与非洲"患难与共""真诚帮助"的国家形象，其积极影响一直惠及今天中非关系的发展。

美国的和平队是美国对非洲公共外交的一个亮点。20世纪60年代，美国提出和平队计划并在非洲付诸实施。从和平队身上，我们可以清晰地看出公共外交的亲民性的特点。1961年3月1日，肯尼迪颁布行政命令建立和平队，其主要使命是：美国人将传播实用知识和民主理念，提供"欠发达地区"所缺乏的观念和经验；志愿者们将帮助各国实现现代化，他们将抵抗那种能够将真正的自由化进程扼杀在摇篮中的颠覆性的意识形态。②"和平队"以志愿者的方式，向第三世界国家提供教育、医疗和各种技术人员等人力资源，通过帮助第三世界国家实现社会发展，向第三世界国家展示美国的价值观，传播美国文化，借此改善美国在第三世界国家中的形象，增强美国的国际影响力。"和平队"计划的重要对象和主要目的地就是非洲。1961年美国派出的第一批"和平队"队员，就是前往非洲的加纳和坦桑尼亚。随后，"和平队"到达了尼日利亚、塞拉利昂、埃塞俄比亚等十几个非洲国家。到1963年9月30日，肯尼迪政府派往非洲的"和平队"队员达2328名，占总数的32.5%，仅次于派往拉丁美洲的2672人。③针对大部分非洲人不识字，学校教材、教学设施和教师也极度匮乏的情况，美国向加纳、几内亚、尼日利亚等非洲国家派遣了大量教师。至1963年9月30日，美国派往非洲的和平队队员中有1917人从事小学、中学、大学、成人教育、职业教育等各种教学工作，占总数的82.4%，其他人则

---

① 《周恩来年谱（1949—1976）》（下），中央文献出版社，1997年版，第378页。
② 雷迅马：《作为意识形态的现代化：社会科学与美国对第三世界的政策》，中央编译出版社，2003年版，第187页。
③ Foreign Assistance and Related Agencies Appropriations for 1964: Hearings before the Committee on Appropriations, United States Senate, Eighty-eighth Congress, First Session, Washington, D. C.: U. S. Government Printing Office, 1963, p. 564.

分别从事公共工程、保健、社区工作和农业推广工作。① 由于和平队在非洲国家是以志愿者的身份工作的，其队员不从所服务的国家收取任何费用，很多非洲国家接受了这种免费服务。向国外派遣和平队式的志愿者，是美国公共外交的新范式。服务公众是和平队工作的宗旨，这与以往美国政府提供的援助是有所差别的，所以和平队直接在目标国的公众中获得认可，并树立了美国的良好形象。

总之，20世纪60年代，中美两国在文化、医疗、体育及通过经济援助等方面均有公共外交实践，体现了公共外交广泛性的特征。

3. 中美对非公共外交的效果不同

总的来看，这一时期中国对非公共外交取得了极好的效果。一是拓展了中国的国际空间，摆脱了被孤立的地位；二是确立了中国对非洲的基本政策，奠定了世代友好的基础；三是树立了良好的国际形象，为中国最终加入联合国赢得了关键支持。

以中国恢复联合国席位为例，1971年联合国大会通过了阿尔及利亚等23个国家提出的要求恢复中华人民共和国的合法席位的议案。这23个提案国全都是第三世界国家，其中多数是非洲国家。一位长期在联合国工作的加拿大记者感叹道："这种辩论表明，非洲等许多国家站在红色中国一边，后者能赢得如此的支持，使我十分震惊。"紧接着，当美国反对中华人民共和国恢复联合国席位的"重要问题决议案"被否决时，联合国出现了从创立以来少见的欢乐场面——十几个非洲国家代表从代表席上站立起来，高声欢呼胜利，坦桑尼亚代表更是离席跳起舞来。当晚，美国全国广播公司等三大电视台称，在非洲等76个国家的支持下，红色中国获准进入了联合国，一个新的历史时期即将到来。第二天早晨，《纽约时报》等美国主要媒体以"非洲国家支持红色中国加入联合国的决议获得通过"、"非洲国家同红色中国站在一起"和"红色中国跨进了联合国大门"的通栏标题报道了这一消息。得知这一消息，毛泽东动情地说，主要是第三世界兄弟把我们抬进去的。② 这一事例体现了公共外交互动的特征。

---

① Foreign Assistance and Related Agencies Appropriations for 1964: Hearings before the Committee on Appropriations, United States Senate, Eighty-eighth Congress, First Session, Washington, D. C.: U. S. Government Printing Office, 1963, p. 564.

② 中央文献研究室：《毛泽东传（1949—1976）》，中央文献出版社，2003年版，第1934页。

与此相反，美国对非洲的援助由来已久。迄今为止，美国既是向非洲提供绝对援助额最大的国家，也是对非洲援助附加条件最多的国家。事实上，美国也十分重视加强与非洲的经济、文化等联系，希望通过扩大援助来改善美国与非洲的关系。但美国对非洲的援助更多的是为了自身的政治、经济和军事等利益，而不是为了满足非洲国家的经济发展和人民的需要。另外，苏联是美国介入非洲的一大动力。美国对非洲的经济援助，更多的是为了与苏联进行冷战争夺，获得自身安全和经济利益，美国的公共外交也就只能是一个外交工具。正是因为如此，美苏两国在20世纪60年代的最初几年都将对非洲的援助增加到第二次世界大战后的最高额，两国在重视对非洲援助的时间和援助规模的增幅度上都具有相似性。尼日利亚是非洲最大的石油生产国和世界第六大石油出口国，也是石油输出国组织（欧佩克）成员国之一。尼日利亚天然气资源也很丰富。1960年，尼日利亚摆脱了英国的殖民统治获得独立后，美国采取援助尼日利亚修建尼日尔大坝、向尼日利亚派遣和平队等手段，逐渐扩大其在尼日利亚的影响力。美国对刚果也有类似的技术援助项目。数据说明问题，1953—1956年，美国对非经济援助占其向全世界所有受援国援助的1%，1957年也只占3%，而1961—1963年，每年均在10%以上。[①] 但实际上，尽管肯尼迪政府对非洲的援助增加了，可是比起对其他国家的援助，要少很多。美国对整个非洲大陆的援助还不及其对澳大利亚一个国家的援助。另外，肯尼迪政府并没有完全摆脱艾森豪威尔时期的思维模式，也不可能脱离美国的国家利益来处理问题。

总的来说，这一时期，中美两国对非洲的经济援助很大一部分均投入到最贫困和落后的地区，其效果也是十分明显的。比较而言，中国在通过经济援助实现公共外交方面更为成功，主要原因是中国民众在与非洲人民的交往中更强调平等的原则，而美国由于更强调附加条件导致对非援助效果并不理想。

可以看出，一方面，政府对公共外交的重视程度决定了公共外交的效果；另一方面，由于公共外交具有弱功利性的特征，因此公共外交的目的决定了效果。历史是一面很好的镜子，今天，我们在新的历史条件下开展

---

① 梁根成：《美国与非洲》，北京大学出版社，1991年版，第70页。

对非公共外交尤应注意以下几点：

1. 掌握公共外交特点与组织形式尤为必要

成功地开展对非公共外交，并向非洲"讲好中国故事"，掌握公共外交的特点与组织形式尤为必要。

公共外交具有灵活性、亲民性、弱功利性的特点，这些源于其发起者和目标对象之间的关系。灵活性，主要是由于公共外交的发起者不仅是政府，而且包括民众，甚至包括我们每一个人；其作用对象不仅是政府，而且包括社会团体、媒体和民众等在内的方方面面，是通过多角度、多方位的交流实施公共外交。在参加金砖国家领导人第五次会晤时，习近平邀请非洲国家领导人共进早餐，早餐会的食品极具中国特色——寿桃包、春卷……一道道菜肴摆上餐桌，非洲领导人在通过舌尖感悟中国的同时，也体会着中国制造和中国文化的内涵。轻松的早餐会取得了意想不到的效果，习近平关于"中非是休戚与共的命运共同体"的论断更是得到了参加早餐会的非洲领导人的广泛赞同。这次早餐会充分体现了公共外交的灵活性特点。

人与人之间的沟通、理解和互信，是国家间发展关系、开展合作的重要基础，公共外交的亲民性正是其作为传统外交的重要补充的原因之一。"国之交在于民相亲，民相亲在于心相知。"习近平访非的短短一周时间里，紧锣密鼓地出席了46场活动。而在这46场活动中，既有凭吊坦桑尼亚的中国专家公墓、参观中坦友谊50年图片展、参加中国援建的中刚友好医院竣工剪彩仪式等"重温友情"之旅，也有实施"非洲人才计划"的承诺、出席恩古瓦比大学图书馆启用和"中国馆"揭牌仪式等人文交流。通过重温历史和推动人文交往，习近平访非很好地展现了中国公共外交亲民性的特点，并赢得了一片掌声。

弱功利性是公共外交之所以能被对象国接受的重要原因。20世纪70年代初，中国之所以被非洲朋友"抬着"进了联合国，很重要的一点，是因为中国对非洲的援助没有附加任何政治条件。相比其他援助国而言，中国给非洲各国的援助不是最多的，也不是最好的，但中国工人、技术人员、医疗队员与非洲朋友同吃同住，在交往中，当地人们认识到了中国人民的真诚。中国"勒紧裤腰带"的援助感动了非洲朋友，真诚换取真诚，中国援助非洲的弱功利性赢得了非洲人民的广泛认同，从而获得了非洲朋友的真诚帮助。

2. 向非洲说明一个真实的中国

尽管中国的公共外交正在发挥越来越重要的作用,但不可否认,在其实践运用中仍存在问题和挑战。近年来,中国综合国力大幅上升,人民生活水平明显提高,国际影响迅速扩展,中国已超过日本成为世界第二大经济体。随着中国影响力的增强,包括非洲在内的国际社会也越来越重视中国的国际地位和影响,重视加强对华合作。但同时,由于意识形态、价值理念的差异、冷战思维的作祟及对中国快速发展的不适应,国际上对华偏见、误解和疑虑仍然存在,这种影响对非洲同样在起作用。

在世界历史上,特别是近代以来,从来没有一个大国的崛起是以和平的方式完成的。英、法、德、意、美、日、俄诸国的崛起无一不是通过战争来打破旧的世界格局,奠定新世界秩序。这种认识在西方国家广为流行,受西方国家影响很深的一些非洲国家同样担心中国在发展过程中会破坏现有的国际秩序。消除非洲对中国发展道路、发展方向的不信任和怀疑,是中国公共外交面临的最大、最紧迫的难题。在全球化、信息化的今天,中国要继续发展,必须消除包括非洲各国在内的世界各国对中国的误解和偏见。

因此,中国迫切需要"向非洲说明一个真实的中国",为中国与非洲的全面战略合作伙伴关系营造良好的舆论环境,而具有亲民性、弱功利性和灵活性等特点的公共外交实践无疑是中国赢得非洲信任、塑造中国良好国家形象和争取对非话语权的重要外交方式。如何更好地开展公共外交,阐释真实的中国,成为政府、社会团体、媒体,乃至每一位公民都需要考虑的问题。

3. 打出中国公共外交的特色与品牌

中国对非的公共外交同中国的改革开放一样,需要走一条有自身特色的中国道路。

首先,中国对非的公共外交,要充分发挥中国人的正能量,让非洲感受"美丽中国",让非洲公众认同"中国梦会让世界更美好"。要真正坚持走和平发展之路,实事求是地介绍自己,让非洲各国了解真实的中国,以争取非洲最大程度的理解和支持。要让非洲社会真正相信,中国的发展对非洲不是威胁,进而接受一个强大、繁荣和可以信任的中国。

其次，中国与非洲有着传统友谊，历史包袱不多，感情纽带深厚。在发展中非全面战略合作伙伴关系过程中，根在人民、源在交流，这就让公共外交有了大显其能的用武之地。

再次，要讲究实际效益，不搞形式主义。公共外交不是搞面子工程，应该实实在在，让对象国真正受益，让对象国的百姓真正感受到中国的真心、诚心，这是公共外交实施过程中特别需要注意的问题。

最后，中国对非公共外交要体现"负责任大国"的风范。中国应尽可能地为非洲社会提供符合国际道义的公共产品。作为最大发展中国家，中国有责任也有义务对非洲做出我们力所能及的贡献，"权利"和"义务"是一对孪生兄弟，只有多承担义务，才能在对非关系上有更大的话语权。

总之，中国的对非公共外交，要区别于西方国家的传统做法，打出中国公共外交的特色与品牌。只有这样，才能使中国在非洲政治上更有影响力、经济上更具竞争力、形象上更有亲和力、道义上更有感召力。

（二）夫人外交将成为中国对非首脑外交的重要补充

中非首脑之间灵活多样的交往形式，不仅表现在首脑之间的交往上，也同时具有强烈的辐射效应和传导效应。近年来，作为当前中国外交的一个新亮点，"夫人外交"的开展表明中国外交风格正在发生变化，与以往相比变得更加主动、更加积极、更加灵活，创新性在不断增强。这是中国国家实力和国际影响力增强的必然结果，也是新时期外交工作的客观需求。

1. "夫人外交"是首脑外交的延伸

由于国家领导人是国家对外政策的最终决策人，首脑之间的直接交往不仅可以增进个人情谊，甚至一定程度上化解国家之间的矛盾，而且可以直接解决国家间的重大问题。在传统的首脑外交中，首脑夫人只是第二角色，因此很少被重视。近年来人们发现，由首脑外交衍生出的夫人外交往往可以为首脑外交增香添彩，首脑夫人通过展示女性的魅力与温柔的气质，往往能够更好地塑造所在国温和、友善的形象，增进国与国之间的关系。

以法国前第一夫人布吕尼为例，模特出身的布吕尼嫁给萨科齐总统后不久即陪同丈夫出访英国。飞机一抵达伦敦希思罗机场,她的"时装秀"就立即引起了全球媒体的广泛关注。深谙时尚的她,访问伦敦期间,自始至终都穿着法国名牌"克里斯汀·迪奥"服装。更独具匠心的是,这些服装的设计均由英国设计师约翰·加利亚诺完成。布吕尼的时装秀在媒体的推动下迅速地赢得了英法两国民众的心,并令英国民众为之倾倒。这一次"夫人外交"获得巨大成功,进一步拉近了英法两国的关系。

2. "夫人外交"是女性外交的特殊形式

古今中外,外交总体来说是男性主导的世界。但随着女性能力的提升和社会地位的提高,女性在外交中发挥了越来越大的作用。由于女性特别是第一夫人所具有的温柔、友善和亲切的特点,使女性外交与男性外交相比具有天然的优势,这种优势不但有助于减轻他国对本国政府误解、提升国家形象,又能与强硬对手进行柔性沟通,以柔克刚,在微笑和交流之中化解敌对和紧张关系。有时在国家间关系存在重大问题需要解决,或者两国存在深刻分歧的时候,第一夫人们的出场还能缓和潜在的紧张局面,为国家间关系的发展起到意想不到的促进作用。

美国第35任总统约翰·肯尼迪的妻子杰奎琳·肯尼迪被誉为美国历史上最美丽的第一夫人,而且时尚、聪慧。她的美丽优雅与理解和尊重赢得了作为对手的戴高乐与赫鲁晓夫的好感,让肯尼迪的外交政策获得了更多的理解,他们称杰奎琳·肯尼迪为"非常可爱的肯尼迪夫人"。肯尼迪也曾表示:"她是我最棒的外交官。"

事实上,睿智而迷人的第一夫人们活跃在国际舞台,既有力地支持着国家首脑,又能通过文化、教育、慈善、青年交往等公共外交、公共服务方式与别国公众进行交流,而这些方面恰恰是各国软实力的重要内容。而且,这种"软外交"成功地促进了国家之间的良性互动,对于增进国家首脑之间的感情,对于国家之间建立政治互信均具有重要意义。事实上,"软外交"展现了软实力,虽然在手段上很软,但是它的基础是实力,方式有时比传统的官方外交更容易让人接受,产生的效果则更为有效。

3. "夫人外交"特点鲜明

"夫人外交"可以不拘泥于官方、政治的形式,"私人会晤""共进晚餐"以及"陪同游玩"等形式往往是"夫人外交"的常用手段。2014年美国总统奥巴马夫人米歇尔访华,参观中国的中学、与习近平夫人彭丽媛共进私人晚餐并一同观看演出,就是中美两国灵活地将外交与个人交往结合起来的一种尝试。另外,米歇尔通过与中学生跳绳、打太极,并宣称自己为中国的历史名胜所倾倒,增进了与中国公众的关系,通过在自己的博客中即时更新在中国的旅行见闻,非常巧妙地吸引了全世界的目光。

与国家元首出访强调国家利益、重视政府间交往不同,"夫人外交"的主题很少涉及重大政治、经济以及安全等问题,而是更多关注慈善、医疗、文化、教育等领域,更强调展现本国国家形象,强调对外传递友谊。例如,彭丽媛在2013年3月24日至30日陪同习近平主席出访非洲三国期间,这次出访是习近平就任主席后的首次出访,彭丽媛的"软外交"向非洲人民展示了中国对非洲外交非常温情的一面,并取得了非常好的效果。

首脑外交因其通行的国际社会行为准则,有时很难与他国民众进行密切的交流,"夫人外交"则可以弥补这种不足。彭丽媛在陪米歇尔参观故宫时,并没有限制游客正常参观,很多游客得到与她们近距离接触的机会,两位第一夫人还不时地向游客挥手示意,显示了亲民的特点。

4. "夫人外交"已成为中国对非首脑外交的重要方式

"夫人外交"是塑造国家形象和提升国家软实力的有效方式。国家形象是一个国家民族精神与民族文化的彰显,是国家综合国力的具体体现,它不但可以增加国民的自信心和凝聚力,而且还可提升国家在国际社会的影响力,促进国家利益的实现。由于国家形象对一个国家在国际政治中的地位有着直接影响,对一个国家来说具有不可估量的作用,这种无形资产成为一个国家软实力的重要内容。

在全球化时代,第一夫人的一举一动,甚至衣着打扮往往会引起媒体的关注,成为媒体报道的热点。在国际上,很多国家都注重利用"夫人外交"传播本国文化,展示国家形象。为了顺应时代发展和国际局势,中国也适时地开始开展"夫人外交",并成为中国外交的一个新特色。

作为中国新一代领导人的夫人,彭丽媛在陪同习近平出访非洲期间,广泛参与中国与非洲国家的交往。她美丽的形象、优雅的仪态、自信的表现,以及热心于公益事业等,不仅在国内好评如潮,还引发了非洲媒体的良性热议。比如,在刚果,彭丽媛以世界卫生组织防治艾滋病和结核病亲善大使的身份访问了布拉柴维尔贝达尼遗弃儿童收养中心,看望该中心收养的儿童,特别是艾滋病患儿,表达对防治艾滋病事业的支持,而这无疑为中国的大国形象起到了"增香添彩"的作用。整个访非期间,彭丽媛的日程安排松紧有度,既引发了国外媒体甚至整个世界的"彭丽媛热"和"第一夫人热",且好评如潮,可谓通过"润物细无声"的"中国式"话语和细节讲述了"中国故事"。

总结近年来各国的"夫人外交",可以看出,尽管国际上日益重视"夫人外交"的角色和作用,"夫人外交"频繁出现在外交舞台,但其角色定位始终是第二角色。要想真正发挥"夫人外交"的作用,首先,要充分重视"夫人外交"的作用,给予领导人的夫人更多的外交空间。但是,"夫人外交"不能喧宾夺主,不能挑战首脑外交在外交上的主导地位;其次,"夫人外交"要想充分发挥作用,就需要第一夫人谙熟外交礼仪,熟悉外交方式、特点、手段,并有足够的智慧和能力;再次,需要在特定的场合发挥特殊的作用。而解决这些问题的关键在于通过制定相关的规章制度和法律,赋予第一夫人以正式的外交权力,推动"夫人外交"制度化、法律化。具体到对非首脑外交方面,由于非洲各国首脑普遍具有权威性,而其夫人则一般影响力不大,中国对非的"夫人外交",一方面对非洲民众具有较强的新鲜感,使民众在关注第一夫人时同时也关注了中国;另一方面,中非首脑夫人之间的交往也给注重个人交往的非洲各国首脑增加了更多的感情色彩,有利于中非全面战略合作伙伴关系的建立。

非洲是发展中国家最集中的大陆。中非同属发展中国家,经过自新中国成立后半个多世纪的发展,已日臻成熟和充满活力,也有了较强的抗干扰能力。中非世代友好,既符合双方当前现实利益,更符合彼此长远战略利益。当前,中非关系都面临着进一步发展经济、改善民生的任务,双方经济互补性强,互利合作潜力大,有着广泛共同利益,合作前景非常广阔,能够实现互利双赢。近年来,中非关系在传统友好的基础上得到长足发展,进入了全面、快速和深入发展的新阶段,具体表现为政治互信继续增强、合作机制建设跃上新的台阶、经贸合作成果丰硕,中非和平与安全合作取得新进展,卫生合作创造新亮点以及人文交流丰富多彩。中国在致力于自身发展的同时,一直为非洲和平与发展提供力所能及的帮助,在国际事务中为非洲国家说话。中非合作带动了非洲国际地位的提高,并推动国际社会加大对非洲的关注和投入。今后,无论国际风云如何变幻,中国都会一如既往做非洲和平稳定、繁荣发展、联合自强、平等参与国际事务的支持者和促进者。中非关系的未来,有着广阔的发展空间;中非合作的前景,将会更加坚实和光明。①

  首脑外交则是建立和增强政治互信的重要手段。国之交在于民相亲,相互了解和理解是中非关系持续健康发展的基石。这对于非中发展全面战略合作伙伴关系至关重要。中非关系的本质特征是真诚友好、相互尊重、平等互利、共同发展。中非关系要保持旺盛生命力,必须与时俱进、开拓创新。"积土为山,积水为海。"与时俱进、开拓创新,不断夯实务实合作成果,是中非关系保持旺盛生命力的关键。

---

① 程涛、陆苗耕主编:《中国大使讲非洲故事》,世界知识出版社,2013年版,第268页。

附件一 中国对非洲政策文件[①]

2006年1月

前 言

新世纪之初，国际形势继续发生深刻复杂的变化，全球化深入发展。和平与发展仍然是当今时代的主题，维护和平、促进发展、加强合作是各国人民的共同愿望，也是不可阻挡的历史潮流。与此同时，国际形势中不确定、不稳定因素增加，各种安全问题相互交织。和平问题尚未解决，发展问题更加突出。

中国是世界上最大的发展中国家，追求和平发展，奉行独立自主的和平外交政策，愿在和平共处五项原则基础上，同所有国家发展友好关系，增进友谊，加强合作，促进世界的和平稳定与各国的共同繁荣。

非洲是发展中国家最集中的大陆，是实现世界和平与发展的一支重要力量。新形势下中非传统友好关系面临新的发展机遇。中国政府制订对非洲政策文件，旨在宣示中国对非政策的目标及措施，规划今后一段时期双方在各领域的合作，推动中非关系长期稳定发展、互利合作不断迈上新的台阶。

第一部分 非洲的地位和作用

非洲历史悠久，幅员广袤，资源丰富，发展潜力巨大。非洲人民经过

[①] 《中国对非洲政策文件》，http://news.xinhuanet.com/world/2006-01/12/content_4042333_3.htm，访问日期：2016年2月9日。

长期斗争,挣脱殖民统治桎梏,铲除种族隔离制度,赢得独立和解放,为人类文明的进步做出了重大贡献。

非洲国家独立后,积极探索适合国情的发展道路,联合自强,谋求和平、稳定与发展。在非洲各国以及非洲统一组织/非洲联盟的共同努力下,非洲政局总体稳定,地区冲突逐步解决,经济连年增长。"非洲发展新伙伴计划"勾画了非洲振兴和发展的宏伟蓝图。非洲国家积极参与南南合作,推动南北对话,在国际事务中发挥着日益重要的作用。

非洲的发展还面临不少挑战。只要非洲国家坚持努力,国际社会继续支持,非洲在新世纪里就能克服困难,实现振兴。

第二部分 中国与非洲的关系

中非友谊源远流长,基础坚实。中非有着相似的历史遭遇,在争取民族解放的斗争中始终相互同情、相互支持,结下了深厚的友谊。

新中国成立和非洲国家独立开创了中非关系新纪元。半个多世纪以来,双方政治关系密切,高层互访不断,人员往来频繁,经贸关系发展迅速,其他领域的合作富有成效,在国际事务中的磋商与协调日益加强。中国向非洲国家提供了力所能及的援助,非洲国家也给予中国诸多有力的支持。

真诚友好、平等互利、团结合作、共同发展是中非交往与合作的原则,也是中非关系长盛不衰的动力。

第三部分 中国对非洲政策

加强同非洲国家的团结与合作,始终是中国独立自主和平外交政策的重要组成部分。中国坚定不移地继承和发扬中非友好的传统,从中国人民和非洲人民的根本利益出发,与非洲国家建立和发展政治上平等互信、经济上合作共赢、文化上交流互鉴的新型战略伙伴关系。中国对非政策的总体原则和目标是：

——真诚友好，平等相待。坚持和平共处五项原则，尊重非洲国家自主选择发展道路，支持非洲国家联合自强。

——互利互惠，共同繁荣。支持非洲国家发展经济、建设国家，同非洲国家开展形式多样的经贸及社会发展领域的合作，促进共同发展。

——相互支持，密切配合。加强与非洲在联合国等多边机制内的合作，支持彼此正当要求与合理主张；继续推动国际社会重视非洲的和平与发展。

——相互学习，共谋发展。相互学习借鉴治国理政和发展的经验，加强科教文卫领域的交流合作，支持非洲国家加强能力建设，共同探索可持续发展之路。一个中国原则是中国同非洲国家及地区组织建立和发展关系的政治基础。中国政府赞赏绝大多数非洲国家恪守一个中国原则，不同台湾发展官方关系和官方往来，支持中国统一大业。中国愿在一个中国原则基础上与未建交国建立和发展国家关系。

第四部分　加强中非全方位合作

一、政治方面

（一）高层交往

保持中非领导人互访和对话势头，加强沟通，加深友谊，增进相互了解和信任。

（二）立法机构交往

中国全国人民代表大会与非洲各国议会及泛非议会在相互尊重、加深了解、发展合作的基础上加强多层次、多渠道的友好往来。

（三）政党交往

中国共产党在独立自主、完全平等、相互尊重、互不干涉内部事务的原则基础上，与非洲各国友好政党和政治组织开展各种形式的交往，增进了解与友谊，谋求信任与合作。

（四）磋商机制

建立并完善中国与非洲国家之间的国家双边委员会、外交部政治磋商、经贸合作联（混）合委员会、科技混委会等机制，以灵活、务实的方式推进双方对话、磋商的机制化。

（五）国际事务合作

继续加强中非在国际事务中的团结与合作，对重大国际和地区问题经常交换看法、协调立场，在涉及各自国家主权、领土完整、民族尊严和人权等重大问题上相互支持。中国支持非洲国家平等参与国际事务，共同致力于加强联合国的作用，维护《联合国宪章》的宗旨和原则，建立公正合理、平等互利的国际政治经济新秩序，推进国际关系的民主化和法治化，维护发展中国家的合法权益。

（六）地方政府交往

中国中央政府重视中非地方政府之间的交往，积极支持双方建立友好省州或友好城市，促进双方在地方发展和治理方面的交流与合作。

二、经济方面

（一）贸易

中国政府将采取积极措施为更多非洲产品进入中国市场提供便利，认真实施给予非洲最不发达国家部分对华出口商品免关税待遇，以扩大和平衡双边贸易，优化贸易结构。通过多、双边友好协商，互谅互让，妥善解决贸易分歧和摩擦。推动双方企业界成立"中国—非洲联合工商会"。中国愿在条件成熟时与非洲国家或地区组织商签自由贸易协定。

（二）投资

中国政府鼓励和支持中国企业到非洲投资兴业，继续为此提供优惠贷款和优惠出口买方信贷，并愿与非洲国家探讨促进投资合作的新途径和新方式。继续制订和完善相关政策，加强引导，注重服务，提供便利。欢迎非洲企业到中国投资。继续与非洲国家商签并落实《双边促进和保护投资协定》和《避免双重征税协定》，与非洲国家共同营造良好的投资合作环境，保护双方投资者的合法权益。

（三）金融合作

积极发展中非在金融领域的合作关系。中国政府支持中国金融机构与非洲国家和地区金融机构加强交流与合作。

（四）农业合作

继续开展多层次、多渠道、多形式的中非农业合作与交流。重点加强在土地开发、农业种植、养殖技术、粮食安全、农用机械、农副产品加工等领域的合作。加大农业技术合作力度，积极开展农业实用技术培训，在非洲建立农业技术试验示范项目。加快制订中非农业合作规划。

（五）基础设施建设

加强中非在交通、通讯、水利、电力等基础设施建设领域的合作。中国政府积极支持中国企业参与非洲国家的基础设施建设，进一步扩大对非承包工程业务规模，逐步建立对非承包工程的多、双边合作机制。加强技术和管理方面的合作，注重帮助非洲国家提高自主发展能力。

（六）资源合作

加强中非在资源领域的信息交流与合作。中国政府鼓励和支持有实力的中国企业按照互惠互利、共同发展的原则，采取形式多样的合作方式与非洲国家共同开发和合理利用资源，帮助非洲国家将资源优势转化为竞争优势，促进非洲国家和地区实现可持续发展。

（七）旅游合作

积极落实中国公民组团赴部分非洲国家旅游的工作，并将根据非洲国家的要求和实际可行性，把更多非洲国家列为"中国公民组团出境旅游目的地"。中国欢迎非洲国家公民来华旅游观光。

（八）减免债务

中国政府愿继续通过友好协商帮助有关非洲国家解决和减轻对华债务。继续呼吁国际社会，特别是发达国家在减免非洲国家债务问题上采取更多实质性行动。

（九）经济援助

中国政府将根据自身财力和经济发展状况，继续向非洲国家提供并逐步增加力所能及和不附加政治条件的援助。

（十）多边合作

加强中非在多边经贸、金融机构和体系中的磋商与协调，共同推动联合国和其他国际组织进一步重视发展问题，促进南南合作，推动建立公正、合理的多边贸易体制，扩大发展中国家在国际金融事务中的发言权和决策权。中国政府愿与其他国家和国际组织加强合作，共同支持非洲的发展，为非洲实现千年发展目标做出贡献。

三、教、科、文、卫和社会方面

（一）人力资源开发和教育合作

充分发挥中国政府设立的"非洲人力资源开发基金"在培训非洲人才方面的作用。根据非洲国家的实际需要，确定重点，拓展领域，加大投入，提高实效。继续与非洲互派留学生。中国将适当增加政府奖学金名额。继续派遣援非教师。帮助非洲国家开展汉语教学。实施教育援助项目，促进非洲有关薄弱学科的发展。加强在职业技术教育和远程教育等方面的合作。鼓励双方教育、学术机构开展交流与合作。

（二）科技合作

以相互尊重、优势互补、利益共享为原则，促进中非在应用研究、技术开发、成果转让等方面的合作。加强在双方共同感兴趣的农业生物技术、太阳能利用技术、地质勘查和采矿技术、新药研发等领域的科技合作。继续为非洲国家举办实用技术培训班，开展技术援助示范项目。积极推动中国科技成果和先进适用技术在非洲的推广和应用。

（三）文化交流

落实与非洲各国签订的文化合作协定和相关执行计划，保持双方文化主管部门的经常性交往，加强双方文化艺术及体育专业人员的交流。根据双方文化交流及市场需要，积极引导和推动民间团体和机构开展多种形式的文化交流活动。

（四）医疗卫生合作

促进双方医务、卫生人员和相关信息的交流。中国将继续向非洲国家派遣医疗队，提供药品和医疗物资援助，帮助非洲国家建立和改善医疗设施、培训医疗人员。加强与非洲国家在艾滋病、疟疾等传染病和其他疾病防治、传统医药研究及应用、公共卫生应急机制等方面的交流与合作。

（五）新闻合作

鼓励双方新闻媒体开展多层次、多形式的交流与合作，增进相互了解，全面、客观报道对方情况。加强双方相关政府部门的联系与沟通，就处理与国内外传媒的关系交流经验，为媒体交流提供指导和便利。

（六）行政合作

在公务员制度建设、公共行政改革和政府部门人才培训方面开展交流与合作，探讨建立中非人事行政交流合作机制。

（七）领事合作

定期或不定期地与非洲国家举行领事磋商，就双边或多边领事关系中亟待解决或共同关心的问题进行友好商谈，增进了解，促进合作。便利双方人员往来，保障双方侨民安全。

（八）民间交往

鼓励并积极引导中非民间团体交往，特别是加强青年、妇女的交流，增进双方人民之间的理解、信任与合作。鼓励并引导志愿者赴非洲国家服务。

（九）环保合作

加强技术交流，积极推动中非在气候变化、水资源保护、防治荒漠化和生物多样性等环境保护领域的合作。

（十）减灾、救灾和人道主义援助

积极开展在减灾、救灾领域的人员交流、培训和技术合作。中国将积极回应非洲国家的紧急人道主义援助要求，鼓励并支持中国红十字会等非政府组织与非洲国家相关团体开展交流与合作。

四、和平与安全方面

（一）军事合作

密切双方军队高层往来，积极开展军事专业技术交流与合作。中国将继续协助非洲国家培训军事人员，支持非洲国家加强国防和军队建设，维护自身安全。

（二）冲突解决及维和行动

支持非洲联盟等地区组织及相关国家为解决地区冲突所做的积极努力，并提供力所能及的援助。积极推动联合国安理会关注并帮助解决非洲地区冲突问题，继续支持并参与联合国在非洲的维和行动。

（三）司法和警务合作

促进双方司法、执法部门的交流与合作，在法制建设、司法改革方面相互借鉴。共同提高防范、侦察和打击犯罪能力，协同打击跨国有组织犯罪及腐败犯罪。加强双方在司法协助、引渡和遣返犯罪嫌疑人方面的合作。密切与非洲各国移民管理部门在惩治非法移民方面的交流与合作,加强移民管理信息的沟通,建立高效畅通的情报信息交流渠道。

(四) 非传统安全

加强情报交流,探讨在打击恐怖主义、小武器走私、贩毒、跨国经济犯罪等非传统安全领域深化合作的有效途径和方式,共同提高应对非传统安全威胁的能力。

第五部分 中非合作论坛及后续行动

2000年创立的中非合作论坛已成为中非进行集体对话与多边合作的有效机制,构筑了中非间长期稳定、平等互利新型伙伴关系的重要框架和平台。中国重视中非合作论坛在加强中非政治磋商和务实合作方面的积极作用,将与非洲国家一道,认真落实《中非合作论坛北京宣言》、《中非经济和社会发展合作纲领》、《中非合作论坛—亚的斯亚贝巴行动计划(2004—2006)》及后续行动,继续在论坛框架内出台新举措,增进中非政治互信,推动务实合作全面发展。不断完善论坛机制,积极探索论坛与"非洲发展新伙伴计划"间加强合作的最佳方式和途径。

第六部分 中国与非洲地区组织的关系

中国赞赏非洲联盟在维护地区和平与稳定、促进非洲团结与发展中的重要作用,重视与非洲联盟在各领域的友好合作,支持其在地区和国际事务中发挥积极作用并提供力所能及的帮助。

中国赞赏并支持非洲次区域组织在推动各自地区政治稳定、经济发展和一体化进程中的积极作用,愿意加强与各组织的友好合作。

附件二　中非合作论坛北京峰会宣言[①]

2006 年 11 月 5 日

我们，中华人民共和国和 48 个非洲国家的国家元首、政府首脑和代表团团长，于 2006 年 11 月 4 日至 5 日在北京举行中非合作论坛峰会。

我们高度评价在中华人民共和国同非洲国家开启外交关系 50 周年之际举行的此次峰会。

我们本着"友谊、和平、合作、发展"的宗旨，回顾了半个世纪以来中非之间的真挚友谊和团结合作，探讨了新形势下中非合作的共同目标和发展方向，讨论取得了积极成效。

认识到经过双方共同努力，2000 年成立的中非合作论坛已成为双方开展集体对话的重要平台和务实合作的有效机制，决心进一步发挥其作用。为此，我们重申坚持中非合作论坛已通过的各项文件所确立的宗旨和目标。

我们认为，当前国际形势正经历着复杂、深刻的变化，人类社会相互依存日益加深，求和平、促发展、谋合作成为时代的潮流和各国的优先目标。

主张根据和平共处五项原则以及所有倡导多边主义和国际关系民主化的国际准则发展友好合作关系；强调尊重和维护世界的多样性，世界各国不分大小贫富强弱应彼此尊重、平等相待、和睦相处；不同文明和发展模式应相互借鉴、相互促进、和谐共存。

在经济全球化趋势深入发展的情况下，主张加强南南合作和南北对话，呼吁世界贸易组织重启"多哈回合"谈判，推动全球经济均衡、协调

[①] 《中非合作论坛北京峰会宣言》，http://news.xinhuanet.com/world/2006-11/05/content_5293014.htm，访问日期：2017 年 4 月 10 日。

和可持续发展,实现各国共享成果、普遍发展、共同繁荣。

主张联合国以及其他各类多边体系进行改革,更好地服务于国际社会所有成员;主张通过改革加强联合国作用,充分发挥联合国大会的职能,更加重视发展问题;主张优先增加非洲国家在联合国安理会和其他各机构的代表性和充分参与。

我们认为,中国作为世界上最大的发展中国家坚持走和平发展道路,非洲作为发展中国家最集中的大陆致力于稳定、发展和振兴,是对世界和平与发展事业的重大贡献。

非洲国家对中国经济快速发展深感鼓舞并表示祝贺,希望中国国家建设取得更大成就;重申坚持一个中国立场,支持中国和平统一大业。

中国高度评价非洲在维护地区和平、促进区域合作、加快经济和社会发展方面取得的进步;赞赏非洲国家和非洲联盟等地区组织及次地区组织为此发挥的积极作用;重申支持非洲国家联合自强,自主解决非洲问题,支持非洲地区组织和次地区组织推动经济一体化的努力,支持非洲国家实施"非洲发展新伙伴计划"。

我们呼吁国际社会鼓励并支持非洲谋求和平与发展的努力,为非洲国家和平解决冲突和进行战后重建提供更大帮助,特别呼吁发达国家增加官方发展援助,切实兑现开放市场和减免债务等承诺,呼吁有关国际组织提供更多资金支持和技术援助,增强非洲减贫、减灾、防治荒漠化的能力,帮助非洲实现联合国千年发展目标。非洲最不发达国家、重债穷国和小岛屿、内陆国家的发展问题应受到更大关注。

我们认为,中非之间有着良好的团结与合作传统,长期以来真诚相待、休戚与共;中非友谊经受住了时间和国际风云变幻的考验,历久弥坚,深入人心。

我们认为,新形势下中非发展目标一致,利益相近,合作前景广阔。深化传统友谊、扩大互利合作,是新世纪中非实现共同发展和繁荣的必由之路。

我们郑重宣示,中非建立政治上平等互信、经济上合作共赢、文化上交流互鉴的新型战略伙伴关系;并为此,

——加强高层交往,开展战略对话,增进政治互信,推动世代友好;

——加强互利合作,拓展合作领域,鼓励和促进相互贸易和投资,探

索新的合作方式，重点加强在农业、基础设施建设、工业、渔业、信息、医疗卫生和人力资源培训等领域合作，实现优势互补，造福双方人民；

——加强治国理政和发展经验的交流和借鉴，取长补短，共同提高，增强各自自我发展能力；

——加强人文对话，促进人民之间、特别是青年一代的联系与互动，增进在文化、科技、教育、体育、环保、旅游等领域以及妇女事务的交流和合作；

——加强国际合作，共同应对全球性安全威胁和非传统安全挑战，按照互信、互利、平等、协作的精神，维护全体发展中国家的共同利益；

——促进中非合作论坛建设，加强集体对话，推进论坛行动计划与"非洲发展新伙伴计划"以及非洲各国社会经济发展计划的协调与合作；

——从中非友好大局和双方长远利益出发，通过友好协商妥善处理合作中出现的新课题、新挑战。

我们认为，建立新型战略伙伴关系是中非双方的共同愿望和自主选择，符合双方利益，有利于增进发展中国家的相互声援、团结互助和联合自强，也有利于促进世界的持久和平与和谐发展。

我们根据本《宣言》的精神，制定并通过《中非合作论坛——北京行动计划（2007至2009年）》。

我们对双方参加中非合作论坛第3届部长级会议的部长们的努力和出色工作表示赞赏，对中非领导人与工商界代表高层对话会取得的成果表示高兴，对本次峰会取得圆满成功表示祝贺。

附件三 中非合作论坛北京行动计划（2007—2009年）[①]

2006年11月

1. 序言

1.1 2006年11月3日至5日，中非合作论坛北京峰会暨第3届部长级会议在北京召开。来自中国和48个非洲国家（以下简称"双方"）的国家元首、政府首脑和代表团团长以及外交部长和负责经济合作事务的部长分别出席了峰会和部长会。

1.2 双方满意地回顾了中华人民共和国和非洲国家开启外交关系50年来双方友好合作的发展历程，对中非合作论坛成立6年来互利合作取得丰硕成果并造福于双方人民感到高兴和鼓舞，对第2届部长级会议通过的《中非合作论坛—亚的斯亚贝巴行动计划（2004至2006年）》各项承诺得到切实落实感到满意，决心本着《中非合作论坛北京峰会宣言》精神，共同推进中非新型战略伙伴关系发展。

1.3 为落实会议成果，规划今后3年中非在各领域的合作，本着"友谊、和平、合作、发展"的宗旨，双方共同制定并一致通过本行动计划。

2. 政治领域合作

2.1 高层互访及对话

注意到中非合作论坛第2届部长级会议以来，中非领导人互访及交往明显增加。希望继续保持高层互访及对话势头，增进传统友谊和相互信任；同意就双边关系和重大国际及地区问题经常交换意见，密切协调和合作，并就治国理政交流经验，谋求共同发展和进步。

[①] 《中非合作论坛北京行动计划（2007—2009年）》，http://www.focac.org/chn/ltda/bjfh-bzjhy/hywj32009/t584788.htm，访问日期：2017年4月10日。

2.2 磋商与合作机制

2.2.1 认为中非合作论坛已成为中非集体对话的重要平台和务实合作的有效机制，决定在论坛框架下积极落实后续行动，积极探讨加强后续机制建设，促进沟通与合作。

2.2.2 同意在中非合作论坛框架下建立中非外长级定期政治对话机制。在每届论坛部长级会议次年，中非双方外长在出席联合国大会之际在纽约举行政治磋商，就共同关心的重大问题交换意见。

2.2.3 决心加强中国与非洲国家现有双边委员会、外交部政治磋商、经贸混委会、科技联委会等机制，充分发挥其作用；扩大中国与非洲国家在联合国、世界贸易组织等国际和区域组织中的合作；在平等、互利、共赢基础上，积极探索中非与第三方开展务实合作。

2.3 立法机构、地方政府等交往

2.3.1 本着相互尊重、增进了解、发展合作的精神，加强中国全国人民代表大会与非洲国家议会及泛非议会间各种形式的友好往来。

2.3.2 支持双方建立友好省州或友好城市，促进双方在地方发展管理方面的交流和合作。

2.4 领事、司法合作

2.4.1 顺应中非经贸关系和人员往来日益密切的新形势，加强领事合作，采取有效措施，便利双方人员往来，保障双方公民的人身、财产安全和合法权益。

2.4.2 促进司法、警务等执法部门的交流与磋商，提高共同防范、侦察和打击犯罪的能力，加强在司法协助、引渡和遣返犯罪嫌疑人以及移民管理等方面的合作，通过协商解决非法移民问题。

2.5 中国与非洲联盟及非洲次区域组织的合作

2.5.1 高度评价非洲联盟以及非洲次区域组织和金融机构在促进非洲联合自强、维护地区和平、推动区域合作和发展经济方面发挥的积极作用及取得的成就。

2.5.2 中国政府将继续加强同非洲联盟以及非洲次区域组织和机构的合作，支持非洲联盟在解决非洲问题中发挥主导作用，积极参与联合国在非洲的维和行动。

2.5.3 为支持非洲国家联合自强、加快一体化建设的努力，中方将帮助非洲联盟在亚的斯亚贝巴建设一个会议中心。

2.5.4 双方积极评价中非合作论坛与"非洲发展新伙伴计划"（NEPAD）的合作，决心加强这一合作，进一步探讨双方合作的具体方式和领域。

3. 经济领域合作

3.1 农业

3.1.1 强调农业在各自国民经济中的重要地位，认为加强农业合作，对双方消除贫困、促进发展以及保障粮食安全将发挥积极作用。

3.1.2 高兴地看到中非农业合作取得较大进展，决心加强在种植业、畜牧业、灌溉、渔业、农业机械、农产品加工、动植物卫生与食品安全和疫病防治等领域的交流与合作，积极探讨开展农业合作的新形式和新途径。

3.1.3 中方决定：

——向非洲派遣100名高级农业技术专家，在非洲建立10个有特色的农业技术示范中心。

——鼓励和支持中国企业扩大对非农业投资，进一步参与非洲农业基础设施建设、农机生产和农产品加工业。

——加强与非洲在农业实用技术和农业人力资源开发方面的合作。

——加强与非洲国家在联合国粮农组织"粮食安全特别计划"框架内的合作。

3.2 投资与企业合作

3.2.1 高兴地看到自2003年中非合作论坛第2届部长级会议以来双向投资稳步增长，投资领域不断拓宽；认为这有助于密切双方经济联系，带动当地经济发展；承诺继续鼓励和支持相互投资，积极探讨扩大投资合作的新领域、新方式，并采取切实措施维护其健康发展。

3.2.2 推动商签并落实双边促进和保护投资协定、避免双重征税协定，营造良好的投资合作环境，保护双方投资者的合法权益。承诺对双方的投资企业在许可手续、物品通关、人员出入境等方面给予必要的便利。

3.2.3 高兴地看到中非领导人与工商界代表高层对话会和第2届中非企业家大会在北京峰会期间成功举行。对"中国—非洲联合工商会"的成立表示祝贺，希望并支持其成为促进中非之间开展务实经贸与投资合作的有效沟通平台。

3.2.4 致力于加强双方中小企业合作,推动非洲工业发展,增强生产和出口能力。

3.2.5 中国政府重视推动扩大对非投资,决定支持中国有关银行设立中非发展基金,逐步达到总额 50 亿美元,鼓励和支持有实力、有信誉的中国企业到非洲投资兴办有利于提高非洲国家技术水平、增加就业和促进当地经济社会可持续发展的项目。

3.2.6 中国愿在今后 3 年内支持有实力的中国企业在有条件的非洲国家建立 3—5 个境外经济贸易合作区。

3.3 贸易

高兴地看到中非合作论坛第 2 届部长级会议以来双边贸易快速发展,认为进一步扩大中非贸易符合双方的利益。决定:

——继续致力于为中非贸易发展创造良好条件,促使中非贸易向平衡方向发展。中方承诺进一步向非洲国家开放市场,将同中国有外交关系的非洲最不发达国家输华商品零关税待遇受惠商品由 190 个税目扩大到 440 多个税目,并尽快与有关国家进行磋商,早日签署协议并付诸实施。

——加强双方在海关、税务、检验检疫等领域的合作,促进中非贸易健康、有序发展。

——本着互谅互让原则,通过双、多边友好协商,妥善解决贸易分歧和摩擦。

——逐步完善"中国—非洲联合工商会"机制,充分发挥其沟通、协调和促进作用。

3.4 金融

3.4.1 高兴地看到中国有关金融机构与非洲开发银行、东南非贸易与开发银行、西非开发银行等非洲金融机构进行了富有成果的合作,决定继续推动相关合作并支持双方商业银行间开展业务往来,充实中非经济合作的内涵。

3.4.2 中方鼓励中国金融机构在非洲设立更多分支机构,非洲方面愿意就此提供必要协助;非洲方面预祝中国承办非洲开发银行 2007 年年会取得成功。

3.5 基础设施建设

3.5.1 注意到基础设施建设在非洲发展中具有举足轻重的作用。中国有适合非洲的相关技术和发展经验，双方合作潜力巨大。同意继续将基础设施建设，特别是交通、通讯、水利、电力等设施建设作为双方合作的重点领域。

3.5.2 中国政府将继续鼓励和支持中国企业参与非洲基础设施建设，同时注重加强与非洲在技术和管理方面的合作，帮助非洲国家提高自主发展能力。

3.5.3 非洲方面承诺继续加大在该领域的开放度，欢迎中国企业参与非洲基础设施建设并为此提供必要的协助与便利。

3.6 能源、资源合作

3.6.1 注意到中非在能源、资源领域具有很强的互补性，加强在该领域的信息交流与务实合作，符合双方的长远利益；决心根据互惠互利、共同发展的原则，采取多样化的合作方式，鼓励和支持双方企业共同开发和合理利用双方的能源、资源。

3.6.2 中方高度重视在合作中帮助非洲国家将能源、资源优势转变为发展优势，保护当地生态环境，促进当地经济社会的可持续发展。

3.7 科技、信息、航运、质检等领域合作

3.7.1 本着相互尊重、优势互补、互利共赢的原则，促进在科技应用、技术开发、成果转让等方面的合作。中国将继续为非洲举办实用技术培训班，开展技术援助示范项目，推动中国科技成果和先进适用技术在非洲的推广和应用。

3.7.2 加强在共同感兴趣的农业生物技术、太阳能利用技术、地质勘查、采矿技术和新药研发等领域的科技合作。

3.7.3 加强在信息基础设施建设、信息技术应用、电信普遍服务、网络与信息安全、电信人力资源开发等方面的合作。中国支持非洲国家根据突尼斯信息峰会的建议推动缩小数字鸿沟、加快信息社会建设的努力。

3.7.4 鼓励双方航空、海运企业建立更多的连接中国与非洲的直达航线。

3.7.5 进一步加强在认证认可、标准、计量、消费品安全、工业品质量检验、出入境动植物检疫、卫生检疫和特种设备安全监察等领域的

合作。

4. 国际事务中的合作

4.1 认为当前国际形势正经历着复杂而深刻的变化，双方加强在国际事务中的磋商与合作，有利于维护双方及发展中国家的共同利益。

4.2 重申尊重《联合国宪章》、和平共处五项原则、《非洲联盟章程》的原则以及其他公认的国际关系准则；共同维护联合国在国际事务中的重要作用，促进多边主义和国际关系民主化；支持通过改革提高联合国的权威和效率，主张改革应坚持民主协商，有利于维护会员国团结并充分照顾发展中国家的关切；安理会改革应优先增加发展中国家特别是非洲国家代表性，应通过充分和深入讨论，达成协商一致。

4.3 欢迎联合国成立人权理事会，决心加强双方在理事会中的合作，共同推动理事会致力于尊重各国、各地区历史、文化和宗教背景，促进不同文明、文化和宗教间对话，同等重视公民政治权利和经济、社会、文化权利，优先关注发展权，处理好人权问题，消除双重标准和政治化。

4.4 承诺加强协调与配合，推动尽早恢复多哈回合谈判并取得平衡的、有份量的、可以对世界经济发展起到切实推动作用的一揽子成果。推动有关谈判充分考虑发展中成员的发展水平和承受能力，落实针对发展中成员的特殊和差别待遇，使他们能够充分参与多边贸易体制并从中切实受益。中国支持尚未加入世界贸易组织的非洲国家的"入世"努力。

4.5 意识到非洲在实现千年发展目标方面面临的困难和挑战，推动国际社会积极营造有利于消除贫困和实现共同发展的国际环境，切实落实联合国成立60周年首脑会议的成果，继续加强联合国在发展领域的作用，推动建立公平、合理、有效的千年发展目标进展评估框架，监督和促进国际合作和发展承诺的落实。呼吁"消除贫穷世界团结基金"更多关注非洲发展问题。希望国际社会关注非洲小岛屿、内陆国家的可持续发展问题。

4.6 加强在反恐领域的合作，谴责并反对一切形式的恐怖主义，反对双重标准，支持联合国及其安理会在国际反恐斗争中发挥主导作用，并帮助非洲国家增强反恐能力。中国高兴地看到非盟预防和打击恐怖主义公约生效，以及非洲恐怖主义研究和调查中心成立，并将研究同非洲国家开展反恐合作的方式。

4.7 呼吁加强国际合作，推动核裁军和防止核武器扩散进程，支持非洲在自愿基础上实现无核武器区目标的努力。中国承诺继续支持并参与非洲人道主义扫雷进程，以及打击轻、小武器非法贸易的努力，在力所能及的范围内提供资金、物资援助以及相关培训。

4.8 认识到自然灾害、难民和流离失所者、非法移民、跨国犯罪、毒品走私、传染性疾病等非传统安全问题对世界和平与安全提出新的挑战，同意在以互信、互利、平等、协作为核心的新安全观指导下，加强双方在非传统安全领域的交流与合作。

4.9 积极推动国际社会关注并切实帮助解决非洲地区冲突，在联合国安理会中努力维护非洲的根本利益。中国愿与非洲加强在预防、控制和解决地区冲突方面的合作。

5. 社会发展领域合作

5.1 发展援助与减债

5.1.1 注意到中国长期以来向非洲国家积极提供了发展援助，并减免非洲重债穷国和最不发达国家部分对华到期政府债务，认为这种真诚、无私的帮助对于非洲经济社会的可持续发展起到促进作用。

5.1.2 中国政府决定：

——继续在力所能及的范围内向非洲国家提供发展援助，至2009年，将对非洲国家的援助规模在2006年的基础上增加1倍。

——今后3年内向非洲国家提供30亿美元的优惠贷款和20亿美元的优惠出口买方信贷，贷款条件进一步优惠，特别是对重债穷国和最不发达国家更加优惠。

——免除同中国有外交关系的非洲重债穷国和最不发达国家截至2005年底对华到期的政府无息贷款债务。积极参与国际多边框架下的对非减债行动。

——积极参加非洲战后重建、人道主义救援、减贫等方面的对非双边和多边援助计划。

5.2 人力资源开发

5.2.1 满意地看到在双方共同努力下，中非合作论坛第2届部长级会议确定的2004至2006年人力资源培训计划已顺利完成，中方在"非洲人力资源开发基金"项下为非洲培训各类人才1万多人。

5.2.2 中国政府将根据非洲国家不同需要，继续有针对性地帮助培养各类专业和管理人才,完善后续跟踪机制,提高培训效果,并承诺,今后3年内在"非洲人力资源开发基金"基础上加大投入,为非洲国家提供各类培训1.5万人次。非洲方面承诺在推选参训人员以及后勤等方面提供必要支持和保障。

5.3 文化

5.3.1 对双方文化交流与合作取得的成果表示满意。认为中国和非洲都拥有灿烂的历史和文化,加强中非文明交流与文化互鉴,有助于充实中非新型战略伙伴关系的内涵,也有助于倡导世界不同文明的对话交流,共创和谐世界。

5.3.2 决心积极落实中非双边政府间交流计划项目,推动和支持双方地方与民间开展文化艺术演展等活动。非洲方面对中方设立《非洲文化人士访问计划》、促进中非文化界交流表示赞赏。

5.4 教育

5.4.1 意识到教育是实现经济社会可持续发展的基础和关键,决定在现有良好基础上扩大中非教育合作。

5.4.2 注意到中非教育部长论坛于去年11月成功召开,认为定期举办中非教育部长论坛有助于推动双方教育领域的合作与对话。

5.4.3 决心鼓励双方高等院校开展交流与合作,采取切实措施提高双方互派留学生合作的实际效果,积极商讨签订中国与非洲国家间的学历认证协议。

5.4.4 中国政府决定：

——今后3年内为非洲国家援助100所农村学校。

——在2009年之前,将向非洲国家提供中国政府奖学金的名额由目前的每年2000人次增加到4000人次。

——每年为非洲国家培训一定数量的教育行政官员、大中小学及职业教育学校校长和骨干教师。

——根据非洲国家的需要和要求,在非洲设立孔子学院,帮助非洲国家开展汉语教学。鼓励中国有关院校开展非洲语言教学。

5.5 医疗卫生

5.5.1 对中非合作论坛第2届部长级会议以来双方在卫生领域的合作成果表示满意,有关非洲国家特别感谢中国援非医疗队员不畏困难、救死扶伤的奉献精神，承诺为中国医疗队提供合适的工作及生活条件。

5.5.2 高兴地注意到中国政府在防治疟疾、艾滋病和禽流感等方面采取切实措施，及时给予非洲国家必要的帮助。决心加强双方在艾滋病、疟疾、肺结核、埃博拉、基孔肯雅及禽流感等传染病防治、卫生检疫以及公共卫生应急机制方面的交流与合作。

5.5.3 中国政府决定：

——今后3年内，为非洲国家援助30所医院，并提供3亿元人民币无偿援助用于向非洲国家提供防疟药品和设立30个抗疟中心。

——今后3年内，将根据自身能力及非洲国家需要，续派、新派和增派医疗队，并与非洲国家积极探索派遣医疗队的新方式。

——继续向非洲国家提供所需的药品和医疗物资援助，帮助非洲国家建立和改善医疗设施、培训医疗人员。

5.6 环境保护

5.6.1 充分意识到环境保护对双方实现可持续发展的重要意义。高兴地注意到中非环保合作会议于2005年2月成功召开，双方环保合作取得实质性进展。非洲国家对中国政府捐资设立联合国环境规划署—中非环境中心表示赞赏。

5.6.2 决心加强双方环保领域对话与交流及人力资源开发合作，今后3年内中方将逐年增加培训非洲国家环境管理人员和专家的数量。促进双方与联合国环境规划署开展多边环保合作。

5.6.3 同意推动双方在能力建设、水污染和荒漠化防治、生物多样性保护、环保产业和环境示范项目等领域的合作。

5.7 旅游

5.7.1 高兴地看到中非旅游合作取得实质性进展，认为这将有助于增进双方人民间的了解和友谊。

5.7.2 注意到自2003年中非合作论坛第2届部长级会议以后，已增加乌干达、马达加斯加、博茨瓦纳、莱索托、纳米比亚、加纳为"中国公民组团出境旅游目的地"国。中国政府决定新增加阿尔及利亚、佛得角、喀麦隆、加蓬、卢旺达、马里、莫桑比克、贝宁、尼日利亚等9国为"中国公民组团出境旅游目的地"国家，使中国在非洲批准开放的旅游目的地国增至26个。中国政府今后将根据非方要求，给予更多条件具备的非洲国家

"中国公民组团出境旅游目的地"地位。非洲方面欢迎更多的中国旅游者赴非旅游，并鼓励其国民赴华旅游。

5.8 新闻

5.8.1 意识到双方新闻媒体加强交往有助于全面、客观报道对方。鼓励双方新闻媒体在促进彼此了解、增进相互友谊方面发挥积极作用。

5.8.2 支持双方政府新闻主管部门和新闻媒体开展多层次、多形式的交流与合作。增加双方新闻团组互访。

5.8.3 支持和鼓励双方新闻媒体加强对对方的采访报道，愿为双方媒体互派记者常驻或短期采访提供协助与便利。

5.8.4 中方将继续举办新闻研修班等活动，邀请非洲国家新闻主管机构、新闻媒体负责人和记者来华交流采访，探讨有效合作方式。

5.8.5 同意加强双方在广播电视领域的合作。中方将重点协助非洲国家培训广播电视人员。

5.9 民间与青年、妇女交流

5.9.1 注意到民间交流对中非人民间增进了解、深化友谊发挥着重要作用，决心加强双方民间往来，巩固传统友谊，推动世代友好。

5.9.2 对中非青年交流取得的进展感到满意，认为中非青年联欢节在增进中非青年相互了解和友谊方面发挥了积极作用。同意在今后3年内，发展和完善中非青年交流网络和中非青年集体对话机制，继续举办中非青年联欢节，促进中非青年发展领域的合作。

5.9.3 中国决定逐步扩大实施中国青年志愿者非洲服务计划，今后3年内派遣300名青年志愿者赴非洲国家从事医疗、卫生、体育、农业、教育等志愿服务活动。

5.9.4 意识到促进性别平等、提高妇女地位的重要性，高兴地看到中非妇女间业已存在的广泛交往，决心通过多种形式加强这一领域的交流与合作。

5.9.5 中国重视并愿扩大同非洲国家开展体育交流与合作。非洲国家支持中国举办2008年奥运会，将积极参与这一体育盛会，并预祝2008年奥运会取得圆满成功。

附件四 中国对非洲政策文件[①]

2015年12月

2006年,中国政府首次发表对非洲政策文件。近10年来,政策文件内容得到全面有效落实,为指导中非关系全面发展发挥了重要作用。今年是中非合作论坛成立15周年,今年12月在南非举办中非合作论坛第二次峰会,这是中非峰会首次在非洲大陆举办,对于加强中非团结、引领中非合作具有里程碑意义。值此之际,中国政府发表第二份对非洲政策文件,旨在进一步明确中国致力于发展对非友好合作关系的坚定决心和良好意愿,全面阐述新形势下中国对非洲政策新理念、新主张、新举措,以指导今后一段时期中非各领域交流与合作。

第一部分 建立和发展中非全面战略合作伙伴关系,巩固和夯实中非命运共同体

中非从来都是命运共同体。半个多世纪以来,无论国际风云如何变幻,中非始终是风雨同舟的好朋友、休戚与共的好伙伴、肝胆相照的好兄弟。中非传统友好深得人心,已成为中非双方的宝贵财富。长期以来,中非双方坚持真诚友好、平等相待,这是中非关系历久弥坚的精神内核。新形势下,中非双方将在此基础上,致力于合作共赢、共同发展,为中非关系赋予新的内涵,注入不竭动力。

2006年中国政府提出中非建立和发展政治上平等互信、经济上合作共

[①] 《中国对非洲政策文件(全文)》,http://news.xinhuanet.com/world/2015-12/05/c_1117363276.htm,访问日期:2015年12月7日。

赢、文化上交流互鉴的新型战略伙伴关系。10年来，双方共同制订并落实了一系列深化中非合作的重大举措，极大地促进了中非各领域友好合作关系快速发展。中非政治互信进一步增强，在国际和地区事务中协调与配合更加紧密。中非务实合作成果丰硕。中国自2009年起成为非洲第一大贸易伙伴国，2014年中国对非贸易额增至2006年的4倍。中非人文交流快速增长，中非人员往来每年近300万人次，中非友好的社会和民意基础进一步扩大。中非交往与合作的广度和深度前所未有，中国对非洲经济发展的贡献率显著提升。

10年来，中非各自情况发生很大变化，肩负着新的发展使命。中国正在按照全面建成小康社会、全面深化改革、全面依法治国、全面从严治党的战略布局，为实现"两个一百年"奋斗目标和中华民族伟大复兴的中国梦而奋斗。非洲正在积极谋求加快工业化和现代化进程，朝着《2063年议程》描绘的美好梦想前行。中国梦与非洲梦都是为了让人民过上更加美好的幸福生活。

中非发展战略高度契合，中非合作发展互有需要、互有优势，合作共赢、共同发展迎来了难得的历史性机遇。中国发展经验、适用技术、资金、市场等相对优势，有助于非洲破除基础设施不足和人才不足两大制约发展的瓶颈，有助于非洲把丰富的自然、人力资源优势和潜能转化为发展动力和惠及民生的成果，加速工业化和农业现代化进程，更好地实现经济独立和自主可持续发展，更好地实现持久和平与稳定。

10年来，国际形势发生很大变化。世界多极化进一步发展，新兴市场国家和发展中国家快速发展已成为不可阻挡的历史潮流，是维护世界和平、促进共同发展的重要力量。联合国已通过2030年可持续发展议程，各国都面临实现包容、可持续发展的重要任务。非洲已成为全球经济增长最快和最具发展潜力的大陆之一，是世界政治舞台上的重要一极，全球经济增长新的一极，人类文明的多彩一极。中国已成长为全球第二大经济体，是现行国际体系的重要参与者、建设者、贡献者。中国同非洲等广大发展中国家需要进一步增强在国际事务中的代表性和发言权。中非双方应充分发挥政治互信和经济互补两大优势，推动中非合作全面发展，加强南南合作，促进南北合作，为构建以合作共赢为核心的新型国际关系树立样板。

当前，中非关系已经站在新的历史起点上。共同的发展任务、高度契合的战略利益、合作共赢的广阔前景，使中非人民更加坚定地并肩跨步前行。中国愿同非洲国家一道，在传承与发扬中非传统友好的基础上，建立和发展政治上平等互信、经济上合作共赢、文明上交流互鉴、安全上守望相助、国际事务中团结协作的全面战略合作伙伴关系，促进中非友好合作全面发展，共同发展、共圆梦想，共同为中非人民创造更多福祉，为世界的和平稳定与发展繁荣做出更大贡献。

第二部分　坚持正确义利观，践行真实亲诚对非工作方针

加强同非洲国家的团结与合作始终是中国独立自主和平外交政策的重要基石，是中国长期坚定的战略选择。新形势下，中国将秉持真实亲诚对非政策方针和正确义利观，推动中非友好互利合作实现新的跨越式发展。

"真"，即平等互信、团结互助，永远做非洲的最可靠朋友和真诚伙伴。中国尊重非洲国家自主选择发展道路，尊重非洲国家推动经济社会发展、改善人民生活的实践和努力，愿在平等自愿基础上同非洲开展治国理政经验交流，促进双方对彼此政治制度和发展道路的了解、认同和借鉴。中国一贯真诚支持非洲发展，不干涉非洲国家内政，不把自己的意志强加于非方，对非援助不附加任何政治条件。在涉及彼此核心利益和重大关切的问题上，与非方加强沟通协调，相互理解、相互支持，维护共同利益。

"实"，即务实高效、合作共赢，秉持言必信、行必果的理念，不折不扣落实对非互利合作方针和举措，在支持非洲实现自主发展的过程中实现中非共同发展。中国愿本着"筑巢引凤"、"授人以渔"的理念，坚定支持非洲国家致力于基础设施建设和人力资源开发，帮助非洲破除长期制约发展的两大瓶颈，积极开展产业对接和产能合作，助力非洲工业化和农业现代化进程。坚持以发展促和平，以和平谋发展，坚定支持非洲致力于自主可持续发展和"以非洲方式解决非洲问题"，在地区热点问题上发挥更大建设性作用。

"亲"，即人心相通、和谐共处，推动中非文明互鉴，促进思想融通、

政策贯通、民心沟通，为中非友好提供坚实的民意和社会基础。加强中非在科教文卫等社会人文领域的交流与合作，扩大民间交往，促进智库、高校、媒体交流，支持地方往来与合作，鼓励各自在对方国家和地区的人员与当地人民和睦相处，共存共荣。中国政府鼓励在非企业和公民进一步关心当地福祉，积极回馈当地社会；努力为非洲人在华工作、学习和生活营造良好氛围，不断扩大和夯实中非友好的社会基础。

"诚"，即以诚相待、妥善解决问题，坚持从战略高度和长远角度看待和推进中非关系，共同为中非友好互利合作营造良好的环境。中方愿与非方加强政策协调和沟通，本着相互尊重、合作共赢的原则，通过平等友好协商，坦诚面对并妥善处理中非合作中出现的新情况、新问题，使双方都能从真诚友好和互利合作中受益。

正确义利观是中国对发展中国家外交的一面旗帜，讲求的是义利相兼、以义为先、情义为重，核心要义是把帮助非洲等发展中国家实现自主可持续发展同促进中国自身的发展紧密结合起来，实现合作共赢、共同发展，推动世界更加均衡、包容和可持续发展。中国开展对非合作绝不走过去殖民者的老路，绝不以牺牲非洲的自然生态环境和长远利益为代价。

支持和帮助非洲国家实现自主可持续发展不仅符合非洲人民的利益，也符合全世界人民的利益，是国际社会的共同责任。中国开展对非合作始终尊重和维护非洲国家和人民的根本利益，秉持公道，为非洲伸张正义；坚持互利共赢，真心诚意支持和帮助非洲实现和平、稳定与发展。

一个中国原则是中国同非洲国家及地区组织建立和发展关系的政治前提和基础。中国政府赞赏非洲国家恪守一个中国原则，支持中国统一大业，不同台湾发展官方关系和官方往来。中方坚持在和平共处五项基本原则基础上全面发展同非洲各国的友好合作。

中国赞赏国际社会采取建设性行动、支持和帮助非洲实现持久和平与可持续发展的努力，愿本着"非洲提出、非洲同意、非洲主导"原则，以积极、开放、包容的态度同其他国家及国际和地区组织加强协调与合作，在非洲探讨开展三方和多方合作，共同为非洲实现和平、稳定、发展作出贡献。

第三部分 推动中非合作全面发展

（一）增强政治互信

1. 密切高层交往

发挥高层交往的政治引领作用，保持中非领导人频繁互访和对话势头，就双边关系和共同关心的重大问题加强沟通，巩固传统友谊、增强政治互信，在涉及彼此核心利益和重大关切问题上相互理解、相互支持，维护共同利益，共谋发展，深化合作，为双边和中非关系发展提供强有力政治保障。

2. 加强治国理政经验交流

相互尊重和支持对方探索和完善符合自身国情的发展道路和政治制度。中方愿同非洲国家积极开展形式多样的经验交流活动，本着平等交流、相互借鉴、共同进步的原则，从各自文明和发展实践中汲取智慧，加强国家治理经验交流，促进共同发展。

3. 完善政府间磋商与合作机制

充分发挥中国同非洲国家之间外交部政治磋商、经贸合作联（混）合委员会和高层级经贸合作机制、科技混合委员会等双边机制的统筹协调作用，进一步丰富和完善政府间对话与磋商机制，促进中非政府间对话与合作。

4. 促进立法机构、协商机构、政党、军队、地方政府等各领域交往

秉持相互尊重、加深了解、发展合作的宗旨，加强中国全国人民代表大会同非洲各国议会及泛非议会等组织多层次、多渠道、多形式、全方位的友好交往，不断丰富中非全面战略合作伙伴关系的内涵。

扩大和加强中国人民政治协商会议同非洲国家议会、泛非议会及非盟经济社会文化理事会、非洲各国经济社会理事会等相关机构的交往。

中国共产党愿在独立自主、完全平等、相互尊重、互不干涉内部事务的原则基础上，扩展和深化与非洲各国友好政党和政治组织各种形式的交往与合作。积极探索建立集体交流对话的新平台，增进相互了解和友谊，

深化治国理政经验交流，增进双方对彼此执政体制和理念的了解和认同，相互学习借鉴，共同提高执政能力，促进国家关系发展。

保持双方军队领导人互访势头，加强政策对话，扩大青年军官交流。

支持双方建立更多友好省州或友好城市，加强中非地方政府之间的交往，促进双方在地方发展和治理方面的交流与合作。

（二）深化国际事务合作

进一步加强中非在联合国等国际机构和其他国际场合的交流与合作，就重大国际和地区问题保持沟通与协调，在涉及各自国家主权、领土完整、民族尊严和发展利益等重大问题上相互理解和支持，维护双方和发展中国家的共同利益。

共同维护以《联合国宪章》宗旨和原则为核心的国际秩序和国际体系。中国坚定支持增加发展中国家在国际治理体系中的代表性和发言权。中国支持对联合国进行全面改革，主张优先增加非洲国家在联合国安理会和其他机构中的代表性和发言权，以解决非洲遭遇的历史不公。共同致力于维护《联合国宪章》宗旨和原则，切实维护国际公平正义，推动国际秩序朝着更加公正合理的方向发展。

呼吁国际社会继续推动全球经济治理改革，特别是尽快落实国际货币基金组织份额改革承诺，增加新兴市场国家和发展中国家的代表性和发言权。呼吁二十国集团加强与非洲的对话，支持非洲参与二十国集团事务。

共同推动国际社会同舟共济，权责共担，落实联合国发展峰会通过的 2030 年可持续发展议程，增强各国发展能力，改善国际发展环境，优化发展伙伴关系，健全发展协调机制，努力实现均衡、可持续发展和包容性增长，共同走出一条公平、开放、全面、创新的发展之路，努力实现共同发展，增进人类共同利益。继续坚持和弘扬平等互信、互利共赢、团结合作等原则，在新形势下推动南南合作向更高水平、更广范围、更大规模方向演进。

重申《联合国气候变化框架公约》在国际应对气候变化进程中的基础性地位，同意共同维护发展中国家团结，坚持《联合国气候变化框架公约》及其《京都议定书》的原则和规定，特别是公平原则、"共同但有区别的责任"原则和各自能力原则，推动建立公平合理、合作共赢的全球气候治理体制，促进公约的全面、有效和持续实施。注意到《联合国关于在发生严重干旱和/或荒漠化的国家，特别是在非洲防治荒漠化公约》取得积极进展，同意共同维护发展中国家利益，推动公约全面有效实施。

(三) 深化经贸合作

1. 助推非洲工业化

将优先支持非洲工业化进程作为新时期中国对非合作的突破口和着力点，以产业对接和产能合作为龙头，以点带面，助推非洲加快工业化进程，为非洲实现经济独立和自主可持续发展提供坚实基础。积极支持非洲国家根据自身国情、发展需求和切实可行的国际规则，改善投资发展的软硬环境，完善吸引保护外国投资的法律法规和政府服务，破解基础设施建设滞后和人才不足两大制约发展瓶颈，积极有序推进中非产业对接与产能合作，助推非洲工业化和经济多元化进程，提高非洲国家生产、生活和就业水平。支持非洲国家建设经济特区、工业园区、科技园区，筑巢引凤。引导、鼓励和支持中国企业在非洲共同建设经贸合作区，作为推进中非产能合作的重要平台，吸引更多中国企业到非洲投资，建立生产和加工基地并开展本土化经营，增加当地就业、税收和创汇，促进产业转移和技术转让。

坚持"义利并举、合作共赢、开放包容、市场运作"的原则，在条件适宜的非洲国家优先打造中非产能合作先行先试示范区。充分发挥双方政府的引导、协调、管理和服务职能，加强宏观经济管理领域经验交流；创新双方在投资保护、金融、税收、海关、签证、移民、警务人员往来等方面合作机制，帮助非洲国家增强执法能力建设和提高管理服务水平。共同促进产能合作取得早期收获，积累发展与合作经验，发挥示范引领作用，促进、带动同其他非洲国家的合作发展。

2. 助力非洲农业现代化

将支持非洲农业现代化建设作为新时期中国对非合作的优先重点领域，切实加大投入，扩大合作，着力帮助非洲国家解决这一事关国计民生和经济独立的基础产业发展问题。中国愿同非洲国家分享农业发展经验和技术，支持非洲国家提高农业技术、农牧渔业产品生产和加工技术水平，带动农业产业链建设，增强粮食自主生产能力，促进粮食安全，提升棉花等特色产业的国际竞争力,增加收入,改善农民生活。完善并继续建设农业技术示范项目,实施农业优质高产示范工程,加强种子研发、推广和普及,派遣高级农业专家组和农业职业教育教师组,扩大农业管理和技术培训的规模和效果。建立和完善双边农业合作机制,发挥各自优势和作用,加强项目监督和评估,提高合作质量和水平。鼓励和促进中非农产品贸易。鼓励和支持中国企业到非洲国家开展农业种植、粮食仓储、畜牧养殖、渔业捕捞及农产品加工等领域投资合作,增加当地就业、产品附加值和创汇,推进非洲农业现代化建设。帮助非洲国家推广灌溉技术,有效利用水资源,提高防洪、抗旱能力。

3. 全面参与非洲基础设施建设

鼓励和支持中国企业和金融机构扩大参与非洲基础设施建设,充分发挥政策性金融作用,创新投融资合作模式。坚持市场运作为主、点面结合、注重效益的原则,鼓励和支持中国企业采取多种模式参与非洲铁路、公路、通信、电力、区域航空、港口以及水资源开发保护、水利等基础设施建设,参与项目投资、运营和管理。鼓励双方在项目规划设计、工程建设、技术标准、工程监理、大型装备和管理运营等方面开展合作。

坚持基础设施建设与产业发展协调推进,注重规模和集约效益,优先支持经济特区、工业园区、科技园区等相配套的基础设施系统建设,为非洲产业发展和中非产能合作创造有利条件。积极推进跨国跨区域基础设施互联互通,促进非洲一体化进程。

4. 加强中非金融合作

充分发挥优惠贷款等政策性金融、中非发展基金、非洲中小企业专项贷款、非洲共同增长基金、中非产能合作基金、金砖国家新开发银行等投融资平台作用,创新中非金融合作。支持中国金融机构与非洲国家、地区以及国际金融和开发机构加强交流并探讨联合融资合作,支持中非金融机构按照商业化原则合作建立合资银行。加强央行间货币合作,商讨扩大跨境本币结算和互换安排,鼓励双方企业在贸易投资中使用本币结算。支持互设金融机构,加大融资保险支持力度。加强中非在国际金融组织和机制中的协调配合,完善和改革国际金融体系,提高发展中国家的代表性和话语权。

5. 促进中非贸易与投资便利化

支持更多非洲产品进入中国市场,根据履行双边换文手续情况,继续对原产于与中国建交的最不发达国家97%税目产品实施零关税。鼓励中非企业利用港口优势建设区域物流和商品批发中心。加强对非出口产品质量管理和营销渠道建设，加大双方检验检疫合作力度，共同打击进出口假冒伪劣商品。推动中非海关合作，加强信息互换、监管互认和执法互助，共同打击商业瞒骗行为，营造守法便利的贸易环境。帮助非洲国家加强海关、检验检疫能力建设，支持非洲国家提高贸易便利化水平，助力非洲区内贸易发展。支持非洲自贸区建设和一体化进程，积极探讨与非洲国家和区域组织建立制度性贸易安排。

结合非洲需要和中方优势，在平等互利、合作共赢基础上，积极推动中非经贸合作提质增效，支持非洲加快工业化和农业现代化进程，鼓励和支持中国企业扩大和优化对非工业、农业、基础设施、能源等领域投资合作，并继续为符合条件的项目提供优惠性质贷款及出口信用保险支持等，适当提高优惠贷款优惠度。

6. 深化资源能源合作

本着合作共赢、绿色、低碳和可持续发展的原则，扩大和深化中非资源能源领域互利合作，帮助非洲国家加强资源能源勘探开发和加工能力，提高初级产品附加值，增加当地就业和创汇，将资源能源禀赋转化为可持续发展和惠及民生的成果。创新中非资源能源合作模式，扩大能矿领域全产业链合作。支持非洲国家和区域电网建设，推进风能、太阳能、水电等可再生能源和低碳绿色能源开发合作，促进非洲可再生能源合理开发利用，服务非洲工业化。

7. 拓展海洋经济合作

充分发挥非洲有关国家的丰富海洋资源及发展潜力，支持非洲国家加强海洋捕捞、近海水产养殖、海产品加工、海洋运输、造船、港口和临港工业区建设、近海油气资源勘探开发、海洋环境管理等方面的能力建设和规划、设计、建设、运营经验交流，积极支持中非企业开展形式多样的互利合作，帮助非洲国家因地制宜开展海洋经济开发，培育非洲经济发展和中非合作新的增长点，使非洲丰富的海洋资源更好地服务国家发展、造福人民。

（四）加强中非发展合作

1. 持续增加对非洲发展援助

作为最大的发展中国家，中国长期并将继续坚持向非洲国家提供力所能及的援助。每当中国遭受重大自然灾害时，也及时得到非洲国家的支持和援助。中国愿继续本着患难与共、风雨同舟的精神，秉持不附加任何政治条件、不干涉别国内政、不强人所难的原则，根据自身财力和经济发展状况，针对非洲国家急迫需求，继续向非洲国家提供紧急和必要的援助并逐步增加援助规模，创新援助模式，优化援助条件，重点用于人力资源开发、基础设施建设、医疗卫生、农业和粮食安全、气候变化、防治荒漠化、野生动植物和环境保护以及人道主义援助等领域，帮助非洲国家减少贫困、改善民生、增强自主发展能力。

中方将认真落实免除对非洲有关最不发达国家、内陆发展中国家、小岛屿发展中国家截至2015年底到期未还的政府间无息贷款债务承诺。

2. 支持非洲加强公共卫生防控体系和能力建设

总结中非合作抗击埃博拉疫情、疟疾的经验，深化扩大中非公共卫生合作。加强公共卫生政策沟通，支持非洲加强公共卫生防控体系和能力建设，积极参与非洲疾病控制中心筹建，协助非洲国家提高实验室技术能力和开展卫生人力资源培训，重点帮助防控影响非洲人民健康的慢性非传染性疾病、虫媒传染病以及疟疾、霍乱、埃博拉出血热、艾滋病、结核病等可预防的传染性疾病和新发疾病。发挥自身优势，优先支持非洲各国口岸卫生检疫核心能力建设、传染病监测哨点建设、妇幼医疗能力建设和现有医疗机构专业科室建设。继续支持非洲国家卫生基础设施建设。继续向非洲国家派遣医疗队，开展中非对口医院的合作，加强专科医学、传统医药等交流与合作，着力提高当地医护水平。继续推动白内障手术"光明行"等短期义诊活动。加强医疗机构和药品监督管理部门之间的对口交流与合作。支持同世界卫生组织、非盟等国际和地区组织开展合作，鼓励中国医药制造企业在非投资，降低非洲医药产品成本，提高非洲医药产品可及性。

3. 扩大教育和人力资源开发合作

扩大中非教育合作，大力支持非洲教育事业发展。根据非洲国家经济和社会发展需要，加大投入，提高实效，帮助非洲国家培养培训更多急需人才，特别是师资和医护人才。加强双方教育部门和教育机构之间的交流与合作。继续实施"非洲人才计划"，逐步增加对非洲国家的政府奖学金名额，鼓励地方政府、高校、企业和社会团体设立奖学金，欢迎更多非洲青年来华学习，鼓励和支持他们在中非务实合作中发挥更大作用。鼓励双方更多高等院校建立合作伙伴关系，支持中非教师和学生交流，扩大"中非高校 20+20 合作计划"项目的合作成果。坚持学用结合，扩大师资培训和职业技术教育合作规模，扩展人力资源开发途径。

4. 分享和推广减贫经验

贫困是中非面临的共同挑战。中方将认真兑现向国际社会所做的支持实现 2030 年可持续发展议程有关承诺，积极落实《中国和非洲联盟加强中非减贫合作纲要》，加强中非减贫领域合作，发挥中国与联合国共同设立的中国国际扶贫中心等国际减贫交流平台的作用，鼓励和支持双方政府、学术机构、企业和非政府组织开展形式多样的减贫经验交流与务实合作。共同分享中国通过农村扶贫开发实现大规模减贫的成功经验，加强项目示范合作，支持非洲国家增强自主减贫和发展能力。

5. 加强科技合作与知识共享

继续推动实施中非科技伙伴计划，鼓励双方加强农业、水资源、能源、航空航天、通信、环境保护、荒漠化防治、医疗、海洋等领域科技交流与合作。支持非洲国家科技能力建设，在重点领域共建联合实验室、联合研究中心或科技园区，继续资助非洲杰出青年科学家来华开展短期科研工作，加强适用技术和政策培训，共建先进适用技术应用与示范基地。积极推进中国科技成果和先进适用技术在非洲的推广和应用。

6. 加强气候变化和环境保护协作

大力发展和巩固中非在《联合国气候变化框架公约》和其他相关机制下合作，积极推动双方开展应对气候变化磋商、交流和相关项目合作。创新合作领域，深化务实合作，共同提高应对气候变化能力。加强环境政策对话，密切中非在双多边环境领域的协调与合作。加强在生态保护、环境管理、污染防治、生物多样性保护、水资源保护和荒漠化防治等领域的教育和人力资源培训和综合治理示范合作。推动适用环境友好型产能合作与技术转让。加强环保法律、法规交流，积极开展在濒危野生动植物种保护领域的对话与合作,加强情报交流和执法能力建设,严厉打击走私濒危野生动植物的跨国有组织犯罪活动。在履行《生物多样性公约》、《濒危野生动植物种国际贸易公约》等国际事务中加强沟通、协调立场,共同促进全球野生动植物保护和可持续利用。

(五) 深化和扩大人文领域交流与合作

1. 拓展文化、体育交流与合作

保持文化高层交往势头,实施双边文化合作协定及其执行计划。鼓励并支持非洲国家开展汉语教学,继续在非洲国家增设孔子学院,鼓励和支持中非互设文化中心。支持在中国和非洲举办"国家年"活动。丰富"中非文化聚焦"、"中非文化人士互访计划"和"中非文化合作伙伴计划"等活动内容,提高文化交流实效,尊重彼此文化多样性,促进中非文化兼容并蓄、共同繁荣,增进双方人民彼此了解和友谊。推动双方文化机构和人员往来,加强人才培养和文化产业合作。

根据突出重点、量力而行原则,加强与非洲国家的体育交流和务实合作,继续提供援助,支持非洲国家体育事业发展。

2. 扩大旅游合作

继续为公民赴对方国家和地区旅游提供签证、服务等便利,支持对方在本国、本地区境内举办旅游推介活动,鼓励双方航空公司开辟更多中非间航线航班,扩大人员往来。中方欢迎具备条件的非洲国家提出成为中国公民出境旅游目的地的申请,并将予以积极考虑。支持双方企业在旅游基础设施建设等领域开展互利合作,改善和优化旅游环境。

3. 扩大新闻和广播影视合作

大力推动中非新闻媒体开展形式多样的交流与合作,积极为此创造条件并提供指导和便利。加强政府新闻主管部门对话与磋商,就深化新闻合作、加强网络空间管理、处理与媒体关系交流经验,优先支持非洲媒体加强能力建设。支持办好中非新闻交流中心,加大对中国与非洲各自发展以及中非关系信息传播力度和全面、客观报道,增进双方人民彼此了解和认知。鼓励中非媒体加强新闻研讨、人员培训、内容互换、联合采制和新媒体领域等合作。加强中非广播影视技术交流与产业合作,鼓励中非广播电视机构互联互通。继续支持非洲推进广播电视数字化,提供融资、技术支持和人才培训,鼓励中非企业开展合资合作。

4. 鼓励学术和智库交流

鼓励中非高校开展合作研究,壮大中非学术研究力量。积极实施"中非联合研究交流计划"和"中非智库10+10合作伙伴计划"。积极支持中非学术研究机构和智库开展课题研究、学术交流、研讨会、著作出版等多种形式的交流与合作,优先支持双方开展治国理政、发展道路、产能合作、文化与法律异同等促进中非友好合作的课题研究与成果分享。

5. 增进民间交流

继续加强中非民间交往,促进民意沟通,推动民生合作。落实《中非民间交流合作倡议书》,鼓励实施"中非民间友好行动"、"中非民间友好伙伴计划"等,支持民间组织和社会团体开展形式多样的友好交流和公益活动。

着力推动中非青年交流势头。推动双方政府青年事务部门和政党青年组织交往。积极开展双方社会各界青年杰出人才交流活动。鼓励和引导中国青年志愿者赴非洲国家服务,开展扶贫、支教等活动。

继续加强中非性别平等领域的交流与合作,进一步深化妇女机构和组织交往,加强妇女问题高层对话,保持在多边妇女事务上的良好协作,共同促进中非妇女事业发展。继续向非洲国家提供必要妇幼领域援助,加强技能培训合作。

开展残疾人服务体系和社会保障政策等方面的交流。加强在康复、教育就业、社会保障、扶贫开发等领域合作。

加强中非工会组织之间的友好交流与合作。

(六) 促进非洲和平与安全

1. 支持非洲实现和平与安全

支持非洲国家以非洲方式自主解决非洲问题的努力。在充分尊重非洲意愿、不干涉内政、恪守国际关系基本准则基础上,为维护和促进非洲和平与安全发挥建设性作用。积极探索具有中国特色的建设性参与解决非洲热点问题的方式和途径,为非洲和平与安全发挥独特的影响力、做出更大的贡献。进一步发挥中国政府非洲事务特别代表的作用。

加强同非洲地区组织和非洲国家在和平与安全事务上的对话与磋商,

坚持以发展促和平、以和平谋发展，认真贯彻共同、合作、综合和可持续的安全共识。支持非洲国家、非洲联盟以及次区域组织致力于维和维稳能力建设和有关努力。落实"中非和平安全合作伙伴倡议"，继续为非洲常备军、非洲危机快速反应部队等非洲集体安全机制建设提供力所能及的支持。

在联合国等多边场合主持公道，伸张正义，维护非洲和发展中国家共同利益。重视并支持联合国在维护非洲和平与稳定方面发挥重要作用，继续支持并扩大参与联合国在非洲的维护和平与建设和平的努力。

2. 深化军事合作

进一步加强中非军事交流与合作，深化军事专业技术领域合作，积极开展部队联合训练。根据非方需要，扩大对非洲国家军事人员的培训规模，创新培训模式。继续支持非洲国家加强国防和维稳能力建设，维护自身安全与地区和平。

3. 支持非洲应对非传统安全威胁

加强情报交流与能力建设合作，共同提高应对非传统安全威胁的能力。支持国际社会打击海盗的努力，继续派遣军舰参与执行维护亚丁湾和索马里海域国际海运安全任务，积极支持非洲国家维护几内亚湾海运安全。

支持非洲国家和地区组织提高反恐能力和致力于反恐努力，帮助非洲国家发展经济，消除恐怖主义滋生土壤，维护地区安全稳定，促进非洲持久和平与可持续发展。加强与非盟和地区重点国家反恐交流合作。

（七）加强领事、移民、司法、警务领域的交流与合作

积极支持便利中非人员往来的制度性安排，为扩大中非友好互利合作和人员有序往来提供保障。

有序在对方国家增设领事机构。加强同非洲国家领事磋商，就双边或多边领事关系中亟待解决或共同关心的问题进行友好商谈。密切移民管理部门在打击非法移民方面的交流与合作，支持非洲加强移民执法能力建设。

加强双方司法、警务部门交流与合作，在法制建设、司法改革等方面相互借鉴，支持非洲加强防暴、维稳和执法能力建设，采取切实有效措施,保障在本国境内对方人员和机构的安全与合法权益。

加强双方在司法协助、引渡和遣返犯罪嫌疑人等领域合作。扩大司法协助类条约签署、打击犯罪和追逃追赃等领域合作。共同打击跨国犯罪,保障双方经贸和人员交往的正常秩序和正当合法权益。加强双方在监狱管理、社区矫正、戒毒康复和移管被判刑人员方面交流与合作。

第四部分 中非合作论坛机制建设及其后续行动

自2000年成立以来,在中非双方共同推动下,中非合作论坛已经成为中非开展集体对话的重要平台和促进务实合作的有效机制。15年来,中非双方共同举办北京峰会和5届部长级会议,制定出一系列重要的纲领性合作文件,推动实施了一系列支持非洲发展、深化中非友好互利合作的重大举措,取得丰硕成果。

中非双方通过部长级会议、外长联大政治磋商、高官会和论坛中方后续行动委员会秘书处与非洲驻华使团磋商等平等对话机制积极开展对话,增进相互理解和政治互信。论坛构筑起全方位的务实合作平台,推动中非贸易和相互投资跨越式增长,促进了互利共赢、共同发展。论坛拉紧中非人文交往和民间友好纽带,促进双方各界交流日益频繁,巩固和拓展了中非友好的社会和民意基础。论坛增强了中非国际沟通与协作,共同维护中非和发展中国家的整体利益。

中方愿与非方共同努力,进一步加强论坛机制建设,拓展合作领域和途径,丰富合作内涵,推动中非在工业化、农业现代化、基础设施建设、人力资源开发、产能合作、金融、科技、教育、文化、卫生、减贫、法律、地方政府、青年、妇女、民间、智库、媒体等领域建立和完善分论坛机制,深化相关领域合作,使论坛框架下中非合作更加务实、更加富有成效,取得更多实实在在的成果,更好地惠及中非人民。

第五部分　中国与非洲区域组织关系

中国重视并坚定支持非洲联盟在推进非洲联合自强和一体化进程中发挥领导作用、在维护非洲和平安全中发挥主导作用、在地区和国际事务中发挥更大作用，赞赏并支持非盟通过并实施《2063年议程》及其第一个10年规划。2014年中国设立驻非盟使团，标志中国与非盟关系发展进入新阶段。中国愿意进一步加强同非盟高层交往，充分发挥双方战略对话机制作用，加强政治对话和互信，促进双方在发展规划、减贫经验分享、公共卫生、和平安全和国际事务等领域合作。

中国赞赏非洲次区域组织在促进各自地区和平、稳定、发展方面所发挥的积极作用，愿意加强与各组织的友好交往与合作，支持非洲次区域组织能力建设。

中方愿意同非盟和次区域组织建立和完善各种对话合作机制，加强中非区域和次区域层面政治、经贸、人文等各领域合作。

参考文献

中文书籍

阿尔贝托·麦克里尼著，李福胜译：《非洲的民主与发展面临的挑战——尼日利亚史总统奥卢塞贡·奥巴桑乔访谈录》，中国人民大学出版社，2007年版。

埃尔默·普利施科著，周启朋等译：《首脑外交》，世界知识出版社，1990年版。

安春英：《非洲的贫困与反贫困问题研究》，中国社会科学出版社，2010年版。

北京大学全球卫生研究中心：《全球卫生时代中非卫生合作与国家形象》，世界知识出版社，2012年版。

布莱恩·拉夫托帕洛斯、A. S. 姆拉姆博著，张瑾译：《津巴布韦史》，东方出版中心，2013年版。

陈玉来：《津巴布韦》，社会科学文献出版社，2011年版。

曹德明、戴启秀主编：《欧盟及其成员国对非洲关系研究》，上海外语教育出版社，2015年版。

陈积敏、魏雪梅：《美国对非洲外交研究》，世界知识出版社，2015年版。

程涛、陆苗耕主编：《中国大使讲非洲故事》，世界知识出版社，2013年版。

崔戈：《反恐与石油：小布什任期内美国非洲战略》，世界知识出版社，2012年版。

黛博拉·布罗蒂格著，沈晓雷、高明译：《龙的礼物：中国在非洲的真实故事》，社会科学文献出版社，2012年版。

丁韶彬：《大国对外援助——社会交换论的视角》，社会科学文献出版社，2010年版。

范振水：《我们在非洲》，世界知识出版社，2011年版。

菲利克斯·格罗斯著，王建娥等译：《公民与国家——民族、部族和族属身份》，新华出版社，2003年版。

弗朗西斯·福山著，黄胜强等译：《国家构建：21世纪的国家治理与世界秩序》，中国社会科学出版社，2007年版。

高晋元：《英国—非洲关系史略》，中国社会科学出版社，2008年版。

顾章义、付吉军、周海泓：《索马里 吉布提》，社会科学文献出版社，2006年版。

何芳川、宁骚主编：《非洲通史·古代卷》，华东师范大学出版社，1995年版。

贺文萍：《非洲国家民主化研究》，时事出版社，2005年版。

胡锦山：《非洲的中国形象》，人民出版社，2010年版。

胡永举、邱欣等：《非洲交通基础设施建设及中国参与策略》，浙江人民出版社，2014年版。

吉佩定主编：《中非友好合作五十年》，世界知识出版社，2000年版。

李安山：《非洲古代王国》，北京大学出版社，2011年版。

李安山：《非洲民族主义研究》，中国国际广播出版社，2004年版。

李伯军：《当代非洲国际组织》，浙江人民出版社，2013年版。

李放、卜凡鹏：《南非："黄金之国"的崛起》，民主与建设出版社，2013年版。

李湘云：《当代坦桑尼亚国家发展进程》，浙江人民出版社，2014年版。

李文刚编著：《利比里亚》，社会科学文献出版社，2006年版。

李智彪编著：《刚果民主共和国》，社会科学文献出版社，2004年版。

梁根成：《美国与非洲——第二次世界大战结束至80年代后期美国对非洲的政策》，1991年版。

梁守德：《新型大国关系、国际秩序转型与中国外交新动向》，世界知识出版社，2014年版。

林振江：《首脑外交——以中日关系为研究视角》，新华出版社，2008年版。

刘海方：《安哥拉》，社会科学文献出版社，2006年版。

刘鸿武等：《新时期中非合作关系研究》，经济科学出版社，2016年版。

刘鸿武主编：《非洲地区发展报告2014—2015》，中国社会科学出版社，2016年版。

刘鸿武、姜恒昆：《苏丹》，社会科学文献出版社，2008年版。

刘鸿武、罗建波：《中非发展合作——理论、战略与政策研究》，中国社会科学出版社，2011年版。

刘鸿武：《非洲文化与当代发展》，人民出版社，2014年版。

刘鸿武、沈蓓莉主编：《非洲非政府组织与中非关系》，世界知识出版社，2009年版。

陆庭恩：《非洲与帝国主义》，北京大学出版社，1987年版。

罗建波：《非洲一体化与中非关系》，社会科学文献出版社，2006年版。

罗建波：《通向复兴之路：非盟与非洲一体化研究》，中国社会科学出版社，2010年版。

亨利·基辛格著，顾淑馨译：《大外交》，海南出版社，1998年版。

刘国平：《美国民主制度的输出》，社会科学文献出版社，2006年版。

齐建华主编：《发展中国与非洲新型全面合作关系》，世界知识出版社，2014年版。

苗吉：《利益与价值：中美非洲政策的历史考察》，世界知识出版社，2015年版。

姆贝基著，董志雄译：《贫穷的设计师：为什么非洲的资本主义需要改变》，上海人民出版社，2011年版。

S.泰列伯兰著，董志雄译：《迷失在转型中：1986年以来南非的求索之路》，民主与建设出版社，2015年版。

潘兴明：《南非：非洲大陆的领头羊——南非实力地位及综合影响力评析》，上海人民出版社，2012年版。

裴善勤：《坦桑尼亚》，社会科学文献出版社，2008年版。

任泉、顾章义编著：《加纳》，社会科学文献出版社，2010年版。

塞尔日·米歇尔、米歇尔·伯雷著，孙中旭、王迪译：《中国的非洲——中国正在征服黑色大陆》，中信出版社，2009年版。

罗尔·范德·韦恩著，赵自勇、张庆海译：《非洲怎么了？解读一个富饶而贫困的大陆》,广东人民出版社,2009年版。

沙伦·T.弗里曼主编,苏世军、苏京京译:《中国、非洲和离散非洲人》,社会科学文献出版社,2013年版。

沈福伟:《中国与非洲:中非关系二千年》,商务印书馆,1990年版。

宋连生、巩小华主编:《中美首脑外实录》,经济日报出版社,1998年版。

舒运国:《失败的改革:20世纪末撒哈拉以南非洲国家结构调整评述》,吉林人民出版社,2004年版。

托因·法格拉著,沐涛译:《尼日利亚史》,东方出版中心,2010年版。

钱乘旦主编:《西非三国:对抗与和解的悖论》,四川人民出版社,2006年版。

肖玉华:《当代埃塞俄比亚政治进程研究》,浙江人民出版社,2014年版。

谢益显主编:《中国外交史(中华人民共和国时期1949—1979)》,河南人民出版社,1988年版。

魏翠平编著:《乌干达》,社会科学文献出版社,2012年版。

外交部政策规划司编:《中非关系史上的丰碑:援建坦赞铁路亲历者的讲述》,世界知识出版社,2015年版。

外交部非洲司:《中非联合研究交流计划2012—2013年课题研究报告选编》,世界知识出版社,2014年版。

王逸舟:《中国外交新高地》,中国社会科学出版社,2008年版。

杨宝荣:《债务与发展:国际关系中的非洲债务问题》,社会科学文献出版社,2011年版。

杨灏城、许林根:《埃及》,社会科学文献出版社,2006年版。

杨立华等:《中国与非洲经贸合作发展总体战略研究》,中国社会科学出版社,2013年版。

杨廷智:《赞比亚酋长制度的历史变迁》,中国社会科学出版社,2015年版。

时延春:《中国驻中东大使话中东——埃及》,世界知识出版社,2012年版。

舒运国、张忠祥:《非洲经济发展报告(2014—2015)》,上海社会科学院出版社，2015年版。

吴清和编著：《几内亚》，社会科学文献出版社，2015年版。

杨鲁萍、林庆春编著：《突尼斯》，社会科学文献出版社，2010年版。

游滔：《21世纪中法对非洲战略比较研究》，中国社会科学出版社，2015年版。

袁南生：《走进非洲》，中国社会科学出版社，2011年版。

丹比萨·莫约著，王涛、杨惠等译：《援助的死亡》，世界知识出版社，2010年版。

张宝增编著：《莫桑比克》，社会科学文献出版社，2011年版。

张春：《中非关系国际贡献论》，上海人民出版社，2013年版。

张宏明：《多维视野下的非洲政治发展》，社会科学文献出版社，2007年版。

张宏明：《中国和世界主要经济体与非洲经贸合作研究》，世界知识出版社，2012年版。

张宏明、安春英：《非洲发展报告》，社会科学文献出版社，2014年版。

张象、车效梅编著：《刚果》，社会科学文献出版社，2005年版。

张永蓬：《国际发展合作与非洲：中国与西方援助非洲比较研究》，社会科学文献出版社，2012年版。

张哲：《中非经贸关系发展研究》，浙江人民出版社，2014年版。

张忠祥：《中非合作论坛研究》，世界知识出版社，2012年版。

蒂埃里·班吉著，肖晗等译：《中国，非洲新的发展伙伴——欧洲特权在黑色大陆上趋于终结?》，世界知识出版社，2011年版。

赵姝岚：《当代赞比亚国家发展进程》，世界知识出版社，2012年版。

郑华：《首脑外交：中美领导人谈判的话语分析1969—1972》，上海人民出版社，2008年版。

智宇琛：《中国中央企业走进非洲》，社会科学文献出版社，2016年版。

《中非合作论坛北京峰会文件汇编》，世界知识出版社，2007年版。

钟伟云编著：《埃塞俄比亚》，社会科学文献出版社，2016年版。

周光宏、姜忠尽：《"走非洲，求发展"论文集》，四川人民出版社，2008年版。

周弘主编：《对外援助与国际关系》，中国社会科学出版社，2002年版。

周倩：《当代肯尼亚国家发展进程》，世界知识出版社，2012年版。

魏雪梅：《冷战后中美对非洲援助比较研究》，中国社会科学出版社，2013年版。

周弘：《对外援助与国际关系》，中国社会科学出版社，2002年版。

中文文章

丛立先：《论首脑外交与法律外交的关系》，《国际论坛》2015年第5期。

丁丽莉：《中非合作论坛十年历程回顾》，《国际资料信息》2010年第10期。

丁韶彬：《国际援助制度与发展治理》，《国际观察》2008年第2期。

贺文萍：《中国援助非洲：发展特点、作用及面临的挑战》，《西亚非洲》2010年第7期。

黄梅波、郎建燕：《中国的对非援助及其面临的挑战》，《国际经济合作》2010年第6期。

李安山：《浅析法国对非洲援助的历史与现状——兼谈对中国援助非洲工作的几点思考》，《西亚非洲》2009年第11期。

李安山：《中非关系研究中国际话语的演变》，《世界经济与政治》2014年第2期。

李安山：《为中国正名：中国的非洲战略与国家形象》，《世界经济与政治》2008年第4期。

李智彪：《非盟影响力与中国—非盟关系分析》，《西亚非洲》2010年第3期。

梁明：《中非贸易：基于中国、非洲全球贸易视角的研究》，《国际贸易》2011年第5期。

刘海方：《安哥拉内战后的发展与中安合作反思》，《外交评论》2011年第2期。

刘鸿武：《国际思想竞争与非洲研究的中国学派》，《国际政治研究》2011年第4期。

刘鸿武：《论中非新型战略伙伴关系的时代价值与世界意义》，《外交评论》2007年第1期。

刘鸿武、罗建波：《中非构建 21 世纪"新型战略伙伴关系"的特殊意义》，《国际观察》2001 年第 6 期。

刘青建：《中国与安哥拉经济合作特点探析》，《现代国际关系》2011 年第 7 期。

刘中伟：《美国智库眼中的中非关系》，《中国社会科学报》2012 年 12 月 12 日。

马丁·戴维斯：《中国对非洲的援助政策及评价》，《世界经济与政治》2008 年第 9 期。

冯丹：《中国与南非关系发展现状及问题对策思考》，《学理论》2013 年第 32 期。

雷兴长：《试论 90 年代的多边首脑外交》，《世界经济与政治》1993 年第 3 期。

罗建波：《如何理解中非新型战略伙伴关系》，《国际论坛》2007 年第 5 期。

罗建波：《中国与非盟关系：历史进程与世界意义》，《西亚非洲》2013 年第 1 期。

秦强：《中非新型战略伙伴关系扎实、稳步推进》，《中国党政干部论坛》2010 年第 1 期。

夏莉萍：《从利比亚撤离透视中国领事保护机制建设》，《西亚非洲》2011 年第 9 期。

徐伟忠：《中国参与非洲的安全合作及其发展趋势》，《西亚非洲》2010 年第 11 期。

孙承波：《中非政党交往在中非新型战略伙伴关系中的地位和作用》，《当代世界》2006 年第 12 期。

王洪一：《战略合作的升级——中非论坛的后续影响》，《思想理论教育导刊》2007 年第 2 期。

王宇洁：《改革开放以来中国首脑外交研究——国家利益的视角》，《领导科学》2013 年 4 月中。

薛琳：《对改革开放前中国援助非洲的战略反思》，《当代世界社会主义问题》2013 年第 2 期。

杨宝荣：《试析中非合作关系中的"债务问题"》，《西亚非洲》2008

年第 3 期。

杨立华:《中国与非洲:建设可持续的战略伙伴关系》,《西亚非洲》2008 年第 9 期。

张春:《"发展—安全关联":中美欧对非政策比较》,《欧洲研究》2009 年第 3 期。

张宏明:《中国对非援助政策的沿革及其在中非关系中的作用》,《亚非纵横》2006 年第 4 期。

张颖:《中国在南太平洋地区的战略选择:视角、动因与路径》,《当代世界与社会主义》2016 年第 6 期。

张颖:《中国对非外交新理念及话语体系的构建》,《光明日报》2016 年 6 月 13 日。

张颖:《中国对非首脑外交及其启示》,《现代国际关系》2016 年第 2 期。

张颖、潘敬国:《中非"命运共同体"的历史传承与现实涵义》,《现代国际关系》2017 年第 7 期。

张永蓬:《改革开放 30 年来中非关系发展的特点与成果》,《亚非纵横》2008 年第 6 期。

赵明昊:《中非民间交往:进展及面临的挑战》,《国际展望》2010 年第 6 期。

赵穗生:《中国模式探讨:能否取代西方的现代化模式?》,《绿叶》2009 年第 3 期。

周玉渊、刘鸿武:《论国际多边对非合作框架下的中国对非战略》,《太平洋学报》2010 年第 7 期。

外文书籍

Adu Boahen, *African Perspectives on Colonialism*, Baltimore: Johns Hopkins University Press, 1987.

Benedikt Franke, *Security Cooperation in Africa*, Boulder, CO: lynne Rienner, 2009.

Blaine Harden, ed., *Africa: Dispatches from a Fragile Continent*, Boston: Houghton Mifflin, 1990.

Chambi Chachage, Annar Cassam, *Africa's Liberation: The Legacy of Nyerere, Kampala:* Pambazuka Press, 2010.

Chris Alden, *China in Africa*, Gutenberg Press Ltd, London, 2007.

Dambisa Moyo, *Dead Aid: Why Aid is not Working and How There is Another Way for Africa*, Allen Lane, Penguin Books, 2009.

David Lawrence, *Tanzania and Its People*, California: Custom Books Publishing, 2009.

David H. Shinn & Joshua Eisenman, *China and Africa: A Century of Engagement*, *Philadelphia:* University of Pennsylvania Press, 2012.

Deborah Brautigam, *The Dragon's Gift: The Real Story of China in Africa*, Oxford University Press, 2009.

Dianne Bolton, *Nationalism-A Road to Socialism? The Lessons of Tanzania*, London: Zed Books Ltd., 1985.

Dorothy-Grace Guerrero and Firoze Manji, eds., *China's New Role in Africa and the South: A Search for a new Perspective*, Fahamu, 2008.

Firoze Manji and Stephen Marks, eds, *African Perspectives on China in Africa*, Oxford, 2007.

Francis Wiafe-Amoako, *Africa 2016 – 2017*, Rowman & Littlefield Publishers, 2016.

Garth Shelton and Farhana Paruk, *The Forum on China-Africa Cooperation: A Strategic Opportunity*, Johannesburg: Institute for Security Studies, 2008.

Howard F. French, *China's Second Continent: How a Million Migrants are Building A New Empire in Africa*, New York: Alfred A. Knopf, 2014.

Ian Taylor, *China's New Role in Africa*, Lynne Rienner Publishers, 2009.

Ian Taylor, *China and Africa: Engagement and Compromise*, London: Routledge, 2006.

Ian Taylor & P. William, eds., *Africa in International Politics: External Involvement on the Continent*, London: Routledge, 2004.

Julia Gallagher, *Images of Africa: Creation, Negotiation and Subversion*, Manchester University Press, 2015.

Kinfe Abraham, ed., *China Comes to Africa: The Political Economy and*

Diplomatic History of China's Relations with Africa, Ethiopian International Institute for Peace and Development, Addis Ababa, 2005.

Larry Diamond & Mare F. Plattner, *Democratization in Africa: Progress and Retreat*, Baltimore, the Johns Hopkins University Press, 2010.

Laura Edmodson, *Performance and Politics in Tanzania: The Nation on State*, Boomington: Indiana University Press, 2007.

Li Xing and Abdulkadir Osman Farah, eds., *China and Africa Relations in an Era of Great Transformations*, Farnham: Ashgate, 2013.

Mary Fitzpatrick, *Tanzania*, Okaland: Lonely Planet, 2005.

Morten Bs and Kevin Dunn, *Politics of Origin in Africa: Autochthony, Citizenship and Conflict*, Zed Books, 2013.

Neil Parson, "*A New History of Southern African*", Macmillan, 1993.

Robert I. Rotberg, ed., *China into Africa: Trade, Aid, and Influence*, Washington D. C.: Brookings Institute, 2008.

Rodger Yeager, *Tanzania: An African Experiment*, London: Westview Press, 1989.

R. W. Copson, *The United States in Africa: Bush Policy and Beyond*, Zed Books, 2007.

Saferworld, *China's Growing Role in African Peace and Security*, Saferworld: London, 2010.

Samuel M. Makinda, *The African Union: Challenges of Globalization, Security, and Governance*, Routledge, 2007.

Sarah Raine, *China's African Challenges*, London: Routledge, 2009.

Stephen Marks, *African perspectives on China in Africa*, Fahamu/Pambazuka, 2007.

Sarah Raine, *China's African Challenges*, the International Institute for Strategic Studies, London, 2009.

Robert I. Rotberg, *China into Africa: Trade, Aid, and Influence*, Brookings Institution Press, 2008.

外文文章

Alberto Alesina & Beatrice Weder, "Do Corrupt Governments Receive Less Foreign Aid?" *American Economic Review*, Vol. 92, No. 4, 2002.

Alex Vines, "The Scramble for Resources: African Case Studies", *South African Journal of International Affairs*, Vol. 13, Summer/Autumn 2006.

Andrew Malon, "How China's taking over Africa, and Why the West Should be Very Worried", *Daily Mail*, July 18, 2008.

Arthur Goldsmith, "Foreign Aid and Statehood in Africa", *International Organization*, Vol. 55, No. 1, 2001.

B. Zack-Williams, "No Democracy, No Development: Reflections in Democracy & Development in Africa", *Review of African Political Economy*, Vol. 28, No. 88, 2001.

Craig Burnside & David Dollar, "Aid, Policies and Growth", *American Economic Review*, Vol. 90, No. 4, 2000.

David Wessel, "The Rise of South-South Trade", *The Wall Street Journal*, January 3, 2008.

Efem N. Ubi, "Foreign Aid and Development in Sino-African Relations", *Journal of Developing Societies*, 30, 3, 2014, pp. 243 – 272.

Gordon L. Clark, Ashby Monk, "Trade and Investment: The Role of the China Investment Corporation", *Competition & Change*, vol. 15, 2: pp. 97 – 115, First Published July 1, 2011.

Herbert Jauch, "Chinese Investment in Africa: Twenty-First Century Colonialism", *New Labor Forum*, Volume 20, Issue 2, Spring 2011, pp. 48 – 55.

Herman Wasserman, "South Africa and China as BRICS Partners: Media Perspectives on Geopolitical Shifts", *Journal of Asian and African Studies*, Vol. 50, 2015, pp. 109 – 123. Ian Taylor, "Governance in Africa and Sino-African Relations: Contradictions or Confluence?" *Politics*, vol. 27, 3: 2007, pp. 139 – 146.

Jamie Monson, Stephanie Rupp, "Introduction: Africa and China: New Engagements, New Research" *African Studies Review*, Volume 56, Number 1,

April 2013, pp. 21 - 44.

Lucy Corkin, "The Strategic Entry of China's Emerging Multinationals into Africa", *China Report*, 43: 3, 2007, pp. 309 - 322.

Jonathan Holslag, "Embracing Chinese Global Security Ambitions", *The Washington Quarterly*, Vol. 32 (3), July 2009.

Joseph S. Ngwawi, "Africa: Economic, Political and Cultural Cooperation to Dominate Africa-China Summit", *South Africa News Features*, October 31, 2006.

Kenneth King, "The Beijing China-Africa Summit of 2006: the New Pledges of Aid to Education in Africa", *China Report*, 43: 3, 2007, pp. 337 - 347.

Nico Olivier, "Between Contradiction and Co-operation: An Analysis of China's Evolving Engagement with Africa", *Insight on Africa*, vol. 6, 1: pp. 15 - 42, First Published January 1, 2014.

Paul-Henri Bischoff, "African Transnationalism in China: At the Interface of Local, Transnational, Bilateral and Multilateral Responses", *Journal of Asian and African Studies*, 28 July, 2015.

Pierre Englebert and Denis M. Tull, "Postconflict Reconstruction in Africa: Flawed Ideas about Failed States", *International Security*, Spring 2008.

Piet Konings, "China and Africa: Building a Strategic Partnership", *Journal of Developing Societies* 23, 3, 2007, pp. 341 - 367.

Rachel Quint, "Leveraging African's Voice: Determining the Post - 2015 Devlopment Goals", *SAIS Review of International Affairs*, Volume 34, Number 2, Summer-Fall 2014, pp. 113 - 120.

Ruchita Beri, "China's Rising Profile in Africa", *China Report*, 43: 3, 2007, pp. 297 - 308.

Sterling Johnson, "The Rising Tides of Africa and China", *International Area Studies Review*, Volume 14, Number 3, September 2011, pp. 107 - 129.

Vincent Ibonye, "China-Africa Cooperation: Struggling Commodities and the Silver-lining in the Innovation Economy", *International Areas Studies Review*, 18 Jan 2017, pp. 1 - 19.

Sithara Fernando, "China-Africa Relations: An Analysis of Forum on China-Africa Cooperation (FOCAC) Documents Using Shinn and Eisenman's Optimist-Pessimist Dual Framework", *Insight on Africa*, vol. 6, 2, July 29, 2014. pp. 145 – 160.

Zhongguang Niu, "China's Development and Its Aid Presence in Africa: A Critical Reflection from the Perspective of Development Authropology", *Journal of Asian and African Studies*, Vol. 51 (2), 2016, pp. 199 – 221.

Terence Jackson, "Postcolonialism and Organizational Knowledge in the Wake of China's Presence in Africa: Interrogating South-South Relatins", *Organization*, 19 (2), 2012, pp. 181 – 204.